本书的出版获得西北民族大学的大力支持

国际刑事法院研究

Research on
the International Criminal Court

张贵玲　著

人民出版社

目　录

前　言

　　20 世纪是人类历史上最血腥的世纪！第一次世界大战造成约 2000 万人死亡,第二次世界大战造成约 6000 万人死亡。自联合国成立以来,虽然没有爆发第三次世界大战,但全世界却发生了 100 多场严重的武装冲突,死亡总人数并不亚于第一次世界大战。① 其中,较大的冲突或杀戮往往导致数十万或数百万人死亡,除国际性武装冲突外,在柬埔寨、前南斯拉夫、卢旺达、民主刚果共和国、苏丹等国境内发生的大屠杀或种族灭绝事件都是典型事例。更令人感到恐怖的是,一些国家的叛乱组织甚至将天真无邪的儿童训练成了冷酷无情的强奸犯或荷枪实弹的杀人魔。最令人忧心的是,在暴行发生后,十恶不赦的罪犯往往不受惩罚,仍然逍遥法外。正如有人所言:"我们正生活在一个有罪不罚的黄金时代,在这个时代里,杀死 1 人比杀死 10 万人或 100 万人更容易受到审判。"②为了有效惩罚践踏人类尊严的暴行,联合国前秘书长科菲·安南非常支持国际刑事法院的建立。他曾指出:"近半个世纪以来,也就是差不多自联合国成立以来,联合国大会就认识到有必要设立一个国际刑事法院,来起诉和审判灭绝种族罪等罪行的责任人。毫无疑问,许多人认为第二次世界

---

① 　参见邵沙平、余敏友主编:《国际法问题专论》,武汉大学出版社 2002 年版,第 34 页。

② 　Cheryl K. Moralez,"Establishing an International Criminal Court: Will it Work?", *DePaul International Law Journal*, Vol.4,2000,p.141.

大战的种种骇人事件,如集中营、残酷暴行、灭绝、大屠杀等,永远不会再发生了。但是它们却发生了:在柬埔寨、在波斯尼亚和黑塞哥维那、在卢旺达。我们这个时代,甚至就是90年代,告诉我们,人类作恶的能力没有极限。'种族灭绝',即以种族或民族为理由的毁灭整个民族的行为,如今成了我们这个时代的词语。这个令人发指的现实,要求我们必须做出具有重大历史意义的回应。"①21世纪初,人类历史上第一个常设性国际刑事审判机构,即国际刑事法院,顺应历史潮流诞生了。国际刑事法院的问世,给人类带来了希望,昔日践踏人权的骇人暴行在国内不受惩罚、逍遥法外的现象,将有可能一去不复返。

国际刑事法院的诞生,引起了国际社会的极大关注,西方的众学者们纷纷加入研究之列,著书立说,并且成果卓著。在中国,也有一部分学者投身研究,并且已有了有分量的成果。② 但是,中国对国际刑法的研究尚处于初级阶段,因此,对国际刑事审判机构,尤其是对国际刑事法院的研究属于薄弱环节。目前,除了参加《国际刑事法院罗马规约》(以下简称《罗马规约》或《规约》)谈判的政治家和学

---

① Kofi Annan,"Opening Remarks:Advocating for an International Criminal Court",*Fordham International Law Journal*,Vol.21,1997,pp.364—365.

② 与国际刑事法院直接或间接有关的成果主要有(按时间顺序排列):高燕平:《国际刑事法院》,世界知识出版社1999年版;王秀梅:《国际刑事法院研究》,中国人民大学出版社2002年版;赵秉志主编:《国际刑事法院专论》,人民法院出版社2003年版;林欣、李琼英:《国际刑法新论》,中国人民公安大学出版社2005年版;高铭暄、赵秉志主编:《国际刑事法院:中国面临的抉择》,中国人民公安大学出版社2005年版;李世光、刘大群、凌岩主编:《国际刑事法院罗马规约评释》(上、下册),北京大学出版社2006年版;赵秉志、卢建平主编:《国际刑法评论》(第1卷),中国人民公安大学出版社2006年版;[美]M.谢里夫·巴西奥尼:《国际刑法导论》,赵秉志、王文华等译,法律出版社2006年版;宋健强:《国际刑事法院诉讼详情实证研究》,哈尔滨工业大学出版社2008年版;宋健强:《国际刑事法院"三造诉讼"实证研究》,法律出版社2009年版;张磊:《中国与国际刑事法院:现状与展望》,中国人民公安大学出版社2009年版;朱文奇:《国际刑事法院与中国》,中国人民大学出版社2009年版。

术精英外,相关领域的其他人大多对国际刑事法院尚停留于认识和理解阶段。是故,笔者期望能在他人研究成果的基础上,对有关问题做更加全面更加具体的论述,从而有助于进一步完善对有关问题的研究。

本书主要针对国际刑事法院的诞生、国际刑事法院遵循的刑法原则和适用的法律、国际刑事法院管辖权内的犯罪、国际刑事法院的管辖权以及国际司法合作等问题,参考了大量的中国及欧美的相关论著、国际条约、联合国文件、国际组织的报告和评论以及案例,进行了细致的阐述和分析。

本书的研究方法主要包括条文分析、历史分析、实证分析和比较分析等方法。其一,条文分析。鉴于相关领域的大部分人对《罗马规约》还处于认识和理解阶段,本书根据写作思路,对《罗马规约》的条文作了认真清理、梳理和归类,并对其产生的背景、含义和学者的观点进行了阐述和分析。其二,历史分析。历史背景是一切科学研究的基础,它为人们揭示了事物发展的一般规律。本书一方面通过阐述两大国际军事法庭、两大国际刑事法庭的有关问题,展示了国际刑事法院诞生的必要性和必然性以及国际刑事法院对历史的传承性;另一方面,通过对其他具体问题的历史考察,探讨了它们各自在国际法领域的地位和发展历程。其三,实证分析。为了更好地剖析有关法律问题,本书在多处或引用或分析了相关的大小案例。其四,比较分析。本书通过纵向比较和横向比较的方法,阐明了有关问题。总之,本书试图通过历史探究、现实考察和理论分析,来揭示《罗马规约》的真实含义,以便为正确认识和理解国际刑事法院尽绵薄之力。

第一章
国际刑事法院的诞生

20世纪是人类历史上战祸最频繁的世纪,国际刑事审判机构因此获得了迅速发展。第一次世界大战后,协约国及其他各参战国于1919年在巴黎和会上签订了《凡尔赛和约》(《协约及参战各国对德和约》),决定成立军事法庭,以审判德国皇帝威廉二世和其他主要战犯。第二次世界大战后,同盟国于1945年和1946年通过了《欧洲国际军事法庭宪章》和《远东国际军事法庭宪章》,分别设立了纽伦堡国际军事法庭和远东国际军事法庭,对德国和日本战犯进行了审判。20世纪90年代前期,前南斯拉夫境内爆发了武装冲突,卢旺达境内发生了灭绝种族的大屠杀事件,联合国安理会根据《联合国宪章》第七章的规定,分别于1993年和1994年设立了前南斯拉夫国际刑事法庭和卢旺达国际刑事法庭,以审判严重违反国际人道法的罪行。1998年7月17日联合国全权代表外交大会通过了《国际刑事法院罗马规约》,《罗马规约》于2002年7月1日生效。随后,国际刑事法院宣告成立。21世纪初,联合国为了解决特定地区的特定问题,先后协助有关国家成立了国际国内混合法庭。例如,联合国东帝汶过渡行政管理局于2000年在东帝汶设立了东帝汶重罪特别法庭;联合国与塞拉利昂政府于2002年共同设立了塞拉利昂特别法院;联合国与柬埔寨政府于2003年共同设立了柬埔寨特别法庭。本章拟对这些法院(庭)的设立、组成、管辖权和法律适用等方面进行阐述，以展示国际刑事法院的诞生历程。

第一节　现代其他国际刑事司法机构

第一次世界大战结束时，协约国希望能够惩罚对这场战争负责任的个人。于是，在 1919 年巴黎和会上通过了《凡尔赛和约》，规定设立军事法庭，以"破坏国际道德和条约尊严的最大罪状"，对德国皇帝威廉二世进行审判，并且还委托德国政府组织了并不成功的"莱比锡审判"。[①] 虽然，德国皇帝最终并未得到审判，莱比锡审判也

[①] 《凡尔赛和约》第七章(惩罚)用 4 条(第 227—230 条)规定了诉讼程序，目的在于"向军事法庭起诉被控实施了违反战争法规与惯例的个人"。巴黎和会根据这些条款，成立了"战争发动者的责任和刑罚执行委员会(协约国委员会)"以"从事研究战争制造者的个人责任，开具战犯名单，并草拟审讯法庭的组织宪章"。对此，委员会一一照办。但是，后来由于俄国十月革命的爆发、同盟国之间的摩擦以及德国政府的抵制，《凡尔赛和约》的上述条款未得到落实，国际法庭始终未能组建，而且在和德国讨价还价之后，协约国将起诉战犯的权力让给了德国。德国最高法院于 1921 年 5 月在莱比锡(Leipzig)组建法庭进行了"审判"。德国将协约国提交的一份 896 人(还有"900 人"等其他说法——笔者注)的重要战犯的名单缩减为 45 人。在 45 人中，最后受到审判的只有 12 人，而这 12 人中，最终被判有罪的只有 6 人。对他们所处的刑罚异常轻微，自 6 个月至 4 年不等。最后，这 6 名罪犯中的 2 名逃跑，论者都认为这是德国法庭有意放纵所致。至于战争的发动者德皇威廉二世(Wilhelm Ⅱ, 1859—1941)，在战时逃往荷兰，荷兰以违反其宪法及历史传统为由，拒绝引渡，因而使他终身逍遥法外，未受到任何法律制裁。参见梅汝璈：《远东国际军事法庭》，法律出版社 2005 年版，第 5—6 页；David Chuter, *War Crimes：Confronting Atrocity in the Modern World*, Boulder/London：Lynne Rienner Publishers, Inc., 2003, p.65.另外，协约国委员会在提交战犯名单的同时，希望协约国军事法庭根据 1907 年《海牙公约》序言中的马顿斯条款，起诉 1915 年在土耳其境内大规模屠杀亚美尼亚人的土耳其官员及其他实施"违反人道主义罪行"的个人。参见王秀梅：《国际刑事法院研究》，中国人民大学出版社 2002 年版，第 11—12 页。但是，这种愿望最终化为泡影。第一次世界大战后，协约国关于恢复政治和社会稳定决定的最严重后果是导致一战期间

未能实现人们所期望的正义,但《凡尔赛和约》的有关规定为后来建立国际刑事法庭以追究个人的刑事责任奠定了思想基础。

一、二战后设立的两大国际军事法庭

第二次世界大战胜利后,为了审判德国战犯和日本战犯,同盟国设立了纽伦堡国际军事法庭和远东国际军事法庭。这两大法庭的创立没有先例,其适用的一些实体法和程序法在国际刑法中属于首创。因此,该两大法庭的设立,对二战后国际刑法的发展具有推动作用,对后来国际刑事法庭的设立具有借鉴和指导作用。

(一)纽伦堡国际军事法庭

1.纽伦堡法庭设立的背景

在二战初期,德国军队及其盟国对犹太人、其他少数者平民团体和战俘实施种种暴行的消息已经传到了西欧。早在战争初期的1941年,丘吉尔和罗斯福发表声明,表达了寻求"惩罚"这些犯罪的意图。随后,同盟国和流亡政府讨论制定了战后起诉战犯的策略。①

在土耳其屠杀600,000亚美尼亚人的责任人逍遥法外。1923年的《塞夫勒条约》建议正式结束协约国和土耳其之间的战争,并规定应起诉那些"违反人道罪"的责任人。但是美国表示反对,认为这些犯罪在国际法中未得到明确确立。美国的反对是国际社会对是否应当起诉继续争论的部分原因,因而该条约未得到批准。争论最终不是以法律方式而是通过变化中的政治需求而结束。由于俄国爆发了布尔什维克革命,协约国担忧土耳其也会遭受一场类似的革命。随后签订的《洛桑条约》对那些暴行的责任人给予了宽大处理。Matthew D. Peter, "The Proposed International Criminal Court: A Commentary On The Legal and Political Debates Regarding Jurisdiction that Threaten the Establishment of an Effective Court", *Syracuse Journal of International Law and Commerce*, Vol.24, 1997, p.181.

① Ilias Bantekas and Susan Nash, *International Criminal Law*, London: Cavendish Publishing Limited, 2003, p.326.

1942 年 1 月 18 日流亡伦敦的 9 国政府发表了《圣·詹姆斯宣言》。后来美、英、苏等国也对此表示赞成。① 1942 年 8 月 6 日,英国政府向其他同盟国政府发出了外交照会,建议应就如何进行审判达成协议,以确保迅速审判、防止个人和团体进行报复和恢复欧洲和平。② 1943 年 10 月 25 日成立了联合国家战犯委员会。③ 1943 年 10 月 30 日罗斯福、斯大林和丘吉尔签署了《莫斯科宣言》。该宣言规定,德国战犯将被送回到他们实施犯罪的那些国家,并且,"他们将被解回到犯罪现场,就地接受遭受其凌辱的各民族的审判"。此后不久,丘吉尔建议应将主要战犯宣布为"在全世界被剥夺法律保护的人",不经审判,径行处死。④ 而斯大林早在 1942 年《圣·詹姆斯宣言》签订之时,就主张设立一个特殊法庭起诉希特勒及其顾问和指挥官。美国和法国则希望建立一个国际法庭,一方面用来审判战犯,另一方面作为历史的见证,起到警示后人的作用。⑤ 1945 年 8 月 8 日,英国、美国、法国和苏联在伦敦签署了关于起诉和惩处欧洲轴心国主要战犯的《伦敦协定》,纽伦堡国际军事法庭(The International Military Tribunal at Nuremberg,IMT)依该协定正式成立。⑥《欧洲国际军事法庭

---

① 参见日本国际法学会编:《国际法辞典》,世界知识出版社 1985 年版,第 423 页。

② Ilias Bantekas and Susan Nash, *International Criminal Law*, London:Cavendish Publishing Limited,2003,p.326.

③ 参见日本国际法学会编:《国际法辞典》,世界知识出版社 1985 年版,第 423 页。

④ Ilias Bantekas and Susan Nash, *International Criminal Law*, London:Cavendish Publishing Limited,2003,p.326.

⑤ M.Cherif Bassiouni, "From Versailles to Rwanda in Seventy-five Years:The Need to Establish a Permanent International Criminal court", *Harvard Human Rights Journal*, Vol. 10,Spring 1997.转引自赵秉志主编:《国际区际刑法问题探索》,法律出版社 2003 年版,第 410 页。

⑥ 根据《纽伦堡宪章》第 2 条和第 4 条的规定,该法庭应由审判官 4 人组成,每一审判官应有 1 名助理人,每一审判官及其助理人由各签字国指派之。审判官应于每案审判开始前,彼此同意在其 4 人中推选 1 人为庭长,庭长应在该案审判中执行职务,但经审

宪章》(以下或简称《纽伦堡宪章》)是《伦敦协定》的附件。根据《纽伦堡宪章》第1条的规定,欧洲轴心国的主要战犯由国际军事法庭审判。① 其他战犯,将由对德国占领当局负责的各同盟国,根据同盟国管制委员会《第10号法案》进行审判。同时,其他国家将有权根据领域管辖原则,对在其各自领域内实施犯罪的个人进行审判。

2.纽伦堡法庭的管辖权和法律适用

(1)管辖权

第一,属人管辖权。在属人管辖权方面,法庭对两类主体具有管辖权:一是个人。与只适用于国家而不适用于个人的传统国际法不同,纽伦堡法庭适用个人刑事责任原则。② 根据《纽伦堡宪章》第7条和第8条的规定,被告的官职不得作为免除刑事责任或减轻刑罚的理由;被告遵照上级命令行动之事实,不得作为免除刑事责任的理由,但法庭认为合乎正义之要求时,可以考虑作为减轻的理由。纽伦堡法庭指出:"违反国际法的犯罪行为是由人实施的,而不是由抽象的实体实施的。因此只有惩治那些犯有这类罪行的个人,国际法的规定才能得到实施。"③ 二是犯罪组织和犯罪团体。根据《纽伦堡宪

判官3人票决提出其他办法者,不在此限。在连续之各审判中,应实行庭长轮流充任之原则。但本法庭在四签字国之某一国领土内开庭时,该国在本法庭的审判官,应担任庭长。除上述情形外,法庭应以过半数之投票而为决定;如双方投票相等时,庭长之投票有决定性效力;但无论何时,定罪与科刑之决定必须至少有本法庭审判官3人投赞成票。根据第14条和第15条的规定,每一签字国为侦查主要战犯之罪状及起诉,应各指派检察官1人。所有检察官应组成一委员会以履行该两条所规定的职责。

① 《纽伦堡宪章》第1条规定:"依照英、美、法、苏四国政府1945年8月8日所签订的协定,应设立一国际军事法庭,以公正并迅速审判及处罚欧洲轴心国家的主要战争罪犯。"

② 《纽伦堡宪章》第6条规定:"依照本宪章第一条所提及之协定、为审判及处罚欧洲轴心国主要战争罪犯而设立之法庭,应有审判及处罚一切为轴心国之利益而以个人资格或团体成员资格犯有下列任何罪行之人员的权力。"

③ Philippe Sands, *From Nuremberg to The Hague:The Future of International Criminal Justice*, Cambridge:Cambridge University Press,2003,pp.32-33.

章》第9条的规定,法庭对与战争有关的犯罪组织和犯罪团体具有管辖权。

第二,属物管辖权。在属物管辖方面,除了战争罪之外,其他罪行都不存在先例,要明确界定适用于战犯的罪行存在一定的困难。因此,为了惩罚纳粹实施的那些骇人暴行,变革法律是必要的。

美国人杰克逊首先提出了用共谋理论解决问题的方案。美国起诉团打算将所有被视为犯罪的行为,列入发动侵略战争和违法战争总共谋的范畴之内。1944 年 11 月,美国军队律师伯尼斯(Murray Bernays)总结道:发动侵略战争的共谋能够恰当地包含纳粹政府自 1933 年 1 月 30 日掌权以来的一切所作所为,即对德国人民处心积虑的镇压、重整军备的计划、对宗教、种族上的少数者的迫害以及自 1939 年发动侵略战争后实施的大量罪行。并且,共谋能够消除被告人以服从上级命令进行抗辩或者希特勒(当时他还活着,预计是首要被告人)以主权国家元首为由主张豁免权的主要法律问题。共谋能将所有的人包罗无遗,而不论其在具体行为中的实际责任如何。①

英国认为纳粹分子是"头号机会主义者",因此,无论是在法律上还是在证据的获得上,共谋理论很难在起诉中发挥作用。另外,欲指控发动侵略战争的共谋,缺乏法律基础。② 而杰克逊则坚持认为,1928 年 65 个国家在巴黎签署的《凯洛格—白里安条约》(Kellog-Briand Peace Pact of 1928)中就包含这样的法律基础,并对该条约的有关规定进行了阐释,以支持他后来的论点。

法国和苏联的法律传统都不支持共谋理论。根据盎格鲁—撒克

---

① Philippe Sands, *From Nuremberg to The Hague: The Future of International Criminal Justice*, Cambridge: Cambridge University Press, 2003, pp.15-16.

② Philippe Sands, *From Nuremberg to The Hague: The Future of International Criminal Justice*, Cambridge: Cambridge University Press, 2003, p.18.

逊法,所有有共谋关系的人在法律上都有可能承担责任,而根据法国、苏联(和德国)法,只能以被告人直接参与的具体犯罪起诉被告人。法国选择以特定的暴行和恐怖行为进行审判,但这会使在纽伦堡待审的大多数人无法受到指控。苏联法律专家首先提出了"破坏和平罪"(crimes against peace)这一新概念,后来在起诉书中被采纳。苏联专家迫切要求将"发动侵略战争的共谋"只适用于轴心国,并且只适用于特定的侵犯事例,如1939年对波兰的侵犯,1941年对苏联的侵犯,等等。[①] 苏联之所以坚持这一立场,是因为如果杰克逊能够成功地使发动侵略战争成为国际法中的实体犯罪,那么苏联对其1939年9月攻击波兰和三个月后攻击芬兰的行为同样是有罪的。

持不同意见者最后达成了妥协。杰克逊同意将共谋指控仅适用于轴心国特定的侵略行为,其他指控应分类提起,而不宜笼统归于总共谋的范畴之内。但在任何起诉中仍无法纳入纳粹政府的恐怖活动和种族歧视行为。[②] 后来拉斐尔·莱姆金(Rafael Lemkin)首次提出了"灭绝种族"(genocide)一词,用以描述"破坏整个民族的发展,或者彻底毁灭他们"的意图,但他认为这不适用于犹太人,他们不是一个民族,因而在他所提出的已经发生的"灭绝种族"案件的清单中排除了反犹行为。由于法国和苏联的检察官急于将迫害他们自己人民的行为纳入审判程序,所以一致采纳了"违反人道罪"(crimes against humanity)这一新罪名。这一类犯罪能够涵盖对犹太人、吉卜赛人和波兰人的蓄意迫害与谋杀。[③] 这样,在1945年10月19日正式发布

---

① Philippe Sands, *From Nuremberg to The Hague:The Future of International Criminal Justice*, Cambridge:Cambridge University Press,2003,p.19.

② Philippe Sands, *From Nuremberg to The Hague:The Future of International Criminal Justice*, Cambridge:Cambridge University Press,2003,p.20.

③ Philippe Sands, *From Nuremberg to The Hague:The Future of International Criminal Justice*, Cambridge:Cambridge University Press,2003,pp.20–21.

的起诉书中包含四项指控：发动侵略战争的共谋；破坏和平罪；战争罪；违反人道罪。①

根据《纽伦堡宪章》的规定，纽伦堡法庭有权管辖的犯罪包括破坏和平罪；战争罪；违反人道罪。②

（2）法律适用

鉴于这些犯罪以前从未以此种方式规定过，纽伦堡法庭在其判决中陈述了这些犯罪的法律依据。法庭陈述道：《纽伦堡宪章》规定，计划或发动侵略战争或违反国际条约的战争是一种犯罪。因此，在《伦敦协定》实施之前，考虑侵略战争是否构成犯罪，以及在什么程度上构成犯罪，并非十分必要。但是，鉴于所涉法律问题至关重要，法庭充分听取了控方和辩方的所有论据，并且将表达法庭对该问题的立场。③ 辩方提出，《纽伦堡宪章》违反了罪刑法定原则：法无明文规定不为罪、法无明文规定不处罚。法庭对此给予了反驳。法庭认为，这句格言是一项司法原则，而不是对主权的限制。其理由为，如果侵略战争在国际法中是非法的，那么就有必要认为计划和发动这样一场战争的人正在实施一种犯罪。法庭指出：鉴于这些被告在

---

① Philippe Sands, *From Nuremberg to The Hague：The Future of International Criminal Justice*, Cambridge：Cambridge University Press, 2003, p.23.

② 《纽伦堡宪章》第6条第2款规定：1.破坏和平罪：即计划、准备、发动和从事一种侵略战争或一种违反国际条约、协定或保证之战争，或参加为完成上述任何一种战争之共同计划或阴谋。2.战争罪：即违反战争法规或惯例。此种违反包括谋杀、为奴役或为其他目的而虐待或放逐占领地平民、谋杀或虐待战俘或海上人员、杀害人质、掠夺公私财产、毁灭城镇或乡村或非基于军事上必要之破坏，但不以此为限。3.违反人道罪：即在战前或战时，对平民施行谋杀、歼灭、奴役、放逐及其他任何非人道行为；或基于政治的、种族的或宗教的理由，而为执行或有关于本法庭裁判权内之任何犯罪而作出的迫害行为，至其是否违反犯罪地之国内法则在所不问。第3款规定：凡参与犯上述任何一种犯罪之共同计划或阴谋之决定或执行之领导者、组织者、教唆者与共犯者，对于执行此种计划之任何人所实施之一切行为，均应负责。

③ IMT Judgment, Quoted in Ilias Bantekas and Susan Nash, *International Criminal Law*, London：Cavendish Publishing Limited, 2003, p.328.

德国政府中所处的地位,他们或至少其中的一部分人,一定知晓德国所签订的、宣布以战争手段解决国际争端为非法的条约,他们在精心制订入侵和侵略计划时,一定知道他们正在实施违背国际法各项规定的行为。仅从这一点上考虑该案,这项格言不适用于当前的事实。①

第一,破坏和平罪。由于《纽伦堡宪章》第 6 条第 2 款第 1 项规定,该罪是与侵略战争或违反国际条约、协定或保证的战争相关的行为,因此,同盟国可将 1928 年的《关于废弃战争作为国家政策工具的一般条约》(即《凯洛格—白里安条约》或称《巴黎条约》)②,作为审判"破坏和平罪"的法律依据。③ 但有人认为该法律依据并不充分。④ 另一些人认为发动侵略战争就是一种国际犯罪。针对破坏和平罪的法律依据问题,法庭认为宪章的规定是完全符合当时的国际法的,遵守宪章和适用宪章的规定便是遵守国际法和适用国际法的原则。法庭的判决书中写道:"自本法庭看来,宪章并非战胜国方面

① IMT Judgment, Quoted in Ilias Bantekas and Susan Nash, *International Criminal Law*, London: Cavendish Publishing Limited, 2003, p.328.
② 当时有 63 个国家批准和参加了该条约,其中包括德国、意大利和日本。所以德、意、日三个轴心国对它都有遵守的义务。载《国际条约集》(1924—1933),转引自梅汝璈:《远东国际军事法庭》,法律出版社 2005 年版,第 25 页。
③ 参见王秀梅:《国际刑事法院研究》,中国人民大学出版社 2002 年版,第 23 页。
④ 尽管《国际联盟盟约》确立了一个旨在推迟使用武力而不是全然禁止武力的复杂的和解机制,但它并没有禁止以武力解决国际争端。将侵略行为界定为一种国际犯罪的新尝试始于 1923 年的《互助条约草案》和 1924 年的《和平解决国际争端议定书》。尽管《议定书》未生效,但是有 48 个国家向国际联盟大会递交了批准书,因而体现了使该行为为非法的意愿。在过去禁止战争的努力失败后,1928 年的《凯洛格—白里安条约》彻底宣布诉诸战争为非法。但是,甚至该条约也并不特别处罚侵略行为,因此很难主张实在国际法确定无疑地要求实施侵略行为的被告承担个人责任。法庭之所以在其判决中参照了上述德国为缔约方的条约,是因为这些条约谴责发动侵略战争和某些作战方法。但法庭仍然认定侵略罪在习惯法中已经确立。Ilias Bantekas and Susan Nash, *International Criminal Law*, London: Cavendish Publishing Limited, 2003, p.329.

权力之武断的行使,而是表现着已被宣布的当时的国际法。在这个范围内,它本身便是对国际法的一种贡献。"①

第二,战争罪。因为战争罪的内容在 1907 年《关于战争习惯和规则的海牙公约》和 1929 年《关于战俘待遇的日内瓦公约》习惯规则中已经作了明确的规定,所以法庭在援引法律依据和认定战争罪行时较其他两种罪行更为容易。② 但是,在纽伦堡法庭上辩护方提出,法庭对违反战争法规与惯例的行为不享有管辖权。法庭对此作了正确的反驳。法庭认为,以战争罪起诉外国人,在国际法中已有很长的历史。既然任何一国都能够启动刑事诉讼程序,那么对国家集团而言也是可能的。既然如此,同盟国将会齐心协力这样做。就涉及的万国法而言,条约和习惯国际法已对战争罪的概念作了明确规定。③ 在当时,战争法规与惯例已形成体系。④ 其编纂最早始于

① 梅汝璈:《远东国际军事法庭》,法律出版社 2005 年版,第 25 页。
② 参见王秀梅:《国际刑事法院研究》,中国人民大学出版社 2002 年版,第 23 页。
③ Ilias Bantekas and Susan Nash, *International Criminal Law*, London: Cavendish Publishing Limited, 2003, p.331.
④ 关于战争规则与惯例,经历次国际会议制定成了公约或宣言或议定书者,在第二次海牙保和会议(1907 年)以前有:1856 年巴黎海战宣言;1864 年关于改善战地武装部队伤者病者境遇的日内瓦公约;1868 年关于禁止爆炸性和燃烧性子弹的圣彼得堡宣言;1899 年第一次海牙保和会议中所缔结的三个公约和三个宣言。三个公约是:(一)国际纷争和平解决公约;(二)陆战法规惯例公约;(三)关于 1864 年日内瓦公约原则推行于海战公约。三个宣言是:(一)禁止从气球上放掷炮弹和炸裂品宣言;(二)禁止使用专为散布窒息性或有毒气体的投射物宣言;(三)禁用易于在人体内炸裂的子弹宣言。1907 年第二次海牙保和会议中缔结的有 13 个公约:(一)国际纷争和平解决公约;(二)限制用兵索取债项公约;(三)战争开始公约;(四)陆战法规惯例公约;(五)陆战时中立国和中立国人民权利义务公约;(六)开战时敌国商船地位公约;(七)商船改充战舰公约;(八)敷设海底自动触发水雷公约;(九)战时海军轰击公约;(十)1864 年日内瓦公约原则推行于海战公约;(十一)海战时限制捕获权公约;(十二)设置国际捕获法庭公约;(十三)战时中立国的权利义务公约。这些公约部分地替代、修正或补充了以前的公约。第二次海牙保和会议后,关于战争法例的重要发展有:1909 年伦敦海战法规宣言;1922 年关于在战争中使用潜水艇及有毒气体的公约(以上两文件均未被各国批准,但由于其有宣示国际惯例性质,故仍不失为国际法的重要文件);

10

1856 年的《巴黎海战宣言》,其后为 1864 年的《关于改善战地武装部队伤者病者境遇的日内瓦公约》。最有意义的是 1899 年和 1907 年两次海牙和平会议上通过的一系列作战公约,其中包含了重要的战争法原则。这些公约中最重要的是 1907 年《关于陆战法规与惯例的海牙第四公约》及附加规则。

第三,违反人道罪。法庭要证明该罪的存在并不容易。纳粹政权对德国犹太人和少数民族团体实施的暴行,以及针对德国占领的其他国家的平民实施的类似犯罪,是众所周知的。在战时或占领时针对其他国家的平民实施的暴行被已经确立的国际法以战争罪和侵略行为所包含,但一国对自己公民的暴行却不在其中。《纽伦堡宪章》第 6 条第 2 款第 3 项包含了针对任何平民居民的暴行。[①] 但该项规定要求违反人道罪与破坏和平罪或战争罪之间具有相关性,因此,尽管在二战以前德国就已开始对犹太人实施了惨无人道的迫害,但法庭认为,这种迫害行为与侵略战争的性质无关,故将德国在 1939 年以前实施的暴行排除于管辖之外。[②] 但在当时,国际法是否

1925 年关于禁用毒气或有毒武器及细菌武器的日内瓦议定书(已有 46 国参加,包括苏联和旧中国在内,美日两国迄今未批准,中华人民共和国于 1952 年 7 月 13 日声明承认);1929 年日内瓦战俘待遇公约和改善战地伤者病者境遇公约(这两个公约修正、补充了 1907 年的海牙公约;前者原为 1907 年海牙第四公约之一部分,今则独立成为一个公约,后者为原有的公约,今则加以修正和扩充,以替代原有公约)。第二次世界大战后,各国于 1949 年又在日内瓦签订了四个公约:除了修正 1929 年的那两个公约(即战俘待遇公约和改善战地武装部队伤者、病者境遇公约)之外,还修订了一个改善海上武装部队伤者病者及遇船难者境遇公约(原 1907 年海牙第十公约),并增加了一个战时保护平民公约。对这四个日内瓦公约,我国曾于 1952 年 7 月 13 日声明附保留地承认中国旧政府的签字。1956 年 11 月 5 日,我国正式批准了这四个公约。参见梅汝璈:《远东国际军事法庭》,法律出版社 2005 年版,第 17 页脚注。

① "平民居民"不仅包括敌对国家的人民,而且包括本国人民、盟国的人民、中立国的人民以及无国籍者。由于对敌对国家人民的犯罪行为大多算作普通战争罪,因此,可以认为规定违反人道罪的目的在于惩处对本国国民的犯罪行为。参见日本国际法学会编:《国际法辞典》,世界知识出版社 1985 年版,第 117 页。

② 参见王秀梅:《国际刑事法院研究》,中国人民大学出版社 2002 年版,第 22 页。

11

要求违反人道罪和武装冲突的存在之间具有相关性,并不十分清楚。1945年12月20日管制委员会颁布了第10号法案,该法案的目的是为在德国惩罚未得到国际军事法庭审判的战争犯罪和其他类似犯罪设立一致的法律基础。该法案要求对违反人道罪进行起诉,但没有要求该罪与《纽伦堡宪章》中的其他犯罪或一般意义上的其他犯罪必须具有一定的联系。该法案第2条规定:"被告不得援引从1933年1月30日起至1945年7月1日止的时间限制,按照纳粹的制度给予的豁免、赦免和大赦都不应被接受以阻止审判和惩罚。"该法案规定的犯罪不只限于战时。事实上美国军事法院依据该法案提出的指控,导致数以百计的纳粹士兵和官员被宣告有罪。这些法院不只限于审查1939年后的事件,而且还调查了战争爆发前实施的犯罪行为。①《纽伦堡宪章》第6条第2款第3项将违反人道犯罪行为分为两类:一是针对任何平民的谋杀、灭绝、奴役、放逐及其他非人道行为;二是基于政治、种族或信仰关系而实施的迫害。纽伦堡法庭将前一阶段的迫害行为予以排除是不合理的,美国军事法院的做法合法合理。

纽伦堡审判从1945年11月14日持续到1946年10月1日。法庭对那些参与共同策划和阴谋制造侵略战争的个人、组织或团体判处破坏和平罪、战争罪或违反人道罪。在被控犯有全部或一部分罪行的24名战犯中,22人受到有罪起诉,其中戈林、里宾特洛甫、罗森堡等12人被判处绞刑;3人被判处无期徒刑;2人被判处有期徒刑20年;1人被判处有期徒刑15年;1人被判处有期徒刑10年;巴林等

---

① Ilias Bantekas and Susan Nash, *International Criminal Law*, London: Cavendish Publishing Limited, 2003, p.331.

3 人被宣告无罪。① 此外,法庭还宣布希特勒的警卫队及其附属机构保安勤务处、秘密警察和纳粹党政治领袖集团为犯罪组织。冲锋队、德意志帝国内阁和最高指挥部被宣告无罪,但不影响其成员的个人责任。法庭在宣布上述组织为犯罪组织时指出,这些组织的成员资格并不一定使每一个成员都承担责任。法庭在判决书中对犯罪组织及犯罪组织与其成员之间的刑事责任关系进行了阐述。法庭认为,犯罪组织和犯罪共谋相类似,因为其实质都是为犯罪目的而合作。为了某一共同目的,必须要有一个紧密结合并组织起来的团体。该团体的形成和利用必须与《纽伦堡宪章》所谴责的罪行的实施有关。② 法庭对犯罪集团或组织定义为:"宣告犯罪组织或集团性质将决定于它的成员的犯罪性质,因此,宣告集团或组织的犯罪性质时,应不包括那些对该组织的犯罪目的或犯罪行为并不知情的人,也不包括被国家吸收为各该组织的人,但如果以各该组织成员的身份参与《纽伦堡宪章》第 6 条所规定的犯罪行为的人除外,单凭成员资格并不足以被列入法庭宣告之列。"③法庭虽然对犯罪组织和团体具有管辖权,但无论是《纽伦堡宪章》还是法庭的判决均未涉及犯罪组织

---

① 参见王秀梅:《国际刑事法院研究》,中国人民大学出版社 2002 年版,第 24—25 页。此外,各盟国的军事法庭和国际法庭还审判了大批德国战犯。据不完全统计,到 1958 年底,被西方盟国的军事法庭和国内法庭判罪的德国战犯有 5025 人,其中 806 人被判处死刑,实际执行的 486 人;被前苏联判罪的德国战犯约 1 万人,其中大部分被判处 25 年有期徒刑。到 1973 年 6 月,在德国被判罪的战犯有 6330 人。直至 20 世纪 80 年代和 90 年代,法国、前南斯拉夫、前苏联、以色列和意大利等国的国内法庭还审判了一些逃亡的战争罪犯。参见林欣、李琼英:《国际刑法新论》,中国人民公安大学出版社 2005 年版,第 103 页。

② IMT Judgment, Quoted in Ilias Bantekas and Susan Nash, *International Criminal Law*, London: Cavendish Publishing Limited, 2003, p.332.

③ 参见[德] P.A.施泰尼格尔:《纽伦堡审判》(上卷),王昭仁等译,商务印书馆 1985 年版,第 226 页;转引自赵秉志:《比较刑法暨国际刑法专论》,法律出版社 2004 年版,第 397 页。

和团体本身的刑事责任问题。

3.纽伦堡法庭的贡献及所受到的批评

纽伦堡审判作为二战后审判战犯的新尝试,在多方面遭到了不少批评。批评者的主要论点如下:①同盟国纽伦堡法庭不是国际法庭,而是同盟国的法庭。一方面,批评者根据法庭判决书的相关内容,①认为法庭的性质更像战后在德国行使主权的盟国政府设立的国内法院。另一方面,批评者认为,尽管盟国并无并吞德国之意,但对德国实施了有效占领,故纽伦堡法庭更像国内法院。② ②纽伦堡审判是胜利者的审判。理由为:法庭的法官和检察官皆来自战胜国,由战胜国自己任命。③ 所有的被告都是德国人,盟国军事人员的犯罪行为从未受到起诉。④ ③法庭适用的法律为事后法。因为在战前无任何一部有效的公约或条约规定设立刑事法庭,以起诉违反这些条约的个人。⑤ 实际上,在美、英、法、苏四国酝酿罪名后不久,就遭到了当事人和学者的反驳。杰克逊很清楚这些反对意见,他于 1945 年 6

---

① 法庭的判决书在概括盟国设立法庭的法律依据时指出:《纽伦堡宪章》的制定,是德意志帝国于之无条件投降的国家对立法主权的行使;这些国家为被占领土进行立法的毋庸置疑的权利,已被文明世界所承认。IMT Judgment, Quoted in Ilias Bantekas and Susan Nash, *International Criminal Law*, London: Cavendish Publishing Limited, 2003, p.333.

② Ilias Bantekas and Susan Nash, *International Criminal Law*, London: Cavendish Publishing Limited, 2003, p.333.

③ 《纽伦堡宪章》第 2 条和第 14 条。

④ 苏联实施的破坏和平罪包括:1939 年 8 月苏联和德国对波兰的侵略;1939 年 11 月至 1940 年 6 月间苏联对芬兰和波罗的海国家的侵略;1945 年 8 月 8 日苏联对日宣战。英美苏实施的战争罪包括:1941 年 9 月苏军对波兰官员的 Katyn 大屠杀;英美对德国汉堡、德累斯顿和其他城市的战略空袭。Yves Beigbeder, *International Justice against Impunity: Progress and New Challenges*, Boston/Leiden: Martinus Nijhoff Publishers, 2005, p.4.

⑤ Matthew D.Peter, "The Proposed International Criminal Court: A Commentary on the Legal and Political Debates Regarding Jurisdiction That Threaten the Establishment of an Effective Court", *Syracuse Journal of International Law and Commerce*, Vol.24, 1997, p.183.

月为杜鲁门准备关于审判计划的第一个报告时指出,即使没有将轴心敌国实施的行为规定为犯罪,但是这些行为"自该隐(Cain)时代就被认为是犯罪"。①　④对被告人的保护不力。②　纽伦堡审判允许缺席审判,③限制被告人适用国家行为和上级命令的辩护理由(《纽伦堡宪章》第7、8条),拒绝任何向法庭的管辖和组成提出质疑的行为(《纽伦堡宪章》第26条),《纽伦堡宪章》第11条违反了一事不二审原则。④

　　尽管法庭受到不少责难,但它对国际刑法具有里程碑意义。首先,在国际法中将破坏和平罪、战争罪和违反人道罪明确确定为国际犯罪,极大地鼓舞了国际刑法的发展。其次,《纽伦堡宪章》和纽伦堡审判创设和确认的革命性原则——纽伦堡原则也是对国际法的重大贡献。1946年12月11日联合国大会第95(2)号决议通过了这些原则。⑤　这些原则的内容主要包括:①从事构成违反国际法的犯罪行为的人承担个人责任,并因而应受处罚。②国内法不处罚违反国际法的罪行的事实,不能作为实施该行为的人免除国际法责任的理由。③以国家元首或负有责任的政府官员身份行事,实施了违反国际法的犯罪行为的人,其官方地位不能作为免除国际法责任的理由。④依据政府或其上级命令行事的人,假如他能够进行道德选择的话,不能免除其国际法上的责任。⑤被控有违反国际法罪行的人有权在事实上和法

---

① Philippe Sands, *From Nuremberg to The Hague : The Future of International Criminal Justice*, London : Cambridge : Cambridge University Press, 2003, p.22.该隐系亚当与夏娃之长子,杀其弟亚伯,见基督教《圣经·创世纪》。

② 参见林维:《前南国际刑事法庭成立研究》,载赵秉志等主编:《国际刑法评论》(第1卷),中国人民公安大学出版社2006年版,第326—328页。

③ 希特勒负责纳粹党事务的副手,后来成为元首秘书的鲍尔曼(Martin Bormann)被缺席判处死刑。当时其下落不明,据说可能已经死亡。

④ 有些人在被法庭宣告无罪后,又被德国国内法院以同样罪名定罪。在法庭审判中有3人被宣告无罪,即Schacht, Von Papen, Fritzche.

⑤ 参见赵永琛编:《国际刑法约章选编》,中国人民公安大学出版社1999年版,第83—84页。

律上得到公平的审判。⑥违反国际法应受处罚的罪行是:反和平罪、战争罪和反人道罪。⑦共谋犯下原则六所述的反和平罪、战争罪或反人道罪是国际法上的罪行。再次,纽伦堡审判加速了战后一系列国际人权法文件的诞生,推动了国际人权法的迅速发展。其中有代表性的文件包括1948年《世界人权宣言》和《防止和惩治灭绝种族罪公约》、1949年《日内瓦四公约》、1950年《欧洲人权公约》、1968年《战争罪和危害人类罪不适用法定时效公约》。最后,纽伦堡审判为后来诞生的国际刑事法庭(法院)提供了基本审判模式、理论先导和实践经验。

(二)远东国际军事法庭

1.远东国际军事法庭的设立及审判结果

设立远东国际军事法庭(The International Military Tribunal for the Far East at Tokyo,IMTFE)所依据的文件包括:1943年12月1日中美英三国签订的《开罗宣言》①、1945年6月26日通过的《波茨坦公告》②、1945年9月2日签署的《日本投降书》③以及1945年12月在莫斯科召开的苏美英三国外长会议通过的一项决议。④ 依据上述

---

① 《开罗宣言》规定:"我三大盟国此次进行战争之目的,在于制止及惩罚日本之侵略。三国绝不为自身图利,亦无拓展领土之意。"王绳祖主编:《国际关系史资料选编》,武汉大学出版社1983年版,第758页。

② 《波茨坦公告》的目的是促令日本尽快无条件投降。该公告第10项规定:"吾人无意奴役日本民族或消灭其国家,但对于战犯,包括虐待吾人俘虏者在内,将处以严厉之法律制裁。"《国际条约集》,世界知识出版社1986年版,第77—78页。

③ 日本在投降书中表示完全接受波茨坦公告的条款。该投降书第6项写道:"我们为天皇、日本政府及其后继者承允忠实履行波茨坦公告之条款。"《国际条约集》,世界知识出版社1986年版,第112—114页。

④ 由于《波茨坦公告》仅规定了日本必须接受的投降条款,而对如何实现这些条款的具体步骤和措施则完全没有规定,因此,便通过了这项决议。决议规定:"盟国驻日最高统帅应采取一切必要措施,以使日本投降及占领和管制日本各条款一一实现。"参见梅汝璈:《远东国际军事法庭》,法律出版社2005年版,第11页。

文件,1946 年 1 月 19 日太平洋战区盟军最高统帅麦克阿瑟将军颁布了"设置远东国际军事法庭的特别通告"。通告规定:"由于美国及其同盟共同反抗轴心国所进行非法侵略战争的各国曾迭次发表宣言,申明它们决意对战争罪犯要加以法律制裁。"①同日,麦克阿瑟发表声明,正式通过了最高统帅部依国际文件授权制定的《远东国际军事法庭宪章》(以下或简称《东京宪章》)。1946 年 2 月 15 日,盟军最高统帅部根据各同盟国政府的提名任命了法庭的 11 名法官(中、美、英、苏、澳、加、法、荷、新、印度、菲 11 国各 1 名)。② 法庭的起诉机关是国际检察处,该机构是东京盟军最高统帅部的一个组成部分,在法庭审讯的案件中代表 11 个起诉国家担任原告。法庭于 1946 年 5 月 3 日正式开始工作。日本战争犯罪嫌疑人被划分为"甲"、"乙"、"丙"三级。法庭仅指控"甲"级嫌疑人,包括前首相东条英机和其他 24 名被告,③将"乙"级和"丙"级嫌疑人留给各国军事法院审判。法庭管辖从 1928 年 1 月 1 日至 1945 年 9 月 2 日期间④日本战犯实施的破坏和平罪、普通战争犯罪和违反人道罪。⑤ 经过 2 年 6 个月

---

① 　梅汝璈:《远东国际军事法庭》,法律出版社 2005 年版,第 11 页。
② 　与日本签订投降协定的是 9 个国家(澳、加、中、法、荷、新、苏、英、美),印、菲属于远东委员会的成员。
③ 　起诉书中包括 28 名被告,其中 2 名在审判期间病死,另 1 名被宣告为无责任能力,法庭最后对其余 25 名被告作了有罪判决。
④ 　对被告犯罪行为终止日期应算到日本投降时止,检察人员没有争议,但对犯罪行为的起始日期的确定存在严重争执,检察人员提出了不同的日期,其中有人认为,1931 年"九一八事件"之所以发生,其导因是 1928 年 4 月日军在皇姑屯炸死张作霖事件,从那时起日本侵占全中国的企图便已暴露无遗,而中日实际敌对状态那时便已发生,是故正本清源,被告战犯们的犯罪日期应从 1928 年算起。参见梅汝璈:《远东国际军事法庭》,法律出版社 2005 年版,第 163 页。
⑤ 　《东京宪章》第 5 条规定:(甲)破坏和平罪　指策划、准备、发动或执行一种经宣战或不经宣战之侵略战争,或违反国际法、条约、协定或保证之战争,或参与上述任何罪行之共同计划或阴谋。(乙)普通战争犯罪　指违反战争法规或战争惯例之犯罪行为。(丙)违反人道罪　指战争发生前或战争进行中对任何和平人口之杀害、灭种、奴役、

(1946年5月3日至1948年11月12日)的诉讼活动,25名被告被法庭指控犯有破坏和平罪、普通战争罪(虽然《东京宪章》中明确规定了反人道罪,但却没有判处反人道罪的判例),其中7人被判处死刑;16人被判处无期徒刑;2人被判处有期徒刑。在远东审判中,没有任何团体或组织受到起诉。①

2.远东国际军事法庭与纽伦堡国际军事法庭的比较

从法律的角度看,东京法庭和纽伦堡法庭的性质、职责、管辖权及适用的实体法和程序法基本一致,②因此,二者所遭受的责难也颇为相似。另外,二者对国际法的贡献也不相上下。但二者毕竟是先后设立的两个不同的法庭,它们之间仍存有差异:

(1)设立依据不同。纽伦堡法庭是依据协约设立的,而东京法庭是根据一系列文件授权远东盟军最高统帅部设立的。

(2)《纽伦堡宪章》和《东京宪章》对罪名的措辞不同。关于破坏和平罪,《东京宪章》第5(甲)条增加了"经宣战或不经宣战之侵略战争或违反国际法"的措辞,因为日本未经宣战就发动了侵略战争。关于战争犯罪的名称,《纽伦堡宪章》称"战争罪",《东京宪章》称"普通战争罪",因为日本仅对敌国国民而非本国国民实施犯罪;关于战争罪的定义,《纽伦堡宪章》在使用"违反战争法规和惯例的

强迫迁徙,以及其他不人道行为,或基于政治上的或种族上的理由而进行旨在实现或有关本法庭管辖范围内任何罪行之迫害行为,不论这种行为是否违反行为地国家的国内法。凡参与上述任何罪行之共同计划或阴谋之领导者、组织者、教唆者与共谋者,对于任何人为实现此种计划而作出之一切行为,均应负责。

① 参见赵秉志主编:《国际区际刑法问题探索》,法律出版社2003年版,第415页。

② 远东国际法庭判决书上写道:"有鉴于两个法庭的宪章在一切重要方面完全相同,本法庭宁愿对纽伦堡法庭的意见表示无条件的支持,而不愿用不同的字句从新另写,以免敞开对两个写法不同的意见采取抵触的解释及争辩之门。"(见远东国际军事法庭判决书第一部第二章第甲节。)参见梅汝璈:《远东国际军事法庭》,法律出版社2005年版,第25页脚注。

行为"这句概括式定义后，又对该罪的行为作了进一步列举性说明，而《东京宪章》只规定普通战争罪是"指违反战争法规或战争惯例之犯罪行为"，并未进一步说明。至于对具体行为如何认定，留给法官自由裁量。关于违反人道罪，一方面，《东京宪章》删去了迫害行为的"宗教的理由"，因为日本发动的战争与宗教无关；另一方面，在东京审判开庭三天前，指控方决定修改《东京宪章》，删除了"针对任何平民居民"的措辞。其目的在于能够主张从事非法战争的战斗员对敌方战斗员的屠杀本身是非法的。①

（3）两个法庭对犯罪组织的态度不同。《纽伦堡宪章》第9条和第10条对犯罪组织作了规定，《东京宪章》则不然。实际上，一些日本大型工商企业（zaibatsu）对日本发动的侵略战争进行了幕后操纵，并给予了鼎力支持。

（4）两个法庭对诉讼程序的实践有所不同。虽然两个宪章对诉讼程序的规定无实质差异，但实际操作却有较大不同。首先，尽管《东京宪章》并未明文规定采用英美法系的诉讼程序，但由于《东京宪章》和程序规则系英美法系人员拟订以及英美法系人员在法官和检察官中占有压倒性的多数，东京法庭的整个诉讼程序都受着英美法的严重影响。② 其次，尽管两个宪章对是否允许缺席审判均未作规定，但两个法庭的做法全然不同。纽伦堡法庭对未被捉拿归案的鲍尔曼作了缺席判决，而远东法庭未对任何被告作出过缺席判决，因为在审判前被告们都被逮捕归案。

（5）两个法庭的法官对判决的立场不同。纽伦堡法庭的法官对被告行为犯罪性的看法基本一致，但东京法庭的判决无法做到全体

---

① Robert Cryer, *Prosecuting International Crimes: Selectivity and the International Criminal Law Regime*, Cambridge: Cambridge University Press, 2005, p.249.

② 参见梅汝璈:《远东国际军事法庭》，法律出版社 2005 年版，第 95—96 页。

一致通过。在东京法庭的 11 名法官中,印度法官帕尔(Pal)始终坚决反对其他法官对侵略战争非法性的认定。他认为,侵略战争不是犯罪,全体被告应被宣告无罪开释。[①] 理由为:国际法中不存在个人刑事责任;[②]"世人需以宽宏、谅解、慈悲为怀,不应该以正义的名义来实施报复"。[③]

(6)政治和利益对两个法庭的影响不同。虽然两个法庭都遭到了以"胜利者的审判"、"有选择的正义"为理由的批评,但东京法庭受政治、利益等因素的影响更大。美国政府基于政治上的考虑,不主张审判首要战犯裕仁天皇;为了换取专业知识,不主张审判罪大恶极的 731 部队的战犯。

二、联合国安理会设立的两大国际刑事法庭

尽管在纽伦堡审判和东京审判后,国际社会通过了大量的人权公约,但由于冷战(1948—1989 年)的原因,对侵犯基本人权的暴行并未进行审判和制裁。冷战结束后,一方面,冷战掩盖下的民族矛盾迅速激化;另一方面,东西方意识形态的对抗趋于缓和。因此,国际社会对侵犯人权的暴行作出了较为一致的反应。在东京审判结束

---

① 参见梅汝璈:《远东国际军事法庭》,法律出版社 2005 年版,第 24 页。这和被告辩护人的观点不谋而合。1946 年 5 月 13 日,法庭在宣读完检察方的起诉书时,被告辩护人代表清濑一郎就对法庭的管辖权提出了异议:(1)法庭不具有对"侵略罪"和"违反人道罪"的管辖权;(2)侵略战争本身并不能构成犯罪;(3)战争是国家行为,个人在国际法上并无责任;(4)法庭宪章的规定是事后法,所以是非法的;(5)只有《波茨坦公告》发布时国际法所公认的普通战争犯罪,才可以成为被控的犯罪。参见《远东国际军事审判速记录》(第 1 卷),日本雄松堂书店 1968 年版,第 11—12 页。

② Kriangsak Kittichaisaree, *International Criminal Law*, Oxford: Oxford University Press, 2001, p.20.

③ 梅汝璈:《远东国际军事法庭》,法律出版社 2005 年版,导读部分第 7 页。

45 年之后,国际社会重新借助国际刑事审判手段,即设立前南国际刑庭和卢旺达国际刑庭,惩罚和阻止国际犯罪。

(一)前南斯拉夫国际刑事法庭

1.前南斯拉夫国际刑事法庭的设立

在前南境内发生的严重违反国际人道法的形势变得非常严峻时,安理会于 1991 年 9 月 25 日通过了第 713 号决议。在该决议中,安理会注意到,在前南境内战斗的继续进行构成了对国际和平与安全的威胁,决定按照《联合国宪章》第七章采取行动,应执行全面的武器军事装备禁运。1992 年 5 月 15 日安理会通过的第 752 号决议第一次提到违反人权和人道法,安理会要求冲突各方立即停止改变居民种族构成的任何企图。1992 年 7 月 13 日安理会通过第 764 号决议,重申冲突各方必须遵守人道法,特别是 1949 年的各项《日内瓦公约》,凡实施或命令实施严重违反公约行为的人,必须对此承担责任。1992 年 8 月 13 日安理会通过第 771 号决议,要求冲突各方停止一切违反国际人道法的行为,并呼吁各国及各国际人道主义组织向安理会提供前南境内违反人道法的材料。1992 年 10 月 6 日安理会通过了第 780 号决议,请求联合国秘书长设立一个公正的专家委员会,由该委员会审查和分析依照第 771 号决议提交的材料,并可以自行调查,以期根据前南境内发生的严重违反国际人道法的行为证据,向秘书长提交结论。[①]

1993 年 1 月该委员会提交了第一个中期报告,确定该地区发生

---

① 参见凌岩:《跨世纪的海牙审判——记联合国前南斯拉夫国际法庭》,法律出版社 2002 年版,第 23 页。

的冲突属于国际性武装冲突,应适用国际武装冲突法和国际人道法。① 1993 年 2 月 22 日安理会通过了第 808 号决议,断定前南境内的国际局势对国际和平与安全构成威胁,决定设立一个国际刑事法庭,以审判前南境内严重违反国际人道法的罪犯。1993 年 5 月 3 日秘书长向安理会提交了报告,对设立法庭的法律依据、法庭的职权范围、法庭的组成、法庭的调查、审判程序等提出了意见,并起草了《前南斯拉夫国际刑事法庭规约》(以下简称《前南刑庭规约》)。1993 年 5 月 25 日安理会通过了第 827 号决议,批准了秘书长的报告,决定正式成立法庭,并通过了《前南法庭规约》。同日,前南斯拉夫国际刑事法庭(International Criminal Tribunal for the Former Yugoslavia,ICTY)成立。1993 年 9 月联合国大会选出了法庭的法官,联合国秘书长任命了法庭的检察长。②

2.前南斯拉夫国际刑事法庭的组成

坐落在海牙的前南国际刑庭由分庭、检察官和书记官处组成。

(1)分庭。《前南刑庭规约》第 11—14 条对分庭的有关内容作了规定。分庭包括两个初审分庭和一个上诉分庭。③ 法庭最初由独立的、不同国籍的 11 名法官组成。两个初审法庭各有 3 名法官,上诉分庭有 5 名法官。④ 法官应品德高尚、公正、正直,并应具有在其本国担任最高司法职务所需的资格。同时,法官应在刑法、国际法,包括国际人道法和人权方面具有一定的经验。法官由联合国大会依

---

① 参见凌岩:《跨世纪的海牙审判——记联合国前南斯拉夫国际法庭》,法律出版社 2002 年版,第 24 页。
② 参见凌岩:《跨世纪的海牙审判——记联合国前南斯拉夫国际法庭》,法律出版社 2002 年版,第 25—26 页。
③ 《前南刑庭规约》第 11 条。
④ 《前南刑庭规约》第 12 条。

安理会所提出的名单选出。法官任期4年,可连选连任。① 国际法庭的庭长由法官选出。上诉分庭的庭长由国际法庭的庭长担任。②1995年卢旺达国际刑庭成立后,上诉分庭的法官同时也是卢旺达国际刑庭上诉分庭的法官。2000年11月30日修改的《前南刑庭规约》增加了法庭的组成人员,法庭包括16名独立的常任法官和不超过9人的独立的专案法官。到2003年,法庭拥有来自23个国家的24名法官:16名常任法官,包括来自卢旺达刑庭上诉庭的2名法官,以及8名专案法官。③

截至2005年6月,前南法庭已由成立之初的13名工作人员发展成为拥有来自74个国家共1061名工作人员的庞大机构,开创了由国际法庭审理国内战争罪犯的先例。

(2)检察官。检察官经秘书长提名由安理会任命。检察官的任期4年,可重新任命。检察官应具有高尚品德,在调查和起诉刑事案件方面具有最高水平能力和经验。检察官办公室由1名检察官和所需其他合格工作人员组成。检察官是国际法庭的一个单独机关,独立行事。检察官负责调查和起诉1991年1月以来在前南斯拉夫境内犯下严重违反国际人道法罪行的人。④

(3)书记官处。书记官处为法庭和检察官提供服务,负责法庭的行政和服务工作。

2004年以来,前南法庭的工作重点紧紧围绕着安全理事会第1503(2003)号决议规定的《完成工作战略》开展,该战略要求法庭采

---

① 《前南刑庭规约》第13条。
② 《前南刑庭规约》第14条。
③ Yves Beigbeder, *International Justice against Impunity*: *Progress and New Challenges*, Boston/Leiden:Martinus Nijihoff Publishers,2005,p.74.
④ 《前南刑庭规约》第16条。

取一切可能的措施,在 2004 年 12 月 31 日前结束所有新的调查,
2008 年 12 月 31 日前完成一审案件的审理,2010 年 12 月 31 日前完
成上诉案件的审理。

法庭成立以来,受理了塔迪奇案、切莱比契案、福荣季亚案、埃尔
戴莫维奇案、卡拉季奇案等案件。

2009 年 10 月,前南刑庭开始审判卡拉季奇(Radovan Karadzic)
案。在审判初期,卡拉季奇拒不出庭,并为此受到了四次警告。法庭
不得不于 11 月休庭,以便为卡拉季奇指派一名代理律师。但随后,
卡拉季奇又以法庭指派的律师使他难以为审判做准备或参与审判为
由,要求延期审理。2010 年 3 月前南刑庭驳回了卡拉季奇的延期请
求,并决定审判从 4 月 13 日恢复。①

卡拉季奇被指控在 20 世纪 90 年代初期对波黑境内的穆斯林、
克罗地亚人和其他非塞尔维亚人实施了谋杀、处决、迫害和劫持等罪
行,尤其被指应当对 1995 年 7 月 7000 多名穆斯林男子遭杀害的斯
雷布雷尼察事件负责。卡拉季奇被指控犯有 11 项战争罪、危害人类
罪和灭绝种族罪。② 前南刑庭对卡拉季奇发出逮捕令后,他在巴尔
干半岛隐藏了 13 年,直到 2008 年 7 月在塞尔维亚境内被捕,随后被
移交位于海牙的前南国际刑庭。

3.前南斯拉夫国际刑事法庭设立的依据

在关于前南刑庭建立与否的讨论中,虽然大多数国家认为可以
根据《联合国宪章》由安理会建立,但仍有不同意见。在安理会第
827 号决议通过之前的会议上,巴西和中国对安理会是否有权根据

---

① 联合国新闻网:《前南斯拉夫问题国际刑事法庭恢复对卡拉季奇案的审理》,http://
www.un.org/chinese/News/fullstorynews.asp? newsID = 13296(2012 年 10 月 1 日访问)。

② 联合国新闻网:《前南斯拉夫问题国际刑事法庭恢复对卡拉季奇案的审理》,http://
www.un.org/chinese/News/fullstorynews.asp? newsID = 13296(2012 年 10 月 1 日访问)。

《联合国宪章》第七章建立国际刑事法庭提出过质疑,但都没有投票反对该决议。① 巴西和欧洲安全与合作大会建议应当以条约的方式建立。荷兰认为条约将为法庭建立奠定最坚实的法律基础,但依据前南的具体情况,由安理会根据《联合国宪章》建立特别法庭是合适的。在法庭规约起草过程中,前南斯拉夫联邦共和国即对安理会建立特别法庭的法律基础提出质疑,并指出其宪法禁止引渡本国公民。②

法庭设立的合法性在实践中立即遭到了质疑。在 1995 年检察官诉塔迪奇案(Prosecutor v. Tadic)中,塔迪奇的辩护律师提交了初步动议,对法庭审判被告人的权力提出质疑。被告方主张,前南刑庭的建立不适当。他们对安理会依照《联合国宪章》第七章设立附属司法机构的合法性提出了质疑,认为这属于越权行为。③ 实际上,被告方是在请求法庭对安理会的行动进行司法审查。

初审分庭对被告方提出的质疑进行了反驳。法庭认为,法庭不是为审查联合国机构行动而设立的宪法法院。相反,它是一个具有明确、具体权力的刑事法庭,只限于审理刑事案件。因此,法庭没有权力审查法庭建立的合法性。④ 但是,法庭认为该问题很重要,不得不发表评论。该评论指出:被告人提出,安理会建立国际法庭是越权

---

① Robert Cryer, *Prosecuting International Crimes: Selectivity and the International Criminal Law Regime*, Cambridge/New York: Cambridge University Press, 2005, p.53.

② 林维:《前南国际刑事法庭成立研究》,载赵秉志、卢建平主编:《国际刑法评论》(第 1 卷),中国人民公安大学出版社 2006 年版,第 335 页。

③ Prosecutor v. Dusko Tadic (IT-94-1), Decision on the Defence Motion on Jurisdiction(Trial Chamber)(1995), Quoted in Yitiha Simbeye, *Immunity and International Criminal Law*, Aldershot: Ashgate Publishing Limited, 2004, p.16.

④ Prosecutor v. Dusko Tadic (IT-94-1), Decision on the Defence Motion on Jurisdiction(Trial Chamber)(1995), Quoted in Yitiha Simbeye, *Immunity and International Criminal Law*, Aldershot: Ashgate Publishing Limited, 2004, p.16.

行为,是站不住脚的政治行为,而不是合理地致力于恢复和维持和平,因而该国际法庭不是依法适当建立的。初审分庭认为,对这些争辩不加评论就予以驳回是不适当的。①

考虑到安理会依照《联合国宪章》第七章享有广泛的自由裁量权,法官们认为安理会不是主观臆断地设立法庭。根据《联合国宪章》第39条的规定,安理会应"断定任何和平之威胁、和平之破坏或侵略行为之是否存在,并应作成建议或抉择依第41条②及第42条③规定之办法,以维持或恢复国际和平及安全"。安理会得决定所应采武力以外之办法,以实施其决议,并得促请联合国会员国执行此项办法。此项办法得包括经济关系、铁路、海运、航空、邮电、无线电及其他交通工具之局部或全部停止,以及外交关系之断绝。初审分庭强调:安理会可采取的非武力措施不只限于第41条规定的措施,还包括设立司法机构,以审判和惩罚对国际和平与安全构成明显威胁的罪恶昭彰的情势负责的那些人。④ 塔迪奇的辩护只集中于第41条实际列举的办法,并认为该条本身并未提及设立司法机构的措施。

---

① Prosecutor v.Dusko Tadic(IT-94-1),Decision on the Defence Motion on Jurisdiction(Trial Chamber)(1995),Quoted in Yitiha Simbeye,*Immunity and International Criminal Law*,Aldershot:Ashgate Publishing Limited,2004,p.16.

② 《联合国宪章》第41条规定:"安全理事会得决定所应采武力以外之办法,以实施其决议,并得促请联合国会员国执行此项办法。此项办法得包括经济关系、铁路、海运、航空、邮、电、无线电及其他交通工具之局部或全部停止,以及外交关系之断绝。"

③ 《联合国宪章》第42条规定:"安全理事会如认第四十一条所规定之办法为不足或已经证明为不足时,得采取必要之空海陆军行动,以维持或恢复国际和平及安全。此项行动得包括联合国会员国之空海陆军示威、封锁及其他军事举动。"

④ Prosecutor v.Dusko Tadic(IT-94-1),Decision on the Defence Motion on Jurisdiction(Trial Chamber)(1995),paras.26 and 27,Quoted in Yitiha Simbeye,*Immunity and International Criminal Law*,Aldershot:Ashgate Publishing Limited,2004,p.17.

对此,初审分庭认为第 41 条的列举并非穷尽。① 此外,初审分庭认为《联合国宪章》第 29 条②授权安理会得设立其认为于行使职务所必需之辅助机关。初审分庭认为该条的范围很广泛,安理会的职权范围不限于设立一个辅助性司法机构。③

在初审分庭对该问题作出决定后,被告又提出了上诉。上诉判决认为,从宪章第 39 条可清楚地看出,由于第 41 条和第 42 条的规定,"安理会依第七章具有极为广泛和例外的权力。这两条给安理会留下如此广泛的选择,因此它无需再以职能或其他理由寻找比宪章中已明确规定的权力更广泛更一般的权力"。④ 至于建立国际法庭是否属于安理会依《联合国宪章》第七章采取的一项措施,上诉裁定承认,建立国际法庭没有明确地在第七章规定的执行措施中提到,尤其是没有在第 41 条和第 42 条中提到。显然,建立国际法庭并非第 42 条下的一项措施,因为这些是军事性质的措施,它也不能被认为是第 40 条下的临时措施,它们类似于紧急的警察行动而不是依法执法的司法机关的活动,因此将建立国际法庭归类于这些措施显然不合适。从表面上看,国际法庭的设立完全符合第 41 条所述的"不涉及使用武力的措施"。⑤ 对于上诉人提出的第 41 条措施并未包括

① Prosecutor v.Dusko Tadic(IT-94-1),Decision on the Defence Motion on Jurisdiction(Trial Chamber)(1995),para. 28,Quoted in Yitiha Simbeye, *Immunity and International Criminal Law*,Aldershot:Ashgate Publishing Limited,2004,p.17.

② 《联合国宪章》第 29 条规定:"安全理事会得设立其认为于行使职务所必需之辅助机关。"

③ Prosecutor v.Dusko Tadic(IT-94-1),Decision on the Defence Motion on Jurisdiction(Trial Chamber)(1995),para. 22,Quoted in Yitiha Simbeye, *Immunity and International Criminal Law*,Aldershot:Ashgate Publishing Limited,2004,p.17.

④ 凌岩:《跨世纪的海牙审判——记联合国前南斯拉夫国际法庭》,法律出版社 2002 年版,第 35 页。

⑤ 林维:《前南国际刑事法庭成立研究》,载赵秉志、卢建平主编:《国际刑法评论》(第 1 卷),中国人民公安大学出版社 2006 年版,第 342 页。

设立国际法庭的观点,上诉分庭指出,第41条列举的办法仅是说明性的,它们显然不排除其他办法。该条所要求的是它们为"武力之外"。这是一个否定性定义。"该条绝没有建议限于那些由国家执行的办法。该条只是说明执行办法不能是什么。除此之外,它未说或建议它们必须是什么。"因此,设立国际法庭完全在安理会依第41条行动的权力范围内。①

《联合国宪章》第24条第1项规定:"为保证联合国行动迅速有效起见,各会员国将维持国际和平及安全之主要责任,授予安全理事会,并同意安全理事会于履行此项责任下之职务时,即系代表各会员国。"在联合国体系中,安理会是负有维持国际和平与安全的主要责任并唯一有权采取行动的机关,在断定危及国际和平与安全的情势存在时,安理会即可决定通过和平解决国际争端的方法或采取执行措施,以维持或恢复国际和平与安全。《联合国宪章》第25条规定:"联合国会员国同意依宪章之规定接受并履行安全理事会之决议。"联合国会员国同意依宪章之规定接受并履行安理会之决议。对安理会关于维持或恢复国际和平与安全的各项决定,联合国会员国有义务接受并履行。《联合国宪章》第24条和第25条为联合国应对严重危及国际和平与安全的情势建立了一种迅速的反应机制。在国际刑事法院诞生之前,通过安理会设立临时法庭来应对严重情势,较之于通过旷日持久的外交谈判、签订条约、设立法院的方式解决问题,具有明显的优势。

4. 前南斯拉夫国际刑事法庭的管辖权

前南国际刑庭有权根据《前南刑庭规约》的各项条款,起诉应对

---

① 参见凌岩:《跨世纪的海牙审判——记联合国前南斯拉夫国际法庭》,法律出版社2002年版,第36页。

1991 年以来前南境内所犯的严重违反国际人道法行为负责的人。[①]
该条包含了前南法庭的属时、属地和属人管辖权。前南法庭对以下
四类犯罪具有属事管辖权：①严重违反 1949 年各项《日内瓦公约》
的行为；②其他违反战争法和惯例的行为；③灭绝种族罪；④危害人
类罪。[②] 前南法庭对这些犯罪没有排他性管辖权，因为国内法院对
这些犯罪有并行管辖权。[③] 但是国际法庭应优于国内法院。在诉讼
程序的任何阶段，国际法庭可以正式要求国内法院服从国际法庭的
管辖。[④] 亦即，国际法庭在任何时候都可以介入国家的司法程序，来
接管国家的审判活动。

（1）优先管辖权。国家主权最重要的内容是领土主权和对国民
的管辖权，故而领土原则和国籍原则是最重要的管辖原则。因此，国
际法庭和国家法院的关系问题是设立国际法庭必须要解决的问题。
对此，《前南刑庭规约》赋予国际法庭和国家法院并行管辖权中的优
先管辖权。与优先管辖权密切相关的是，国家有履行国际法庭逮捕
或拘留人员要求的更加广泛的义务。在优先管辖权和补充性管辖权
之间，前者是国际法庭唯一可能的选择，目的在于加强国际审判的效
能，避免国际审判卷入主权事务和变幻莫测的国际政治事务中。[⑤]
具体而言，设立优先管辖权的目的包括三方面：首先，因为该临时法
庭管辖权范围内的所有案件和安理会所确认的"对和平之威胁"有
关，所以对这些国际社会给予极大关注的案件，要确保达到公平和公
正审判的最低标准。其次，通过规劝不愿意或者不能够起诉被告人

---

① 《前南刑庭规约》第 1 条。

② 《前南刑庭规约》第 2—5 条。

③ 《前南刑庭规约》第 9—10 条。

④ 《前南刑庭规约》第 9 条第 2 款。

⑤ Jackson Nyamuya Maogoto, *State Sovereignty and International Criminal Law: Versailles to Rome*, New York: Transnational Publishers, Inc., 2003, p.197.

的国家,将其移交国际法庭审判,以确保审判能够得到执行。最后,基于证据、安全和公正方面的考虑,在情况允许前南法庭优先起诉相同战犯的情况下,赋予法庭优先于国家法院的管辖权,能够防止多个法院同时对一个被告行使管辖权。①

《前南法庭规约》第 9 条规定:"1.国际法庭和国内法院对起诉1991 年 1 月 1 日以来,在前南斯拉夫境内犯有严重违反国际人道法行为的人有并行管辖权。2.国际法庭应优于国内法院。在诉讼程序的任何阶段,国际法庭可根据本《前南法庭规约》及《国际法庭诉讼程序和证据规则》正式要求国内法院服从国际法庭的管辖。"依该条的规定,国际法庭和国内法院对国际法庭管辖范围内的犯罪有并行管辖权,但国际法庭的管辖权优先于国内法院。优先管辖权意味着"在诉讼程序的任何阶段",国际法庭都可以正式要求国家法院服从国际法庭的管辖。即使在一国已拘留了被告人并对该人有并行管辖权的情况下,一旦国际法庭正式提出要求,该国也必须服从国际法庭的管辖。

《国际法庭诉讼程序和证据规则》(以下简称《规则》)进一步确认了国际法庭的优先管辖权。《规则》对法庭的优先管辖权作了详细说明,并规定了法庭主张优先管辖权的程序。若检察官发现在法庭管辖范围内的某些犯罪正在或已在任何国家的国内法院进行调查或提起诉讼,他可以要求该国提供该方面的全部相关资料,该国应依《前南法庭规约》第 29 条向他转交这些资料。②《规则》第 9 条规定了检察官请求审判分庭向国家法院提出服从法庭管辖要求的三个理由。如果检察官发现在任何国家的国内法院进行的调查或提起的刑

---

① Jackson Nyamuya Maogoto, *State Sovereignty and International Criminal Law: Versailles to Rome*, New York: Transnational Publishers, Inc., 2003, p.162.

② 《国际法庭诉讼程序和证据规则》第 8 条。

事诉讼中存在下列情形之一,他可向庭长指定的审判分庭提议,正式要求该国内法院服从法庭的管辖权:①受调查的行为或被起诉的行为被定性为普通犯罪;②缺乏公正性或独立性,或调查、诉讼是为了防止被告承担国际刑事责任或该案未被细致起诉;③调查和起诉中的问题涉及重要的事实问题或法律问题或与这些问题密切相关,且这些重要事实问题或法律问题可能牵涉法庭的调查或法庭的起诉。从《规则》第9条的规定看,国家法院对案件的起诉不力时或涉及重要的事实问题或法律问题时,国际法庭就可以要求国家法院服从国际法庭的管辖。另外,《前南法庭规约》第18条和《规则》第47条关于检察官权力的规定,实际上也体现了法庭的优先管辖权。无论是《前南法庭规约》还是《规则》,都充分体现了法庭的优先管辖权,并且法庭曾依据这些规定,将该权力付诸实践。①

因为法庭的优先权和国家的司法主权密切相关,所以,从《前南

---

① 法庭行使优先管辖权的案例包括塔迪奇案、卡拉季奇、姆拉蒂奇和斯丹尼西奇案及埃尔戴莫维奇案。以塔迪奇案为例,塔迪奇在1992年9月9日当选为当地社区的书记,他积极参加了在该地区的种族清洗活动。1993年8月他辞去了职务,到德国与家人团聚。被南斯拉夫难民认出并报了警。德国于1994年2月13日以塔迪奇1992年在前南斯拉夫奥玛斯卡犯有灭种罪、1992年6月在该地犯有强迫其他人谋杀3人和在奥玛斯卡对穆斯林人施行殴打和酷刑等嫌疑,违反德国法律为由逮捕和拘留了他。同年11月3日德国对塔迪奇提出起诉,并继续调查他的案子。国际法庭检察官办公室的调查员在对波斯尼亚的普利耶多尔地区严重违反人道法的罪行调查时,调查到塔迪奇在该地区所犯的严重罪行,并了解到该人已被德国逮捕。塔迪奇的案子涉及检察官对数名共犯罪行的调查。检察官根据《国际法庭规约》第9条和《诉讼程序和证据规则》第8、9(ⅲ)条,于1994年10月12日向第一初审分庭提出要求德国将塔迪奇案移交给国际法庭管辖的要求。1994年11月18日该分庭公开审理了该事项,听取了各方意见。德国于1994年12月9日将第一批有关该案的文件交给前南刑庭的检察官,并着手就德国政府和前南刑庭合作的问题制定法律。1995年4月1日德国联邦议会批准了"与前南国际法庭合作法",并于4月18日将该案移交国际法庭管辖。被告于同年4月24日被移交到法庭。这是国际法庭根据优先权要求一个非前南斯拉夫国家移交案件的第一个案例。参见凌岩:《跨世纪的海牙审判——记联合国前南斯拉夫国际法庭》,法律出版社2002年版,第188—190页。

刑庭规约》通过的那一刻起,法庭的优先权就遭到了质疑。南联盟首先提出了质疑。南联盟强烈反对国际法庭的优先权,主张在国内法院起诉战犯更合适。南联盟认为,国际法庭的管辖权是对作为一个国家的主权权力的侵犯。[①] 法庭的优先权在实践中也遭到了反对。1994 年 11 月 8 日国际法庭向德国请求将在德国被捕和调查的塔迪奇案移交给国际法庭管辖,德国政府服从了国际法庭的要求。塔迪奇对国际法庭的优先权提出了反对:"(国际法庭)优先于国内法院对直接受影响的国家的主权构成侵犯。"但他的主张均未被初审分庭和上诉分庭接受。[②]

尽管法庭的优先权遭到了质疑,但法庭是安理会为维持或恢复国际和平与安全,根据《联合国宪章》第七章设立的。《前南法庭规约》对联合国所有会员国均有约束力,所有会员国均应服从法庭的优先权。

(2)属时管辖权。依据《前南刑庭规约》第 1 条的规定,国际法庭有权根据本规约各条款,起诉应对 1991 年以来前南斯拉夫境内所犯的严重违反国际人道法行为负责的人。《前南刑庭规约》第 8 条规定:"……国际法庭的属时管辖权涵盖自 1991 年 1 月 1 日起的时期。"法庭只管辖 1991 年 1 月 1 日以来发生在前南境内的犯罪行为。以此日期作为管辖权的起始日期基于两个原因:其一,按照秘书长的解释,"这个日期是中立性的,与任何特定事件都没有关系"。其二,确定该日期的目的是为了不事先对该冲突的国际国内性质作出判断。[③]《前南刑庭规约》对管辖权的终止日期未作规定,是因为法庭

---

① Jackson Nyamuya Maogoto, *State Sovereignty and International Criminal Law: Versailles to Rome*, New York: Transnational Publishers, Inc., 2003, p.162.

② 参见凌岩:《跨世纪的海牙审判——记联合国前南斯拉夫国际法庭》,法律出版社 2002 年版,第 192 页。

③ 参见凌岩:《跨世纪的海牙审判——记联合国前南斯拉夫国际法庭》,法律出版社 2002 年版,第 67—68 页。

成立时冲突还在持续,这一日期将由安理会视情况而定。

(3)属地管辖权。依据《前南刑庭规约》第8条的规定,国际法庭的属地管辖权将涵盖前南斯拉夫社会主义联邦共和国的领土,包括其领陆、领水和领空。法庭成立时,前南斯拉夫已经分裂。该规约对法庭属地管辖范围的确定,一方面是为了和安理会1993年通过的第808号决议的规定保持一致;另一方面是为了将所有的犯罪行为纳入法庭的管辖范围之内。

(4)属人管辖权。安理会于1993年通过的第808号决议和第827号决议规定,设立国际法庭以审判前南境内严重违反国际人道法的责任人。根据《前南刑庭规约》第1条的规定,国际法庭有权起诉应对1991年以来前南境内所犯的严重违反国际人道法的行为负责的人。法庭实行个人刑事责任原则,其管辖权只限于自然人。《前南刑庭规约》第7条对领导者的责任、指挥者的责任和下属的责任作了进一步规定。

(5)属事管辖权。根据《前南刑庭规约》第2—5条的规定,前南刑庭管辖的事项包括:严重违反1949年各项《日内瓦公约》的情事(第2条);①违反战争法和惯例的行为(第3条);②灭绝种族的行为

---

① 1949年8月12日日内瓦公约包括:①《改善战地武装部队伤者病者境遇的日内瓦公约》(第一公约);②《改善海上武装部队伤者病者及遇船难者境遇的日内瓦公约》(第二公约);③《关于战俘待遇的日内瓦公约》(第三公约);④《关于战时保护平民的日内瓦公约》(第四公约)。1977年6月8日关于该四公约的议定书为:①《1949年8月12日日内瓦四公约关于保护国际性武装冲突受难者的附加议定书》(第一议定书);②《1949年8月12日日内瓦四公约关于保护非国际性武装冲突受难者的附加议定书》(第二议定书)。

② 按照联合国秘书长报告中的解释,1907年关于陆战法和惯例的海牙(第四)公约、该公约的附加规则、《海牙章程》和1949年的《日内瓦公约》构成战争法和惯例。纽伦堡法庭解释和运用的这些习惯法规则为规约的相应条款提供了基础。《联合国秘书长报告》,S/25704中文本,第41—44段。转引自凌岩:《跨世纪的海牙审判》,法律出版社2002年版,第81页。

(第 4 条);①危害人类罪(第 5 条)。

5.前南刑庭的贡献及所受到的批评

由于前南刑庭的设立方式没有先例,在政治上和法律上都具有突破性,无疑会引起批评。这些批评主要包括:①对法庭合法性的质疑。除塔迪奇案中被告方的质疑外,一些法律专家认为合法的国际法庭应当只能通过如同创建国际刑事法院那样的外交谈判方式设立。②认为法庭是西方大国或美国的政治工具。米洛舍维奇和其他人持这种观点。有人指控北约组织在轰炸科索沃期间犯下了战争罪,但检察官拒绝调查。法律专家和人权组织对此提出批评,认为这很可能是受到了非司法限制的影响。批评者强调,美国和其他西方大国对法庭的主要财政支持影响了法庭的公正性和独立性。② ③指责检察官的权力太大。有人认为前南法庭的制度是"一边倒",对检察官的权力没有有效的制约机制,并认为这种制度是一些国家国内制度的拷贝,完全不能反映国际社会的性质,不适合国际诉讼。③ ④认为法庭的创建和运作只能间接实现恢复和维持和平的目的。④

尽管前南刑庭遭到了不少批评,但它作出了不可磨灭的贡献。首先,它是冷战结束后国际社会利用国际刑事司法机构维持或恢复国际和平与安全的新尝试。事实上,它通过审判案件发挥了一定的先驱作用和地区性作用。其次,前南刑庭的理论和实践将国际刑法向前推进了一步。与纽伦堡法庭和东京法庭相比,其进步

---

① 该条完全照搬了 1948 年《防止及惩治灭绝种族罪公约》第 2 条和第 3 条。

② Yves Beigbeder, *International Justice against Impunity: Progress and New Challenges*, Boston/Leiden:Martinus Nijhoff Publishers,2005,p.88.

③ Yves Beigbeder, *International Justice against Impunity: Progress and New Challenges*, Boston/Leiden:Martinus Nijhoff Publishers,2005,p.88.

④ Yves Beigbeder, *International Justice against Impunity: Progress and New Challenges*, Boston/Leiden:Martinus Nijhoff Publishers,2005,p.89.

主要包括：它不是胜利者的审判，不适用事后法，对罪名的规定较为具体，实行罪刑法定原则，不允许缺席审判，不适用死刑，实行一事不再理原则，允许司法审查，等等。再次，前南刑庭的理论和实践为《国际刑事法院罗马规约》的谈判和通过提供了基本依据和宝贵的经验。

(二)卢旺达国际刑事法庭

在前南刑庭创建一年后的 1994 年，其姊妹法庭——卢旺达国际刑事法庭在地理、历史和文化完全不同的非洲大陆诞生。和前南刑庭一样，其诞生也是为了应对人道危机。其任务是起诉和审判那些应对 1994 年在卢旺达境内所犯的灭绝种族罪和其他严重违反国际人道法的暴行负责的人以及在邻国所犯的灭绝种族罪和其他此类暴行负责的卢旺达公民。

1.卢旺达国际刑事法庭诞生的历史背景

在 1994 年的大屠杀之前，卢旺达有 700 万人口，其中胡图族(Hutu)占 85%，图西族(Tutsi)占 14%，特佤族(Twa)和其他民族占 1%。在历史上，卢旺达人主要以宗族来区分，而不是以"种族"来区分，胡图族和图西族之间的关系比较融洽。但是，到 19 世纪末，这种状况随着德国殖民主义时代的开始而告终。在 1897 年至 1916 年期间，德国实行支持和操纵卢旺达统治精英的殖民政策，使用"分而治之"的策略，以很小的代价，对卢旺达和布隆迪实行间接殖民统治。一战期间，德国失去了对该地区的控制。自 1916 年至 1962 年期间，比利时统治卢旺达。比利时沿袭德国的殖民政策，通过宗主对附庸的控制关系，加强具有数世纪历史的图西族的力量，将其扶持为统治阶级。1962 年 7 月 1 日，卢旺达在胡图族人坎依班达(Gregoire Kayibanda)的领导下取得独立。随之，胡图族和图西族之间独立前相对融洽的关系,因为政治分化迅速发生了变化,敌对关系日益尖锐。①

1959 年底,卢旺达国内政局动荡,一名胡图族人被杀,胡图族即进行报复,对图西族烧杀抢掠。此后,胡图族不断驱逐图西族人,20 世纪 60 年代流亡在外的图西族人企图反攻卢旺达以夺取政权,但未成功。每次随之而来的都是胡图族对图西族人的报复,1963 年、1966 年和 1973 年都发生了针对图西族人的大屠杀。② 1973 年 7 月,来自北方的胡图族人哈比亚里马纳(Juvenal Habyarimana)夺去了政权,并于 1975 年成立了国家革命发展运动党。哈比亚里马纳政府执政以来,一直利用自独立以来愈来愈恶化的种族之间的紧张关系,以及使其政治化的手段,使图西族人边缘化,并对其进行迫害。③

为了重获昔日在国内的威望和帮助在国内的图西族同胞免受频发的暴力伤害,在卢旺达邻国刚果和乌干达的图西族民兵队伍合并为卢旺达爱国阵线(Rwandan Patriotic Front, RPF)。该组织为了强迫哈比亚里马纳和其分享政权,时不时从邻国对卢旺达领土发动袭击。1990 年 10 月卢旺达政府军和爱国阵线在卢旺达和其北方邻国乌干达之间的边境地区进行了激烈的交火。④ 1992 年 3 月卢旺达政府和反对派达成协议组成过渡联合政府。1993 年 2 月爱国阵线的大举进攻破坏了爱国阵线和胡图族温和派间的关系。胡图族联合在一起,又形成了两种族对峙的局面。1993 年 8 月 4 日卢旺达政府和爱国阵线签订了最后的阿鲁沙协议,终止 1990 年开始的战争。该协

---

① Jackson Nyamuya Maogoto, *State Sovereignty and International Criminal Law: Versailles to Rome*, New York: Transnational Publishers, Inc., 2003, pp.201-202.

② 参见凌岩:《卢旺达问题国际刑事法庭的成就和经验》,载赵海峰主编:《国际法与比较法论坛》,中国法制出版社 2006 年版,第 140 页。

③ Jackson Nyamuya Maogoto, *State Sovereignty and International Criminal Law: Versailles to Rome*, New York: Transnational Publishers, Inc., 2003, p.202.

④ Jackson Nyamuya Maogoto, *State Sovereignty and International Criminal Law: Versailles to Rome*, New York: Transnational Publishers, Inc., 2003, p.202.

议规定,建立一个过渡的多党制政府,包括爱国阵线,使部分军人复员,以及在爱国阵线控制的北方和该国其他地方之间建立一个非军事区。① 但胡图族极端主义者未遵守该协议。1993 年的最后几个月,他们开始计划用每 300 人一组的一些培训组织,以有计划有步骤屠杀的方式灭绝图西族人民。1994 年 4 月初,哈比亚里马纳总统飞往坦桑尼亚首都达雷斯萨拉姆参加一个地区性会议,该会议旨在通过政治方法解决卢旺达内战,以维持该地区的和平与安全。会议结束后,4 月 6 日卢旺达总统和打算前往布隆迪首都布琼布拉的布隆迪总统 Cyprien Ntyamira 飞回基加利(Kigali)。当总统座机盘旋在基加利机场上空准备着陆时,飞机被击落。所有机上人员,包括两位总统、几位部长及其随员,全部罹难。坠机事件引发了全国性的大屠杀。在空难发生后的 30 至 40 分钟内,胡图族民兵在基加利设置路障,检查身份证,挑出图西族,就地杀害。② 1994 年 4 月 12 日胡图族开始了对图西族和胡图族温和派的大屠杀。大屠杀于 7 月 18 日以爱国阵线的胜利而告终。随后,爱国阵线组建了新政府,取代了胡图族控制的过渡政府。

大屠杀导致大约 80 万卢旺达人死亡,包括妇女、儿童和男子。大多数死者为图西族人,也有温和派胡图族人。被登记为图西族居民的四分之三以上被杀害。受害者遭到残酷虐待,长时间遭受了难以忍受的痛苦。数以千计的人被强奸,被施以酷刑,造成终身残废。大约 200 万人,主要是图西族,在国内被迫逃离家园,另有 200 万人成为难民,逃往邻国避难。美国的一个非政府组织描述道:"卢旺达人所经历的全国性噩梦几乎无法想象:内战让大批难民流离失所;

① 参见凌岩:《卢旺达问题国际刑事法庭的成就和经验》,载赵海峰主编:《国际法与比较法论坛》,中国法制出版社 2006 年版,第 140—141 页。

② Jackson Nyamuya Maogoto, *State Sovereignty and International Criminal Law: Versailles to Rome*, New York: Transnational Publishers, Inc., 2003, p.203.

（后种族灭绝）的殊死反抗,让其身心创巨痛深,其影响有可能持续数十年之久……经济上一片凋敝,使之如今沦为世界上最不发达的两个国家之一,该国已步入后种族灭绝的社会。"①

2.卢旺达国际刑事法庭的设立

针对卢旺达境内的大屠杀事件,安理会于 1994 年 7 月 1 日通过了第 935 号决议,提醒"所有实施或命令实施严重违反国际人道法行为的人要对这些暴行负个人责任,这些人应当被绳之以法"。该决议还要求成立一个专家委员会,调查卢旺达内战期间发生的严重违反国际人道法的行为,并将调查结果报告秘书长。② 1994 年 10 月 4 日专家委员会在初步报告中认为,卢旺达境内的武装冲突双方,都应对在 1994 年 4 月 6 日至 1994 年 7 月 15 日期间实施的严重违反国际人道法的行为,尤其是违反 1949 年 8 月 12 日《日内瓦四公约》共同第 3 条和 1977 年 6 月 8 日关于保护非国际性武装冲突的受害者的《日内瓦公约第二附加议定书》规定的义务的行为负责。③ 该委员会后来得出的结论认为,有确凿证据证明胡图族人对图西族人实施的种族灭绝行为,是有计划、有系统、有组织地进行的;有充分证据证明胡图族人在上述期间内对图西族人实施的灭绝行为,构成 1948 年 10 月 9 日通过的《防止和惩治灭绝种族罪公约》第 2 条含义内的灭绝种族罪。在这一点上,委员会没有披露能够证明图西族人蓄意灭绝胡图族的任何证据。④ 基于前述结论,委员会建议国际社会起诉

---

① US Committee for Refugees, "Life after Death", Quoted in Yves Beigbeder, *International Justice against Impunity: Progress and New Challenges*, Boston/Leiden: Martinus Nijhoff Publishers, 2005, pp.93–94.

② U.N.Doc.S/RES/935(1994).

③ U.N.Doc.S/1994/1125(1994).

④ Jackson Nyamuya Maogoto, *State Sovereignty and International Criminal Law: Versailles to Rome*, New York: Transnational Publishers Inc., 2003, p.205.

实施违反国际法罪行的责任人,并建议安理会修改《前南刑庭规约》,确保其对 1994 年以来卢旺达武装冲突期间发生的违反国际法的罪行具有管辖权。1994 年 11 月 8 日安理会通过了第 995(1994)号决议,①决定设立卢旺达国际刑事法庭,并通过了该决议的附件《卢旺达国际法庭规约》。依据该决议,该法庭负责起诉 1994 年 1 月 1 日至 1994 年 12 月 31 日期间在卢旺达境内实施种族灭绝和其他严重违反国际人道法行为的责任人以及在邻国境内实施种族灭绝和其他类似行为的卢旺达公民。

坐落于坦桑尼亚阿鲁沙的卢旺达刑庭,由分庭、检察官和书记官处组成。② 分庭包括两个审判分庭和一个上诉庭。法庭由 11 位独立的法官组成,其中任何两位不得为同一国籍。每个分庭各 3 名法官,上诉庭有 5 名法官。③ 卢旺达法庭和前南法庭共用同一个上诉庭和同一个检察官。④ 1998 年 4 月 30 日,根据安理会第 1165 号决议设立了第三个审判分庭,法官人数由原来的 11 名增加到 14 名。2000 年 11 月 30 日,安理会一致决定将上诉庭的人数由 5 名增加到 7 名。该决议旨在保证两个法庭按照安理会的决定,能够在 2010 年之前快速完成全部工作。

3.卢旺达国际刑事法庭的管辖权

（1）并行管辖权。卢旺达国际法庭和国内法庭对起诉 1994 年 1 月 1 日至 1994 年 12 月 31 日期间在卢旺达境内犯有严重违反国际人道法行为的人和在邻国领土上犯有此种行为的人,具有并行管辖权。卢旺达法庭应优于国内法庭。在诉讼程序的任何阶段,卢旺达

---

① U.N.Doc.S/RES/955(1994).

② 《卢旺达刑庭规约》第 10 条。

③ 《卢旺达刑庭规约》第 11 条。

④ 《卢旺达刑庭规约》第 12 条和第 15 条。

国际法庭可根据卢旺达法庭规约及其诉讼程序和证据规则,正式要求国内法庭服从其管辖。①

（2）属时管辖权。法庭只对 1994 年 1 月 1 日至 1994 年 12 月 31 日期间在卢旺达境内和邻国发生的相关犯罪行使管辖权。②

（3）属地管辖权。卢旺达法庭的属地管辖权将扩及卢旺达领土,包括其领陆和领空,也及于卢旺达公民实施了严重违反国际人道法的罪行所在地的邻国领土。③

（4）属人管辖权。《卢旺达刑庭规约》第 5 条规定,卢旺达国际法庭对自然人行使管辖权。该规约第 6 条对个人刑事责任原则作了进一步规定。

（5）属事管辖权。虽然卢旺达刑庭和前南刑庭管辖的罪名有多数重叠,但由于卢旺达境内的冲突不具有国际因素,所以卢旺达刑庭管辖的部分罪行与适用的法律,较之于前南刑庭仍有较大差别。根据《卢旺达刑庭规约》第 2—4 条的规定,卢旺达刑庭对灭绝种族罪、危害人类罪、违反四个《日内瓦公约》共同第 3 条及其 1977 年第二附加议定书的行为具有管辖权。

4.卢旺达法庭的贡献

卢旺达法庭的贡献主要包括两方面:①第一次将灭绝种族罪和危害人类罪适用于非国际性武装冲突,第一次适用了四个《日内瓦公约》共同第 3 条和《日内瓦公约第二附加议定书》。④ ②法庭第一

---

① 《卢旺达刑庭规约》第 8 条。该条和《前南刑庭规约》第 9 条的规定极为相似。

② 《卢旺达刑庭规约》第 1、7、8 条。

③ 《卢旺达刑庭规约》第 7 条。

④ 在坎姆班达案中,坎姆班达为卢旺达总理,灭绝种族时期为过渡政府的首脑。他在第一次庭审时承认实施了灭绝种族罪和危害人类罪,于 1998 年 9 月 4 日被判处无期徒刑。之后,他提出了上诉。其上诉于 2000 年 10 月 19 日被驳回。Yves Beigbeder, *International Justice against Impunity: Progress and New Challenges*, Boston/Leiden: Martinus Nijhoff Publishers,2005,p.104.

次认定性暴力是灭绝种族罪的一种行为,并对强奸罪的定义作了详细界定。1997年2月刚开始审判阿卡耶苏案时,检察官的起诉书中并未包括对强奸罪的指控或强奸罪的证据,检察官认为不可能指控强奸罪,因为妇女们没有提及此事。但是,当时唯一的女法官皮雷(Pillay)仔细询问了检察官传唤来为其他罪行作证的两名妇女。这两名妇女作证说,她们目击了种族灭绝时期针对图西族妇女的性暴力,有些行为就发生在阿卡耶苏的办公室附近,阿卡耶苏站在那里亲眼看着一些女孩被拖入大院,遭到武装组织民兵的多次强奸。根据这些证言,检察官做了进一步调查,并于1997年6月修改了起诉书,增加了对性暴力的指控。法庭恢复开庭后,采纳了大量有关强奸和其他形式的性暴力的证据。法庭根据这些证据断定性暴力是卢旺达冲突期间发生的灭绝种族行为不可分割的一部分。最后初审法庭在判决中认定阿卡耶苏犯了危害人类罪(强奸罪)。该判决在国际人道法中具有突破性。《纽伦堡宪章》没有提及强奸行为。东京法庭的判决书虽然根据南京、菲律宾和其他地方发生的对妇女实施性暴力的证据,提到了强奸行为和性暴力,但未当作具体犯罪进行指控,而将其归入违反人道罪或不人道待遇中。另外,法庭第一次从国际层面为强奸罪下了定义。初审分庭在判决书第596—598段陈述道:"法庭必须对强奸作出界定,因为国际法中没有共同接受的关于该术语的定义。一些国家的国内立法将强奸定义为违背一方意志的性行为。该行为多种多样,可以包括以物体进入被害人的身体,和(或)使用身体上不限于性器官的孔口侵犯被害人。法庭认为强奸是一种侵犯的形式,强奸罪的核心要件不局限于对物体或身体部位的机械性描述……法庭将强奸定义为在胁迫的情况下对某人的身体实施的性侵犯。性暴力包括强奸,是在胁迫的情况下对某人实施的具有性性质的任何行为。"该定义在本法庭后来处理的案件中和前南法庭关于 Furundzija 案、Celebici 案和 Kunarac 案的判决中得到引用。后来出台的《罗马规约》也借鉴了该定义。此外,由于女法官皮雷在性暴力的取证方面功不可没,《罗马规约》规定应有适当数量的女法官。①

三、国际国内混合型法庭

虽然前南刑庭和卢旺达刑庭都有一定的贡献,但两法庭的设立都遭到了质疑,两法庭都不在犯罪发生地,成立后运作效率不高,成本高昂,合作体制脆弱。联合国不打算再建立类似法庭。但国际社会需要起诉和审判国家不愿意或不能够起诉和审判的国际犯罪,至少在国际刑事法院诞生并正式运作之前如此。于是,国际国内混合型法庭应运而生了。国际国内混合法庭均坐落于犯罪地国境内,由国际国内法官和检察官共同组成,适用的法律包括国际法和国内法。

（一）东帝汶重罪特别法庭（East Timor's Special Panels for Serious Crimes）

东帝汶从 1586 年起被葡萄牙占领,称葡属帝汶。1942 年,日本侵略军占领东帝汶。第二次世界大战结束后,葡萄牙恢复了对东帝汶的殖民统治,1951 年将其在名义上改为"海外省"。1960 年,第 15 届联大通过 1542 号决议,宣布东帝汶岛及附属地为"非自治领土",属非殖民化范围,并列入非殖民化特委会届时将获独立的名单。

---

① Ramesh Thakur and Peter Malcontent (eds.) , *From Sovereign Impunity to International Accountability : The Search for Justice in a World of States* , Tokyo/New York/Paris : United Nations University Press , 2004 , pp. 208 - 210 ; Philippe Sands (ed.) , *From Nuremberg to The Hague : the Future of International Criminal Justice* , Cambridge : Cambridge University Press , 2003 , pp.168-173.

1975 年 11 月 28 日宣布独立,并宣布成立"东帝汶民主共和国"。1976 年 7 月,印尼总统苏哈托签署特别法案,宣布东帝汶归并为印尼第 27 个省。1978 年,印尼人民协商会议通过关于批准该法案生效的《第 4 号法令》。1999 年 8 月 30 日,东帝汶在联合国主持下举行全民投票,45 万登记者中约 44 万人陆续来到东帝汶全境 850 个投票站。海外东帝汶人也在悉尼等地纷纷投票。1999 年 9 月 3 日晚,安南秘书长在联合国总部公布了全民公决结果:在 44 万多东帝汶选民中,同意在印尼属下实行自治的仅占 21.5%,而其余 78.5% 的东帝汶人选择了独立。2002 年 4 月 14 日,东帝汶举行首次总统选举,独立运动领袖古斯芒以压倒性的票数当选总统。2002 年 5 月 20 日,东帝汶民主共和国正式成立。2002 年 7 月 23 日,东帝汶正式成为国际货币基金组织和世界银行的第 184 个会员国。2002 年 9 月 27 日,东帝汶正式加入联合国,成为联合国第 191 个成员国。

为了报复东帝汶人的独立公决,印尼国民军和支持印尼的帝汶民兵组织对东帝汶进行了烧杀抢掠。大约有 1000 至 2000 人被杀害,80 万人口中的 50 万人被迫逃离家园。[①]

1999 年 9 月 20 日联合国派遣维和部队维持东帝汶的秩序,随后根据安理会于 1999 年 10 月 25 日通过的第 1272 号决议设立了联合国东帝汶过渡行政管理局。依该决议,该管理局负有管理东帝汶的全部责任,可以行使立法权、行政权和司法管理权。该决议谴责了东帝汶境内的暴力行为以及支持暴力的行为,并要求对实施暴力的责任人绳之以法。

过渡行政管理局于 2000 年颁布了第 2000/11 号法令和第

---

① 参见[美]M.谢里夫·巴西奥尼:《国际刑法导论》,赵秉志等译,法律出版社 2006 年版,第 476 页; Yves Beigbeder, *International Justice against Impunity: Progress and New Challenges*, Boston/Leiden: Martinus Nijhoff Publishers, 2005, p.139.

2000/15 号法令,规定在东帝汶全境设立 4 个地区法院,在东帝汶首都帝力设立上诉法院,在帝力地区法院设立一个重罪特别法庭审理 1999 年发生的重罪案件,法庭由当地法官和国际法官共同组成。

根据过渡行政管理局第 2000/15 号法令,东帝汶法庭对 1999 年 1 月 1 日至 1999 年 10 月 25 日期间发生在东帝汶地区的灭绝种族罪、危害人类罪、战争罪及酷刑罪具有管辖权。该法令对前三种犯罪的规定与《罗马规约》第 6—8 条的规定极为相似。法庭适用的法律为东帝汶法,适当时可适用国际法。

法庭于 2001 年开始工作,已起诉了包括印尼前国防部长、将军、上校、中校、印尼驻东帝汶前总督以及普通士兵。法院虽然对一些案件作了判决,但由于印尼拒绝向法庭移交印尼被告人,法庭的工作效率不高。

2003 年 2 月东帝汶国际法庭指控印尼前国防部长维兰托将军涉及 1999 年东帝汶独立过渡时期的暴力事件。维兰托被控未能制止反对独立的民兵杀害两百多名东帝汶人,犯下了人道罪行。2004 年 5 月 10 日,东帝汶国际法庭对维兰托将军发出了逮捕令,并将逮捕令交给了国际刑警。①

(二)塞拉利昂特别法院

1.塞拉利昂特别法院(Sierra Leone's Special Court)的设立

1991 年 3 月由利比里亚总统查尔斯·泰勒支持、福迪·桑科领导的塞拉利昂革命统一阵线(Revolutionary United Front,RUF),从靠近利比里亚边界的该国东部发动了推翻政府的战争。塞拉利昂军队

---

① 光明网(2004 年 5 月 11 日):《印尼前防长遭国际法庭通缉》,http://news.sina.com.cn/w/2004-05-11/11302504455s.shtml(2012 年 10 月 1 日访问)。

在西非国家经济共同体军事观察小组的支持下,起初是保卫政府的,但到了第二年,该军队反戈一击,推翻了政府,掌握了政权。1996 年 2 月塞拉利昂举行了大选,卡巴获胜,从军队手里获得了政权。但革命统一阵线未参加选举,不承认该选举结果。冲突逐渐升级。1996 年 11 月政府与革命统一阵线之间签订了《阿比让协定》。该协定于 1997 年 5 月被另一场军事政变打乱。当时,塞拉利昂军队和革命统一战线联合起来,组成军人统治集团。卡巴政府流亡邻国几内亚。1998 年 2 月西非国家经济共同体军事观察小组发动了军事打击,军人集团垮台,被驱逐出弗里敦。1998 年 3 月 10 日卡巴总统返回政府。① 1999 年 1 月革命统一战线占领了弗里敦的大部分地区,实施了大规模侵犯人权的暴行。人权观察总结道:叛乱分子占领弗里敦后,针对平民实施了系统和大规模的侵犯人权的行为。平民或在家中被枪杀,或在街上被围剿,或被抛下高楼,或被用作人体盾牌,或在车内和家中被烧死。他们的四肢被大刀砍掉,眼睛被刀子挖掉,双手被锤子砸烂,身体被开水烫伤。妇女和女孩遭到有计划、有系统的性侵犯,数以百计的青少年遭到绑架。② 在内战中实施暴行的不只限于叛乱分子,还包括其他冲突各方。

卡巴总统在 2000 年 6 月 12 日致信联合国秘书长,请求联合国协助设立一个特别法院,以审判福迪·桑科和革命统一阵线的其他高级官员的罪行。③ 2000 年 8 月 14 日安理会通过了第 1315(2000) 号决议。在该决议中,安理会重申塞拉利昂的情势继续对该地区的

---

① Yves Beigbeder, *International Justice against Impunity*: *Progress and New Challenges*, Boston/Leiden:Martinus Nijhoff Publishers,2005,p.114.

② Laurence Juma, "The Human Rights Approach to Peace in Sierra Leone:the analysis of the Peace Process and Human Rights Enforcement in a Civil War Situation", *Denver Journal of International Law and Policy*,Vol.30,2002,p.363.

③ U.N.Doc.S/RES/1315(2000).

和平与安全构成威胁,要求秘书长与塞拉利昂政府谈判,以达成创建一个独立的特别法院的协定,建议该法院应当管辖危害人类罪、战争罪和其他违反国际人道法的行为以及在塞拉利昂领土内实施的违反塞拉利昂法的犯罪,并建议该法院对这些犯罪承担最大责任的人,实施这些犯罪、威胁塞拉利昂和平进程的建立和执行的领导人,应当具有管辖权。2002年1月16日联合国与塞拉利昂政府签署了《关于设立塞拉利昂特别法院的协定》,《塞拉利昂特别法院规约》(以下简称《特别法院规约》)是该协定的附件。2002年3月塞拉利昂通过了《批准法案》,该协定于2002年4月12日生效,法院随之成立。

特别法院由分庭、检察官和书记官处组成。分庭由初审分庭和上诉分庭组成。初审分庭包括3名法官,其中1名由塞拉利昂政府任命,另2名由联合国秘书长任命。上诉分庭包括5名法官,其中2名由政府任命,另3名由秘书长任命。法官任期为4年,可连选连任。[①] 特别法院于2002年开始工作。

2.塞拉利昂特别法院的管辖权

(1)并行管辖权。塞拉利昂特别法院和塞拉利昂国内法院具有并行管辖权。特别法院的管辖权优于塞拉利昂各法院。在诉讼程序的任何阶段,特别法院可以正式要求国内法院服从其管辖。[②] 与前南刑庭和卢旺达刑庭的优先权不同,特别法院的管辖权只优先于塞拉利昂国内法院,并不延伸至第三国法院。

(2)属时管辖权。特别法院只对1996年11月30日以来发生在塞拉利昂境内的严重违反国际人道法的行为和违反塞拉利昂法律的行为具有管辖权。[③]

---

① 《特别法院规约》第11—13条。
② 《特别法院规约》第8条。
③ 《特别法院规约》第1条。

（3）属地管辖权。特别法院只对发生在塞拉利昂境内的有关罪行具有管辖权。①

（4）属人管辖权。特别法院对在塞拉利昂境内发生的罪行负有最大责任的个人具有管辖权。② 鉴于冲突各方大量使用儿童作战，《特别法院规约》第 7 条规定，法院对犯罪时年满 15 周岁以上的人具有管辖权。

（5）属事管辖权。依据《特别法院规约》第 2—5 条的规定，法院对危害人类罪、严重违反《日内瓦公约》共同第 3 条及日内瓦公约《第二附加议定书》的行为、其他严重违反国际人道法的行为和违反塞拉利昂法律的罪行具有管辖权。

3.特别法院的实践

迄今为止，法院共起诉了 13 名被告人，但"革命联合阵线"被告人桑科于 2003 年 7 月在拘留期间去世，而萨姆·博卡里埃（Sam Bockarie）已在利比里亚被杀，法院已经撤销了对这两人的指控。因此，被告只剩下 11 人。另外，虽然法院目前还不知道科罗马的踪迹，但对他的指控仍有效。法院指控这些人实施了战争罪和危害人类罪等。这些人可以分为四类：一是革命联合阵线的被告人，已于 2004 年 7 月 5 日开始审理；二是前国民防卫军的被告人，已于 2004 年 6 月 3 日开始审理；三是革命委员会武装部队的被告人，已于 2005 年 3 月开始审理；四是其他人，包括查尔斯·泰勒（Charles G.Taylor）。③

2009 年 4 月 8 日 Issa Hassan Sesay、Morris Kallon 和 Augustine Gbao 三人被审判分庭判决犯有战争罪和危害人类罪，分别被判处 52

---

① 《特别法院规约》第 1 条。

② 《特别法院规约》第 1 条。

③ 参见卢有学：《塞拉利昂特别法庭及其对泰勒的审判》，《山东警察学院学报》2007 年第 3 期。

年、40 年和 25 年有期徒刑,包括首次被判决犯有危害人类罪(强迫结婚)、危害人类罪(袭击联合国维和人员)。

　　特别法院自成立以来,审理的最有影响的案件是泰勒案。由于泰勒①在利比里亚当政时曾支持邻国塞拉利昂 10 年内战期间的反政府武装,②特别法院于 2003 年 3 月对他提出了 17 项指控,后来将指控减少到 11 项,主要的指控如战争罪、反人道罪和违反国际人道法并没有改变。泰勒自 2003 年 8 月以来一直流亡尼日利亚。在特别法院的多次要求下,尼日利亚政府于 2006 年 3 月 25 日同意利比里亚将泰勒引渡回国。2006 年 3 月 29 日,泰勒在尼日利亚东北部与喀麦隆交界的一个小镇被捕,当日即被送回利比里亚,利比里亚直接将他移交特别法院。③ 该法院于 2007 年 6 月 4 日开始在位于海牙的国际刑事法院审判庭审理泰勒。④ 由于担心泰勒在塞拉利昂受审可

---

① 查尔斯·泰勒,利比里亚前总统、军事领导人、独裁者。1948 年 1 月 28 日出生于利比里亚首都蒙罗维亚郊区,他是美国黑人后裔,年轻时曾在美国波士顿当机修工,后来进入麻省本特雷学院就读,2003 年被迫下台。他是第一位在国际特别法庭受审的前非洲国家领导人。2010 年 8 月 9 日联合国塞拉利昂特别法庭在荷兰海牙开始审判利比里亚前总统查尔斯·泰勒,他被指控在塞拉利昂内战期间煽动谋杀、强奸及恐怖主义。2012 年 5 月,查尔斯·泰勒被判 50 年监禁。

② 塞拉利昂战争狂人桑科和他的"革命联合阵线"发动了长达 10 年的内战。支持他发动内战的本钱是钻石。桑科控制了全国最大的钻石矿区,用那些晶体换取军火,来武装他无恶不作的士兵。而桑科最大的交易伙伴便是时任利比里亚总统的泰勒,他用武器和面包换取桑科手里的钻石,并眼看着桑科和他叛军杀死 50 万同胞,活活砍掉两万人的胳膊,强奸不可胜数的妇女……因此,全球各种 NGO 组织正在行动起来,确保市场上每一粒钻石的清白,他们尽力想让钻石世界的富翁们明白,在他们的世界里,"即便只有 1% 的钻石来自非洲冲突地区,6 亿美元也能让每年成千上万的人死于枪弹"。

③ 中国日报网(2006 年 3 月 30 日):《塞拉利昂特别法庭要求在荷兰审判泰勒》,http://www.chniadaily.com.cn/hqkx/2006-03/30/content-556664.htm(2007 年 9 月 30 日访问)。

④ 特别法院审理案件通常都在塞拉利昂首都弗里敦进行。但塞拉利昂和利比里亚政府担心,泰勒的支持者可能以庭审为借口,在西非地区再次制造叛乱,因此要求把审理场所移到欧洲。为此,特别法院租用了位于海牙的国际刑事法院的场地来审理泰勒一案。

能会引发西非多个国家的内乱,审讯地点随后又被转移到荷兰海牙。这是首位非洲前总统在联合国特别法院受审。泰勒本人并未到场。① 在法庭上,泰勒的律师卡里姆·汗宣读了泰勒的一份声明,表示抵制庭审。泰勒在这份声明中说:"我不得不得出结论,在当前情况下,我在这个特别法庭得不到公正审判,我必须拒绝出席庭审。"虽然泰勒未到庭,但审理程序并未中断。联合国秘书长潘基文4日发表声明,对利比里亚前总统泰勒开始在荷兰海牙的联合国特别法庭受审表示欢迎。他在声明中说,泰勒的受审不仅有助于减少罪犯逍遥法外的现象,同时也有助于在西非乃至全世界加强法制建设。他还说,泰勒的受审是塞拉利昂和西非地区朝向和平与和解迈出的具有重要意义的一步。②

2008年1月7日,第二次审判继续在海牙军事法庭进行,并首次面对控方证人,此次重新开庭之前,联合国已经找到144名控诉泰勒罪行的证人。1月9日,泰勒再次出庭受审,泰勒在任时,曾负责保护总统车队和官邸的一名重要高级安全人员,当天指证泰勒一直在暗中为塞拉利昂反政府武装"革命联合阵线"提供武器弹药和金钱支持。

2009年5月,联合国塞拉利昂特别法庭驳回了辩方的无罪申请,称检方掌握的证据足以将泰勒定罪。

2010年8月9日,联合国塞拉利昂特别法庭在荷兰海牙开始审判利查尔斯·泰勒,他被指控在塞拉利昂内战期间煽动谋杀、强奸及恐怖主义。由于泰勒没有亲自出庭,法庭在短暂开庭后宣布休庭。

---

① 人民网(2007年6月4日):《利比里亚前总统泰勒在联合国特别法庭受审》,http://world.people.com.cn/GB/10129/5820359.html(2007年9月30日访问)。

② 《国际法庭开审 泰勒拒绝出庭》,http://society.news.mop.com/sj/p/2007/0606/02303 08077.shtml(2007年9月30日访问)。

2012 年 5 月塞拉利昂特别法庭裁定,针对泰勒的 11 项罪名全部成立。2012 年 5 月 30 日,主审法官理查德·卢西克宣读判决书,认定泰勒应就"援助和怂恿人类历史上一些最令人发指的罪行承担责任",①"利比里亚前总统,查尔斯·泰勒犯有战争罪,处以 50 年监禁"。卢西克告诉泰勒,他的罪行"就规模和残忍程度而言极为深重"。②

检方说,1991 至 2001 年塞拉利昂内战期间,泰勒向革命联合阵线提供武器弹药和其他物资,换取钻石,这些钻石来自革命联合阵线控制的地区,矿工受到奴役、虐待,因而钻石获称"滴血钻石"或"血钻"。③

检方说,获得泰勒援助的革命联合阵线犯下种种罪行,包括公开枪杀平民,砍四肢,斩首示众,强奸未成年女性,把平民烧死在家中,掏活人内脏和强迫儿童作战。④

特别法庭的成功审判,使泰勒成为第二次世界大战后由国际法庭定罪判刑的第一位前国家元首。

(三)柬埔寨特别法庭

1.柬埔寨特别法庭(Extraordinary Chambers in the Courts of Cambodia)的设立

柬埔寨于 1953 年 11 月 9 日脱离法国取得独立。1970 年 3 月 18

---

① 凤凰网(2012 年 6 月 1 日):《"血钻总统"入狱 50 年》,http://news.ifeng.com/gundong/detail_2012_06/01/14962366_0.shtml(2012 年 9 月 30 日访问)。
② 凤凰网(2012 年 6 月 1 日):《"血钻总统"入狱 50 年》,http://news.ifeng.com/gundong/detail_2012_06/01/14962366_0.shtml(2012 年 9 月 30 日访问)。
③ 凤凰网(2012 年 6 月 1 日):《"血钻总统"入狱 50 年》,http://news.ifeng.com/gundong/detail_2012_06/01/14962366_0.shtml(2012 年 9 月 30 日访问)。
④ 凤凰网(2012 年 6 月 1 日):《"血钻总统"入狱 50 年》,http://news.ifeng.com/gundong/detail_2012_06/01/14962366_0.shtml(2012 年 9 月 30 日访问)。

日朗诺集团发动政变,推翻西哈努克政府。1975 年 4 月波尔·布特 (Pol Pot)领导的红色高棉推翻了朗诺政府,掌握了政权。1976 年 1 月改国名为民主柬埔寨。1975 年红色高棉上台时,柬埔寨的人口大约 700 万—800 万。红色高棉为期 4 年的恐怖统治导致 150 万—200 万柬埔寨人(即总人口的 20%)死亡,柬埔寨因此成为举世闻名的"杀戮场"。① 红色高棉在数年执政期间摧毁了柬埔寨社会的三大根基——家庭、佛教和村庄。② 1978 年 12 月红色高棉军队被越南军队击溃,躲到了泰国边境的丛林地区。之后,一个亲越政府在金边上任,改国名为柬埔寨人民共和国。但红色高棉在被击败后,仍与新政权进行了 10 年的游击战。

由于冷战的原因,大多数国家只对红色高棉的行为表示震惊和感到恐怖,并无所作为。直到 1991 年,也就是红色高棉垮台 10 多年以及冷战最终结束后,国际社会才考虑审判红色高棉的问题。1991 年的《巴黎协定》最终结束了柬埔寨国内战争。《巴黎协定》建立了联合国柬埔寨过渡权力机构。

1997 年 6 月 21 日,柬埔寨王国第一首相拉那烈和第二首相洪森联合致信联合国秘书长,请求联合国提供帮助,以审判对 1975 年至 1979 年红色高棉统治时期发生的灭绝种族行为和危害人类行为负有责任者。③ 1997 年 12 月 12 日联合国大会通过了第 52/135 号决议,要求联合国秘书长审查柬埔寨当局 1997 年 6 月 21 日提出的请求,考虑是否任命专家小组评估现存证据并建议未来可采取的措施,

---

① Jackson Nyamuya Maogoto, *State Sovereignty and International Criminal Law: Versailles to Rome*, New York: Transnational Publishers, Inc., 2003, p.136.

② Jackson Nyamuya Maogoto, *State Sovereignty and International Criminal Law: Versailles to Rome*, New York: Transnational Publishers, Inc., 2003, p.136.

③ 参见陈强:《国际刑事司法机构实践》,载朱利江主编:《北大国际法与比较法评论》(第 2 卷),北京大学出版社 2003 年版,第 247 页。

以促成国家和解,加强民主,解决个人责任问题。1998 年春天秘书长任命了一个专家组。1999 年 2 月 22 日专家组向秘书长提交了报告。专家组认为红色高棉领导人在 1975 年至 1979 年期间实施的犯罪包括危害人类罪、灭绝种族罪、战争罪、强迫劳动、酷刑、侵犯受国际保护的人员以及违反柬埔寨法的犯罪,并建议只审判那些对柬埔寨境内最严重的侵犯人权的行为负最大责任者……包括对暴行负有责任的高级领导人和直接实施最严重暴行的下级人员。① 此后,联合国与柬埔寨政府就审判红色高棉领导人问题进行了曲折的谈判。直到 2003 年 3 月 28 日柬埔寨政府才批准了《联合国和柬埔寨王国政府之间关于依据柬埔寨法起诉民主柬埔寨时期实施的罪行的协议草案》。

根据该协议第 2 条的规定,柬埔寨特别法庭设在柬埔寨法院内。审判分庭由 3 名柬埔寨法官和 2 名国际法官组成;最高分庭,也是上诉分庭和终审法庭,由 4 名柬埔寨法官和 3 名国际法官组成(第 3 条)。如果法庭对判决不能达成一致意见,审判分庭的判决必须至少有 4 名法官投赞成票,最高分庭的判决必须至少有 5 名法官投赞成票。未达成一致的判决应写明多数者的意见和少数者的意见(第 4 条)。法庭还设置 2 名调查法官,国际国内各 1 名(第 5 条)。检察官也是 2 名,国际国内各 1 名(第 6 条)。所有外国籍法官均由柬埔寨最高法院长官从联合国秘书长的提名名单中挑选和任命。各法官任期至特别法庭的审判完毕为止。2007 年 6 月 12 日,特别法庭通过了内部规则,标志着法庭开始运作。法庭依靠国际捐助维持,战争法庭审理的开销巨大,柬埔寨特别法庭的工作曾一度陷

---

① Yves Beigbeder, *International Justice against Impunity: Progress and New Challenges*, Boston/Leiden: Martinus Nijhoff Publishers, 2005, pp.131-132.

入停滞。

特别法庭对 1948 年《灭种罪公约》界定的灭绝种族罪、《罗马规约》界定的危害人类罪、严重违反 1949 年《日内瓦四公约》的行为以及 2001 年 8 月 10 日颁布的《柬埔寨法》第二章规定的其他犯罪具有管辖权(第 9 条)。

特别法庭指控的被告有:农谢,红色高棉二号人物,中央委员会副书记,民柬全国人民代表大会委员长;英萨利,红色高棉三号人物,民柬副总理及外长;乔森潘,红色高棉五号人物,曾任民柬国家主席团主席及政府总理,1985 年后,名义上取代波尔布特为红色高棉最高领导人;康克由,金边的 S-21 集中营指挥官;英蒂利,英萨利之妻,红色高棉社会事务部长。①

2007 年 9 月 19 日,位于柬埔寨西北、接近泰国边境的 Phsar Prom 村,红色高棉在世的最高领导人农谢(Nuon Chea)被警察以反人类罪的罪名拘捕。②

农谢曾担任柬埔寨共产党中央委员会副书记、柬埔寨人民代表大会常务委员会委员长,在红色高棉政权里地位仅次于已故领导人波尔布特(Pol Pot)。

在逮捕农谢之前,法庭已经调查了七年。根据法庭列出的名单,共有五位前红色高棉领导人当受审讯。农谢在其中排名第二,职位最高。

第一位被逮捕的前红色高棉领导人是 S-21 监狱③的负责人康

---

① 《柬埔寨法院特别法庭》,http://zh.wikipedia.org/wiki/(2012 年 9 月 30 日访问)。
② 《前红色高棉领导人农谢被捕》,http://international.caixin.com/2007-09-20/100062176.html(2012 年 9 月 30 日访问)。
③ S-21 集中营在被改造前是 Tuol Svay Prey 高中,名称来自前皇家西哈努克亲王,学校共有五栋建筑。1975 年,被改造成恐怖监狱和集体处决中心,将此地重新命名为"第 21 号安全监狱"(Security Prison 21;S-21)。柬埔寨也改造了此建筑以适应囚禁犯人:建筑物周围绕起了带高压电的带刺铁丝网,原先的教室变成了一个个狭窄的拷问所,所有的窗户都被用铁条覆盖并绕上电线以防止犯人逃脱。1975 年至 1979 年间,据估

克由(Kaing Guek Eav),别名杜赫。① 2007 年 7 月,他同样以反人类罪被指控。杜赫已向法庭认罪。但早在 1999 年的一次采访中,他曾将矛头指向农谢,称其是"屠杀的主要负责人"。②

事实上,农谢一直拒绝为当年的暴行负责。农谢曾在接受美联社采访时声称:"我仅仅是人大委员长,并没有参与很多政府运作。而且,有时我并不清楚他们在做什么。"农谢口中的"他们"是指前红色高棉的其他主要领导人。其中,波尔布特于 1998 年因心脏病去世,塔莫(Ta Mok)也于 2006 年在等待审判时去世。另两位"审判名单"的热门——前外交部长英萨利(Ieng Sary)和前国家主席团主席乔森潘(Khieu Samphan)现在仍生活在柬埔寨,但身体状况每况愈下。2007 年就应该启动审判程序,但法庭中的柬埔寨方和外籍法官一直在制定审判细则上有分歧,比如应该付给参与审判的外国律师多少律师费等。③

2007 年 11 月 12 日,前红色高棉"三号人物"英萨利(Ieng Sary)

计有 14000 至 15000 人被囚禁在 S-21 集中营(部分人相信总数超过 20000 人)。该集中营的犯人被从柬埔寨全国选送来,他们通常曾经是红色高棉政权的党员或士兵,罪名通常是叛国或通敌。虽然,大部分牺牲者是柬埔寨人,但实际上也有来自其他国家的人在此地被杀害,已知的包括越南人、泰国人、巴基斯坦人、老挝人、印度人、美国人、英国人、加拿大人、新西兰人和澳大利亚人。犯人的全家(包括妇女、儿童和婴儿)经常被一起审问,然后带往 Choeung Ek 灭绝中心加以杀害。1979 年,该集中营的恐怖在越南军人的进攻中被揭露。1980 年,集中营被作为历史纪念重新开放"赤柬大屠杀博物馆"。

① 红色高棉统治的短短 4 年里,康克由在位于金边郊区的"S-21"监狱前后监禁、酷刑折磨并最后屠杀了超过 14000 名反对派,包括数千名儿童,最后获救生还者少于 10 人。而"S-21"成为与"奥斯维辛"同等的罪恶符号。他还必须与另外 4 名被告及已故前最高领导人波尔布特一道,为 1975 年 4 月至 1978 年 12 月的 3 多年时间里 170 万柬埔寨人的无辜惨死负责。

② 财新网:《前红色高棉领导人农谢被捕》,http://international.caixin.com/2007-09-20/100062176.html(2012 年 9 月 30 日访问)。

③ 财新网:《前红色高棉领导人农谢被捕》,http://international.caixin.com/2007-09-20/100062176.html(2012 年 9 月 30 日访问)。

在其位于金边的寓所中被捕。

英萨利曾任红色高棉外交部长,1924 年出生于波罗勉省。1947 年在金边学习时和前红高棉最高领导人波尔布特结成挚友。1950 年至 1956 年在法留学。无论是在法期间还是回国后从事地下工作期间,英萨利都是波尔布特的坚定助手。①

同时被捕的还有英萨利的妻子——英蒂利(Ieng Thirith),她原名乔蒂丽(Khieu Thirith),出嫁后改随夫姓。英蒂利与波尔布特的妻子乔帕娜莉(Khieu Ponnary)为同胞姐妹。

特别法庭发言人称,英萨利夫妇将于 2007 年 11 月 12 日晚些时候接受第一次审判,但未透露具体起诉罪名,也没有宣布何时宣判。

英萨利和波尔布特在 1979 年曾被当时越南扶植的金边政权缺席判处死刑,1996 年英萨利率民柬主力投向王国政府,西哈努克因此对他签署赦免令。②

2007 年 11 月 20 日,特别法庭首次开庭,审理前红色高棉金边 S-21 监狱负责人康克由(Kaing Guek Eav)的保释申请。他于 2007 年 7 月以反人类罪被指控,且已向法庭认罪。③

他被捕后一直被关押在金边种族灭绝法庭附近的一个拘留所。他的辩护律师 Kar Savuth 提出希望法庭能够允许他交保出狱,理由是他此前曾被关押 8 年但未受起诉。④

杜赫的辩护律师 Kar Savuth 宣称,杜赫被关押如此长时间,已经

---

① 财新网:《前红色高棉领导人英萨利被捕》,http://international.caixin.com/2007-11-13/100062247.html(2012 年 9 月 30 日访问)。

② 财新网:《前红色高棉领导人英萨利被捕》,http://international.caixin.com/2007-11-13/100062247.html(2012 年 9 月 30 日访问)。

③ 财新网:《红色高棉特别法庭首次公开听证》,http://international.caixin.com/2007-11-21/100062268.html(2012 年 9 月 30 日访问)。

④ 财新网:《红色高棉特别法庭首次公开听证》,http://international.caixin.com/2007-11-21/100062268.html(2012 年 9 月 30 日访问)。

造成了对人权的侵犯,"尽管他没有挨打,也没受到其他虐待"。

　　一位法官宣读的起诉书中称:"在他(杜赫)的领导下,(监狱)施行了无数虐待,包括大规模屠杀,严刑拷打等。"①

　　杜赫在 1999 年接受记者采访时,指认农谢是那些发现自金边 S-21 监狱的文件签署者。除了承认自己在暴行中负有责任之外,杜赫还表示,所有行为都是听从了上级指示,而当时的所有领导人都很清楚屠杀情况。杜赫还说:"进行屠杀的命令不是一个人下达的,不是只有波尔布特(Pol Pot)一个人,所有的中央领导都知道。"②

　　在杜赫的听证会之前一天,前红色高棉国家主席乔森潘(Khieu Samphan)被捕。

　　乔森潘在其自传中为红色高棉前最高领导人波尔布特进行辩护。乔森潘称波尔布特是一位主张社会正义、维护柬埔寨不受外国影响的爱国者。书中,乔森潘否认红色高棉推行饥饿政策,也没有下令实施大屠杀。乔森潘还在书中声称,他当年担任的民主柬埔寨国家主席团主席是一个虚职,没有实权。③

　　2009 年 2 月,法庭正式开庭对前红色高棉成员进行审判。

　　2009 年 2 月 17 日,特别法庭在金边开庭。在红色高棉统治时期负责管理首都金边"S-21"监狱、涉嫌虐待和杀害无数犯人的康克由上庭受审,被控多项违反人道的战争罪行。他在 1975 年至 1979 年掌管该监狱期间,以残暴手段拷问反对红色高棉的政治犯,估计最少

---

① 财新网:《红色高棉特别法庭首次公开听证》,http://international.caixin.com/2007-11-21/100062268.html(2012 年 9 月 30 日访问)。

② 财新网:《红色高棉特别法庭首次公开听证》,http://international.caixin.com/2007-11-21/100062268.html(2012 年 9 月 30 日访问)。

③ 财新网:《红色高棉特别法庭首次公开听证》,http://international.caixin.com/2007-11-21/100062268.html(2012 年 9 月 30 日访问)。

16000 人被虐待致死。①

2009 年 3 月 30 日，特别法庭开始对红色高棉前领导人康克由（外号"杜赫"Duch）进行第二次反人类罪审判，至少 40 名证人出庭作证。这是红色高棉结束对柬埔寨统治 30 年以来，高层领导人首次被押上法庭受审。②

2009 年 4 月 1 日公布的一份法庭文件显示，前红高棉第二号人物农谢被指是当年屠杀监狱囚犯的幕后主使。该文件指出，农谢亲口表示，他曾四度下令当时的金边监狱负责人杜赫，将囚犯处死。③

2010 年 7 月 26 日，特别法庭对前红色高棉前监狱狱长康克由进行宣判，他因战争罪、反人类罪、酷刑和谋杀罪被判监禁 35 年。④ 但是该监禁仅执行其中的 30 年，因为他在此前已经被柬埔寨军方非法扣留了 5 年。⑤

2012 年 9 月 13 日，柬埔寨特别法庭裁定，出于健康原因，前红色高棉社会事务部长英蒂利无法再被带上法庭审判，因此宣布她将被释放。特别法庭在声明中表示，现年 80 岁的英蒂利已患上早老性痴呆症。法庭认定，被告在"可预见的将来"不具备接受庭审能力，因此，裁决予以释放，但这一裁决并不是对被告是有罪还是无罪的裁

---

① 中国新闻网（2009 年 2 月 18 日）：《柬埔寨特别法庭首次对前红色高棉领导人战争罪进行审讯》，http://www. Chinanews. com/gi/ywdd/news/2009/02 - 18/1567458. shtml（2012 年 9 月 30 日访问）。

② 《红色高棉领导首次受审 外界忧政治干预》，http://news. 163.com/09/0330/15/55LNM11L0001121M.html#from＝relevant（2012 年 9 月 30 日访问）。

③ 《法庭文件称红色高棉 2 号人物是屠杀囚犯幕后主使》，http://news. 163.com/09/0402/13/55TA9PLH0001121M.html#from＝relevant（2012 年 9 月 30 日访问）。

④ 环球网（2010 年 7 月 26 日）：《前红色高棉头目康克由被判 35 年 曾虐杀 1.4 万人》，http://world.huangiu.com/roll/2010-07/959119.html（2012 年 9 月 30 日访问）。

⑤ 环球网（2010 年 7 月 26 日）：《前红色高棉头目康克由被判 35 年 曾虐杀 1.4 万人》，http://world.huangiu.com/roll/2010-07/959119.html（2012 年 9 月 30 日访问）。

定,对她的各项诉讼依然有效。一些红色高棉时期遭受迫害的幸存者表达了对这项裁决的不满。[1]

第二节 国际刑事法院的酝酿和建立

不论是两大国际军事法庭,还是两大国际刑事法庭,抑或几个混合型法庭,都对国际刑事理论和实践作出了一定的贡献,但它们都是事后设立的,其管辖范围都只限于特定的时间、特定的地点、特定的行为人,都具有有限性、临时性、应急性和强烈的政治性,都只能发挥先驱作用或地区性作用。欲使国际刑事审判发挥全球性作用,非国际刑事法院莫属。

一、《国际刑事法院罗马规约》的通过

(一)一战之前设立国际刑事法院的思想萌芽

建立国际刑事法院的想法最早出现于19世纪。19世纪60年代在日内瓦长大的莫伊聂耳(Gustave Moynier),是国际红十字委员会的奠基人之一。他认为,1864年《改善战地武装部队伤者境遇的第一日内瓦公约》在1870年普法战争期间被弃置一旁,因而需要补充。1872年他建议设立国际刑事法院,以威慑违反该公约的行为,并将实施此类行为的任何责任人绳之以法。但是他的创新建议在当

---

[1] 《柬埔寨特别法庭宣布释放英蒂利》,http://news.163.com/12/0913/22/8BALTDRN00014JB6.html(2012年9月30日访问)。

时太激进,没有得到国家的重视。①

（二）一战至二战期间设立国际刑事法院的尝试

第一次世界大战后签署了《凡尔赛和约》,并通过了《国际联盟盟约》（1919 年 6 月 28 日列入《凡尔赛和约》第一部）。1920 年 1 月国际联盟正式成立。2 月国际联盟任命了一个由法学家组成的咨询委员会,其任务是根据《国际联盟盟约》第 14 条起草《建立常设国际法院规约》。② 1921 年该委员会通过决议,向国际联盟理事会和大会建议,除设立常设国际法院外,再设立一个单独且与其平行可审判犯有国际罪行的个人的国际高级法院（High Court of International Justice）,以审判"违反国际公共秩序和普遍万国法的罪行"。最后,该建议在国际联盟没有得到支持,尽管学术界和其他领域继续讨论该问题。③

两次世界大战期间,一些学术团体和非政府组织为提倡和推进设立国际刑事法院作出了一定的努力。

1934 年法国竭力主张通过一部国际恐怖主义公约并设立一个常设国际刑事法院。1937 年国际联盟通过了《防止和惩治恐怖主义公约》和《设立国际刑事法院公约》,但它们从未生效,因为前者只有

① William A. Schabas, *An Introduction to the International Criminal Court*, Cambridge: Cambridge University Press, 2001, p.2; Yves Beigbeder, *International Justice against Impunity: Progress and New Challenges*, Boston/Leiden: Martinus Nijhoff Publishers, 2005, p.151.
② 《国际联盟盟约》第 14 条规定:"行政院应筹拟设立国际常设法院之计划并交联盟各会员国采用。凡各方提出属于国际性质之争议,该法院有权审理并判决之。凡有争议或问题经行政院或大会有所咨询,该法院亦可发表意见。"
③ Philippe Kirsch and Q.C. Valerie Oosterveld, "Negotiating an Institution for the Twenty-First Century: Multilateral Diplomacy and the International Criminal Court", *McGill Law Journal*, Vol.46, 2001, p.1144.

一个批准国,后者根本没有一个批准国。①

(三)联合国设立国际刑事法院的努力

联合国自成立后不久,就开始了组建国际刑事法院的工作。联合国大会于 1948 年通过的《防止和惩治灭绝种族罪公约》第 6 条规定:"凡被诉犯灭种罪或有第三条所列行为之一者,应交由行为地国家之主管法院,或缔约国接受其管辖权之国际刑事法庭审理之。"1948 年 12 月 9 日联合国大会通过了第 260(Ⅲ)号决议,认为需要建立一个国际司法机构来审判国际法中的某些犯罪,遂邀请国际法委员会研究设立审判灭种罪或其他犯罪的国际司法机构的必要性和可能性,同时要求国际法委员会考虑在国际法院设立一个刑事法庭的可能性。1950 年联合国大会设立了一个由 17 个国家组成的特别委员会,负责起草《国际刑事法院规约草案》。该草案于 1951 年完成,于 1953 年修订。之后,该文本因侵略罪的定义未界定被搁置。事实上,由于伴随冷战而来的政治紧张局势,要在战争罪问题上取得进展几乎是不可能的。

1974 年联合国大会终于通过了关于侵略的定义,但是创建国际刑事法院的工作并未立即恢复。直到 1989 年冷战结束,该问题又被重提。加勒比海国家特立尼达和多巴哥因深受毒品犯罪和有关跨国犯罪之害,在联合国大会上建议国际法委员会考虑建立国际刑事法院的问题。② 应联合国大会的要求,国际法委员会于 1993 年起草了

---

① Philippe Kirsch and Q.C.Valerie Oosterveld,"Negotiating an Institution for the Twenty-First Century:Multilateral Diplomacy and the International Criminal Court",*McGill Law Journal*, Vol.46,2001,p.1144.

② William A.Schabas,*An Introduction to International Criminal Court*,Cambridge:Cambridge University Press,2001,p.9.

国际刑事法院规约草案,1994 年将该草案的最后文本交给了联合国大会,并建议召开全权代表会议,签订国际刑事法院公约。

1995 年联合国大会设立了建立国际刑事法院特别委员会,审议规约草案中重要的实体问题和行政问题以及召开全权代表会议的安排。特别委员会未能就召开全权代表会议达成一致意见。1996 年联合国大会成立了建立国际刑事法院筹备委员会,进一步审议规约草案中重要的实体问题和行政问题,为国际刑事法院起草一份能被广泛接受的公约综合案文,供全权代表会议审议。筹备委员会于1998 年 4 月完成了工作。

根据联合国大会 1996 年和 1997 年通过的决议,建立国际刑事法院全权代表外交大会于 1998 年 6 月 15 日至 7 月 17 日在粮农组织总部意大利罗马召开。160 个国家、20 多个政府间组织、14 个联合国专门机构、200 多个非政府组织参加了这次会议,474 名特派新闻记者对此做了报道。① 在会议上,代表不同价值观念和不同利益的不同集团提出了各自的主张。共同意向集团在罗马会议开始时就有160 个与会国中的 60 多个国家,该集团提出的关键主张在实质上和国际法委员会的规约草案相矛盾,并且在总体上和安理会常任理事国对国际刑事法院的设想相冲突。其主张包括:国际刑事法院对灭绝种族罪、危害人类罪、战争罪(如果可能的话,还包括侵略罪)等"核心犯罪"具有固有管辖权;排除安理会对起诉的否决权;应当有一位具有自行启动诉讼程序权的独立检察官;不允许对《国际刑事法院规约》进行保留。不结盟运动坚持将侵略罪列入国际刑事法院的属事管辖权之内。南非发展共同体因受种族隔离之后的南非的有

---

① Yves Beigbeder, *International Justice against Impunity*: *Progress and New Challenges*, Boston/Leiden: Martinus Nijhoff Publishers, 2005, p.152.

力影响,在人权领域占据重要位置,在该领域能和欧洲人相抗衡。阿拉伯和伊斯兰国家集团在许多领域表现活跃,包括要求禁止核武器,支持在该规约中规定死刑。① 在罗马会议上,国际刑事法院的管辖权、启动机制、检察官的权力和安理会的作用是不同集团之间争论最激烈的问题,这些问题的解决异常艰难,直到会期届满之时才勉强达成妥协方案。

《国际刑事法院罗马规约》于 1998 年 7 月 17 日通过,120 个国家赞成,7 个国家反对,21 个国家弃权。其中,投反对票的国家包括美国、中国、利比亚、伊拉克、以色列、卡塔尔和也门。投弃权票的国家是阿拉伯和伊斯兰国家及加勒比海国家。

除《罗马规约》外,罗马会议还通过了《联合国建立国际刑事法院全权代表外交会议最后文件》。为保证国际刑事法院能及时建立并运行,该文件规定设立国际刑事法院预备委员会,进行必要的筹备工作。该委员会的主要任务是:其一,为法院的设立和运行起草下列文件:程序和证据规则;犯罪要件;法院和联合国之间的关系协定;法院和东道国之间的关系协定;财务条例和细则;关于法院特权与豁免的协议;第一个财政年度预算;缔约国大会议事规则。其二,委员会准备关于侵略罪的提案,包括犯罪定义、犯罪要件、国际刑事法院对侵略罪行使管辖权的条件。委员会应在授权范围内就所有事项准备一份报告,提交第一次缔约国大会。委员会的工作到《罗马规约》生效后,第一次缔约国大会召开时终结。

根据《罗马规约》第 125 条的规定,《罗马规约》于 1998 年 7 月 17 日在罗马联合国粮食及农业组织总部开放供所有国家签署。此

---

① William A.Schabas, *An Introduction to International Criminal Court*, Cambridge: Cambridge University Press, 2001, pp.15–16.

后,该规约在罗马意大利外交部继续开放供签署,直至 1998 年 10 月 17 日为止。其后,该规约在纽约联合国总部继续开放供签署,直至 2000 年 12 月 31 日为止。截止签署的最后期限 2000 年 12 月 31 日,共有 139 个国家签署了《罗马规约》,其中包括美国、以色列及几个阿拉伯和伊斯兰国家。法国、德国、加拿大等 27 个国家批准了《罗马规约》。

二、《国际刑事法院罗马规约》的生效

根据《罗马规约》第 126 条第 1 款的规定,该规约应在第 60 份批准书、接受书、核准书或加入书交存联合国秘书长之日起 60 天后的第 1 个月的第 1 天开始生效。2002 年 4 月 11 日,同时有 10 个国家一起批准了《罗马规约》,使批准国达到了 66 个,超过了使《罗马规约》生效的 60 个国家的法定数目。因此,《罗马规约》于 2002 年 7 月 1 日正式生效。随之,国际刑事法院在荷兰海牙正式宣告成立。第一次缔约国大会于 2002 年 9 月召开,通过了预备委员会提交的所有文件。在 2003 年 2 月 3 日至 7 日继续召开的第一次缔约国大会上选举了 18 名法官,7 名为女性,11 名为男性。2003 年 3 月 11 日当选法官在海牙宣誓就职。2003 年 6 月选举了检察长和书记官长。国际刑事法院已于 2003 年开始运作。

截至 2012 年 7 月,《罗马规约》的成员国已达到 121 个,包括所有的南美洲国家、几乎所有的欧洲国家、大约一半非洲国家,已经签署但未批准《罗马规约》的国家有 32 个,包括俄罗斯在内。其中,科特迪瓦已经接受了国际刑事法院的管辖,以色列、苏丹和美国已告知联合国秘书长他们不再打算成为缔约国,因而不承担其代表先前签署《罗马规约》引起的法律义务。41 个联合国会员国既未签署亦未

批准或加入《罗马规约》,其中的一些国家,包括中国和印度,对国际刑事法院至关重要。① 2009 年 1 月,国际刑事法院检察官办公室接到巴勒斯坦民族权力机构司法部长 Ali Kashan 递交的正式来文,表示巴勒斯坦民族权力机构愿意接受国际刑事法院对"巴勒斯坦领土"的管辖。巴勒斯坦民族权力机构声明的依据是《罗马规约》第 12 条第 3 款。2012 年 4 月,国际刑事法院拒绝了该项请求。② 2012 年 4 月 3 日,国际刑事法院检察官声称,自己不能断定巴勒斯坦在《罗马规约》意义上是一个"国家"。③《耶路撒冷邮报》称:"如果国际刑事法院接受了巴勒斯坦民族权力机构对其管辖权的承认,那么,这将意味着默认巴勒斯坦具有国家地位。"④

三、国际刑事法院的组成

国际刑事法院由下列机关组成:院长会议;上诉庭、审判庭和预审庭;检察官办公室;书记官处。⑤

(一)院长会议

《罗马规约》第 36 条规定了法官的资格、提名和选举。

1.法官的资格

国际刑事法院应有 18 名法官。法官应选自品格高尚、清正廉明,具有本国最高司法职位的任命资格的人。每一个法官候选人应在刑法和刑事诉讼领域具有公认的能力,并因曾担任法官、检察官、

---

① The International Criminal Court, www.icc-cpi.int(visited on 20 September 2012).

② The International Criminal Court, www.icc-cpi.int(visited on 20 September 2012).

③ The International Criminal Court, www.icc-cpi.int(visited on 20 September 2012).

④ The International Criminal Court, www.icc-cpi.int(visited on 20 September 2012).

⑤ 《罗马规约》第 34 条。

律师或其他同类职务,而具有刑事诉讼方面的必要相关经验;或者在相关的国际法领域,例如国际人道法和人权法领域,具有公认的能力,并且具有和国际刑事法院司法工作相关的丰富法律专业经验。每一候选人应精通并能流畅使用国际刑事法院的至少一种工作语文。不得有两名法官为同一国家的国民。就充任国际刑事法院法官而言,可视为一个国家以上国民的人,应被视为其通常行使公民及政治权利所在国家的国民。

2.法官的提名和选举

《罗马规约》的缔约国均可以提名候选人参加法官的选举。缔约国在推选法官时,应考虑法官的组成需具有世界各主要法系的代表性、公平的地域代表性和适当数目的男女法官。缔约国还应考虑必须包括对具体问题,如对妇女的暴力或儿童的暴力等问题具有专门知识的法官。基于前南法庭和卢旺达法庭的实践经验及非政府组织的呼吁,《罗马规约》要求必须有适当数量的女法官和对性暴力或对儿童的暴力等问题具有专门知识的法官。公平的地域和公平的性别代表性,在国际法院、前南法庭和卢旺达法庭都没有得到重视。

法官由缔约国大会选举,任期9年。

3.院长会议的组成和职责

院长会议由院长和第一及第二副院长组成。院长和第一及第二副院长由法官以绝对多数选出,各人任期3年,或直至该法官任期届满为止,并以较早到期者为准。他们可以连选一次。院长不在或者回避时,由第一副院长代行院长职务。院长和第一副院长都不在或者回避时,由第二副院长代行院长职务。①

---

① 《罗马规约》第38条。

院长会议的职能是适当管理该法院除检察官办公室以外的工作;①履行依照《罗马规约》赋予院长会议的其他职能。其主要职能包括:①可以提议增减法官人数。院长会议可以代表本法院,提议增加《罗马规约》规定的法官人数,并说明其认为这一提议为必要和适当的理由。增加法官人数的提议由缔约国大会依法定程序通过并实施后,院长会议在以后的任何时候,可以根据本法院的工作量提议减少法官人数,但法官人数不得减少至规约规定的人数以下。减少法官人数提议的处理程序和增加法官人数的提议相同。② ②院长会议认为必要的时候,可以在审判庭和预审庭之间暂时借调法官,以有效处理本法院的工作,但在预审阶段参与某一案件的法官,不得在审判庭审理同一案件。③《罗马规约》对在审判庭、预审庭与上诉庭之间能否借调法官未作规定,其理由在于避免在审判庭和预审庭处理某一案件的法官在上诉庭处理同一案件。③院长会议可依据《程序和证据规则》,根据某一法官的请求,准许其不履行《罗马规约》规定的某项职责。④ ④院长会议可以根据检察官和副检察官的请求,准许其不参与处理某一案件。⑤ ⑤院长会议可以决定放弃书记官长的特权与豁免。⑥ ⑥在指控被确认后,院长会议应组成审判分庭,在《罗马规约》有关条款的限制下,负责进行以后的诉讼程序,并可以行使任何相关的和适用于这些诉讼程序的预审分庭职能。⑦ ⑦院长会议在履行

---

① 《罗马规约》第 38 条。
② 《罗马规约》第 36 条。
③ 《罗马规约》第 39 条。
④ 《罗马规约》第 41 条。
⑤ 《罗马规约》第 44 条。
⑥ 《罗马规约》第 48 条。
⑦ 《罗马规约》第 61 条。

职能时,应就一切共同关注的事项与检察官进行协调,寻求一致。①

(二)法庭

法庭由上诉庭、审判庭和预审庭组成。上诉庭由院长和 4 名其他法官组成,审判庭由至少 6 名法官组成,预审庭也由至少 6 名法官组成。指派各庭的法官时,应以各庭所需履行职能的性质,以及该法院当选法官的资格和经验为依据,使各庭在刑法和刑事诉讼及在国际法方面的专长搭配得当。审判庭和预审庭应主要由具有刑事审判经验的法官组成。国际刑事法院的司法职能由各庭的分庭履行。上诉分庭由上诉庭全体法官组成;审判分庭的职能由审判庭 3 名法官履行;预审分庭的职能应根据《罗马规约》与《程序和证据规则》的规定,由预审庭的 3 名法官履行或由该庭的 1 名法官单独履行。② 各分庭的具体职责由《罗马规约》与《程序和证据规则》加以详细规定。

(三)检察官办公室

检察官办公室作为国际刑事法院的一个单独机关行事,负责接受和审查提交的情势及关于本法院管辖权内的犯罪的任何有事实根据的资料,进行调查并在本法院起诉。检察官办公室由检察官领导。检察官全权负责检察官办公室。检察官由 1 名或多名副检察官协助,副检察官有权采取《罗马规约》规定检察官应采取的任何行动。检察官和副检察官应为品格高尚,且在刑事案件的起诉和审判方面具有卓越能力和丰富经验的人。他们应精通并能流畅使用本法院的至少一种工作语文。检察官由缔约国大会进行无记名投票,以绝对

① 《罗马规约》第 38 条。
② 《罗马规约》第 39 条。

多数选出。副检察官以同样方式,从检察官提出的候选人名单中选出。检察官和副检察官任期 9 年,不得连选。①

(四)书记官处

书记官处应在不妨碍检察官职责和权力的情况下,负责国际刑事法院非司法方面的行政管理和服务。书记官长为该法院主要行政官员,领导书记官处的工作。书记官长在该法院院长的权力下行事。书记官长和副书记官长应为品格高尚、能力卓越的人,且精通并能流畅使用该法院的至少一种工作语文。书记官长任期 5 年,可以连选一次,并应全时任职。副书记官长任期 5 年,或可能由法官以绝对多数另行决定较短的任期。可以按在需要时到任服务的条件选举副书记官长。书记官处设立被害人和证人股。该股应与检察官办公室协商,向证人、出庭作证的被害人,以及由于这些证人作证而面临危险的其他人提供保护方法和安全措施、辅导咨询和其他适当援助。②

书记官长应视需要,任命其处、室的合格工作人员。书记官长在雇用工作人员时,应确保效率、才干和忠诚达到最高标准,并应适当顾及世界各主要法系的代表性、公平地域的代表性和适当数目的男女法官。书记官长应在院长的同意下,拟订《工作人员条例》,规定该法院工作人员的任用、薪酬和解雇等条件。《工作人员条例》由缔约国大会批准。③

法官、检察官、副检察官、书记官长和副书记官长在根据《罗马规约》就职前,应逐一在公开庭上宣誓,保证秉公竭诚履行各自的职责。④

---

① 《罗马规约》第 42 条。
② 《罗马规约》第 43 条。
③ 《罗马规约》第 44 条。
④ 《罗马规约》第 45 条。

本章结语

20世纪以来,在国际层面上追究国际犯罪日益受到重视,国际刑法也随之得到快速发展。20世纪上半期纽伦堡国际军事法庭和远东国际军事法庭的建立,为国际刑法作出了创造性贡献,是国际刑法发展的第一次浪潮。20世纪90年代前南国际刑庭和卢旺达国际刑庭的建立以及《罗马规约》的通过,标志着国际刑法发展的第二次浪潮已经到来。

前南国际刑庭和卢旺达国际刑庭的建立,不仅证明了在新时期追究严重国际犯罪的可能性,而且为将来的国际刑事审判积累了丰富的实践经验。同时,其解释法律和一定程度上的造法行为,为将来解决实际问题提供了答案。国际刑事法院在经历万般曲折之后的诞生,是国际刑法史上最具里程碑意义的大事。它的建立体现了人类追求"世界和平、安全和福祉"的崇高理想,体现了结束有罪不罚文化、严惩"整个国际社会关注的最严重犯罪"、决心使"最严重犯罪"的罪犯"不再逍遥法外,从而有助于预防这种犯罪"的良好夙愿和价值观。国际刑事法院的实际运作,是国际社会为实现这种理想、夙愿和价值所迈出的第一步。

第二章
国际刑事法院遵循的刑法
原则和适用的法律

《罗马规约》是首次明文规定刑法的一般原则和法律适用的国际刑法文件,这是《罗马规约》取得的成就之一。

第一节　国际刑事法院遵循的刑法原则

国际法委员会于 1994 年出台的《罗马规约草案》对"刑法的一般原则"未作规定,只有一个关于合法性原则的条款(第 39 条)。作为《规约草案》的补充,国际法委员会于 1996 年出台的《危害人类和平及安全治罪法草案》中包含了若干刑法一般原则的条款。但该草案在《罗马规约》的谈判中发挥的作用极为有限。

《前南国际刑庭规约》第 6、7 条和《卢旺达国际刑庭规约》第 5、6 条分别规定了对个人的管辖和个人刑事责任原则。《纽伦堡宪章》和《东京宪章》或多或少也包含了类似的原则。较之于过去的相关文件,《罗马规约》首次以国际法文件的形式相对全面地规定了大多数国内法律体系中刑法的一般原则。

《罗马规约》第三编"刑法的一般原则"（第 22—33 条）规定了罪刑法定原则和个人刑事责任原则。此外,第 20 条规定的一事不再理原则,因与案件的可受理性问题联系紧密,被置于第二编"管辖权、可受理性和适用的法律"中;第 66 条规定的无罪推定原则因与被告人的权利关系密切,被置于第六编"审判"中。总而言之,《罗马规约》规定的一般刑法原则包括罪刑法定原则、个人刑事责任原则、一事不再理原则和无罪推定原则。

一、罪刑法定原则

罪刑法定的思想渊源,最早可以追溯到 1215 年英王约翰签署的《大宪章》。《大宪章》第 39 条规定:"凡是自由民除经贵族依法判决或遵照国内法律之规定外,不得加以扣留、监禁、没收其财产、剥夺其法律保护权,或加以放逐、伤害、搜索或逮捕。"依据该条,未经正当法律程序,不得剥夺自由民的权利。其中蕴含了罪刑法定的思想。到了 17、18 世纪,资产阶级启蒙思想家针对封建社会的罪刑擅断主义,明确提出了罪刑法定的主张。例如,贝卡利亚在《论犯罪与刑罚》中指出:"只有法律才能为犯罪规定刑罚","超越法律限度的刑罚就不再是一种正义的刑罚"。① 资产阶级革命胜利后,罪刑法定这一主张由学说转变为法律。1789 年法国《人权宣言》第 8 条规定:"法律只应规定确实需要和显然不可少的刑罚,而且除非根据在犯罪前已制定和公布的且系依法施行的法律,不得处罚任何人。"在《人权宣言》的指导下,1810 年《法国刑法典》明确规定了罪刑法定

---

① 参见［意］贝卡利亚:《论犯罪与刑罚》,黄风译,中国大百科全书出版社 1993 年版,第 11 页。

原则。此后,该原则逐渐为世界各国所接受。这一原则也得到了一些国际公约的认可。联合国大会于 1948 年 12 月 10 日通过的《世界人权宣言》第 11 条第 2 款规定:"任何人的任何行为或不行为,在其发生时依国家法或国际法均不构成刑事罪者,不得被判为犯有刑事罪。刑罚不得重于犯罪时适用的法律规定。"联合国大会于 1966 年 12 月 16 日通过的《公民权利和政治权利国际公约》第 9 条第 1 款规定:"人人有权享有人身自由和安全。任何人不得加以任意逮捕或拘禁。除非依照法律所确定的根据和程序,任何人不得被剥夺自由。"该公约第 15 条第 1 款规定:"任何人的任何行为或不行为,在其发生时依照国家法或国际法均不构成刑事罪者,不得据以认为犯有刑事罪。所加的刑罚也不得重于犯罪时适用的规定。如果在犯罪之后依法规定了应处以较轻的刑罚,犯罪者应予减刑。"

国际刑法中的罪刑法定原则是随着国际刑事司法实践的发展逐步确立的。纽伦堡法庭和东京法庭被指责违背了罪刑法定原则,适用了"事后法"。《前南国际刑庭规约》和《卢旺达国际刑庭规约》虽然未明文规定罪刑法定原则,但其具体条文体现了罪刑法定原则的精神。《罗马规约》第一次以国际刑事法律文件的形式明文规定了罪刑法定原则。

通常认为,罪刑法定原则的含义包括"法无明文规定不为罪(Nullum crimen sine lege)"和"法无明文规定不处罚(Nulla poena sine lege)"两个方面。前者为罪行法定,后者为刑罚法定。罪刑法定原则排斥习惯法,排斥绝对不定期刑,禁止有罪类推,禁止重法溯及既往。

《罗马规约》规定的罪刑法定原则包括三方面的内容:

（一）法无明文规定不为罪

根据《罗马规约》第 22 条(法无明文规定不为罪)的规定,只有当某人的有关行为在发生时构成国际刑事法院管辖范围内的犯罪时,该人才根据规约负刑事责任;犯罪定义应予以严格解释,不得类推延伸。含义不明时,对定义作出的解释应有利于被调查、被起诉或被定罪的人;本条不影响依照规约以外的国际法将任何行为定性为犯罪行为。

在《罗马规约》的谈判中,合法性原则的实质内容(即除非一个人的行为构成规约规定的犯罪,否则不负刑事责任)从未引起争议。由于对是否将所谓的"条约犯罪"纳入国际刑事法院管辖范围之内这一棘手的问题,直到罗马会议后期才得以解决,所以,从一开始就面临的问题是如何将这一原则适用于这些犯罪。另外,有些代表团提出,"不作为"和"作为"一样,都是犯罪行为。为了解决该问题,第22条第1款中的"行为"被理解为既包括作为也包括不作为。此外,鉴于当时各国还未就法院管辖的犯罪清单达成协议,第二编中有关犯罪的条款还未出台,该款中使用了"本法院管辖范围内的犯罪"的措辞。① 该款解决了所有相关的争议。

第22条规定的罪刑法定原则只适用于第5条规定的国际刑事法院管辖权范围内的罪行,不适用于第70条规定的妨害司法罪,也不适用于《罗马规约》之外的国际法所规定的罪行。

(二)法无明文规定不处罚

长期以来,大多数国际刑法公约都没有刑罚方面的规定。第二次世界大战后制定的《纽伦堡宪章》第27条和《东京宪章》第16条分别规定:法庭对被告为有罪之判决者,有权处以死刑或处以法庭认

---

① Per Saland, "International Criminal Law Principles", in Roy S.Lee(ed.), *The International Criminal Court: The Making of the Rome Statute: Issues, Negotiations, Results*, The Hague: Kluwer Law International, 1999, pp.194~195.

为适当之其他刑罚。《前南刑庭规约》第24条和《卢旺达刑庭规约》第23条分别规定,法庭判处的刑罚仅限于监禁。《罗马规约》对于刑罚的适用作了相对全面的规定。

《罗马规约》第23条(法无明文规定不处罚)规定:"被本法院定罪的人,只可以依照本规约受处罚。"依据该条,国际刑事法院对被认定有罪的人,只能依照规约规定的刑罚予以量刑,才符合罪刑法定原则。

《罗马规约》第七章(刑罚)第77—80条和第23条紧密相关,进一步体现了罪刑法定原则的有关内容。这些条款的主要内容包括:

1.刑罚的种类。第77条规定的刑罚包括有期徒刑、无期徒刑、罚金和没收财产。有期徒刑的最高刑期不能超过30年;无期徒刑的适用,以犯罪极为严重和被定罪人的个人情况而证明有此必要的情形为限;罚金的处罚标准遵照《程序和证据规则》的规定;没收财产时,法院可以命令没收直接或间接通过犯罪行为得到的收益、财产和资产,但不得妨害善意第三方的权利。

2.量刑的依据。第78条第1款规定,量刑时,法院应依照《程序和证据规则》,考虑犯罪的严重程度和被定罪人的个人情况等因素。

3.数罪并罚。根据第78条第3款,一人被判犯数罪时,法院应宣告每一项犯罪的刑期,再宣告合并执行的总刑期。总刑期应在数刑中最高刑期以上,但不能超过30年,或根据第77条第1款第2项判处无期徒刑。该数罪并罚的规则和国内刑法中的相关规定基本相同。

4.减刑。依据第110条第3款,对于已经执行刑期三分之二的人,或被判处无期徒刑但已服刑25年的人,本法院应当对其判刑进行复查,以确定是否应当减刑。这种复查不得在上述时间之前进行。依据该条第4款,法院进行复查时,如果认为存在下列因素之一的,可以减刑:①该人较早而且一直愿意在本法院的调查和起诉方面同本法院合作;②该人在其他方面自愿提供协助,使本法院得以执行判决和命令,尤其是协助查明与罚金、没收或赔偿命令有关的,可以用以被害人利益的资产的下落;③根据《程序和证据规则》的规定,其他因素证明,情况发生明显、重大的变化,足以构成减刑的理由。就量刑情节而言,除《罗马规约》的上述规定外,《程序和证据规则》第145条作了更为详细的规定,法院应参照适用。

《罗马规约》对刑罚的规定,是谈判各方妥协意志的产物,和各国国内法的规定存在较大差异。鉴于此,第80条规定:"本编的规定不影响国家适用其国内法规定的刑罚,也不影响未规定本编所定刑罚的国家的法律。"《罗马规约》第七编(刑罚)的规定,不妨碍国家适用刑罚和国内法,任何审理国际刑事法院管辖权内的犯罪的国家,都可以依照其国内法对该罪适用刑罚,包括适用死刑。

同两大军事法庭宪章和两大刑事法庭规约相比,《罗马规约》对刑罚制度的规定较为全面,同时顺应了国际社会废除死刑等刑罚轻缓化的趋势。但是,《罗马规约》只是概括地为法院管辖的所有犯罪设置了统一的刑罚,并没有为具体犯罪设定相应的刑罚种类和刑罚幅度,而是将具体犯罪的量刑权交给了法官。由于《罗马规约》第6—8条规定的具体犯罪行为极为纷繁复杂,加之,刑罚的种类较多、有期徒刑跨度大,这种概括性的规定影响了刑罚的严格性和确定性,是否会导致刑罚的适用畸轻畸重、罚不当罪的情况发生,有待于进一步探讨。

（三）对人不溯及既往

《罗马规约》第24条(对人不溯及既往)第1款规定:"个人不对本规约生效以前发生的行为负本规约规定的刑事责任。"

在筹备委员会谈判之初,第 24 条和第 22 条(法无明文规定不为罪)是合二为一的,1997 年被分为两个条文。在谈判初期,各代表团就对不溯及既往原则取得了共识,因为它符合第 22 条规定的合法性原则。①

不溯及既往的原则本身是罪刑法定原则的要求,但《罗马规约》规定个人刑事责任不溯及既往,主要是基于政治上的考虑,而不是基于国际法上的需要。许多国家过去对严重犯罪以赦免或类似方式解决,以取得民族和解。为了让这些国家支持《罗马规约》,不溯及既往原则的存在,在政治上是必不可少的。

第 24 条和第 11 条(属时管辖权)密切相关。对是否保留第 11 条,在谈判中久久不能确定。第 11 条第 1 款仅从另一个角度重申了不溯及既往原则。但《罗马规约》对其生效后成为缔约国的国家的效力问题没有解决,该问题不是一般原则问题,因而最终决定保留第 11 条,尽管有人建议应将这两条予以合并。②

二、个人刑事责任原则

(一)个人刑事责任原则的确立和发展

美国著名国际刑法学家巴西奥尼指出:"世界上所有的刑法制度都承认,违反具有刑事后果的法律规范将导致个人的刑事责任,因此,无论在国内刑法还是在国际刑法上,个人刑事责任都是一项基本

---

① Per Saland, "International Criminal Law Principles", in Roy S. Lee (ed.), *The International Criminal Court: The Making of the Rome Statute: Issues, Negotiations, Results*, The Hague: Kluwer Law International, 1999, p.194, p.196.

② Per Saland, "International Criminal Law Principles", in Roy S. Lee (ed.), *The International Criminal Court: The Making of the Rome Statute: Issues, Negotiations, Results*, The Hague: Kluwer Law International, 1999, p.197.

的法律原则。"①

实施国际犯罪的个人,依其身份可分为两类:一是以私人身份行事的个人;二是代表官方行事的个人。以私人身份行事的个人的国际刑事责任在国际法上早已确立。例如,从事海盗罪的个人的刑事责任在 17 世纪已得到普遍承认。而代表官方行事的个人的刑事责任原则则是在第一次世界大战之后才确立的。1919 年签订的《凡尔赛和约》,第一次以国际条约的形式公开指控前德国皇帝威廉二世犯有违反国际道德和条约神圣义务的严重罪行。《凡尔赛和约》第 227 条规定,将设立一个专门法庭,对威廉二世进行审判。该约第 228—230 条规定了战争执行者的刑事责任和刑事审判问题。尽管最后由于荷兰拒绝引渡威廉二世,《凡尔赛和约》未得到有效实施,国际刑事法庭未建立,威廉二世的责任未得到追究,但《凡尔赛和约》追究个人刑事责任原则的思想,对二战后设立的两大军事法庭有启发意义。

二战后颁布的《纽伦堡法庭宪章》和《东京法庭宪章》,继承了《凡尔赛和约》追究个人刑事责任的思想,确立了个人刑事责任原则。两大军事法庭的实践完善和发展了个人刑事责任原则。1946 年 12 月 11 日联合国大会第 95(2)号决议通过了著名的纽伦堡原则,承认了《纽伦堡宪章》和纽伦堡审判中确认的国际法原则。纽伦堡原则的第一项原则:从事构成违反国际法的犯罪行为的人承担个人责任,并因而应受惩罚。

在两大军事法庭审判之后,国际社会签订的一系列国际刑法公约重申并发展了个人刑事责任原则。1948 年《防止及惩治灭绝种族

① M.C. Bassiouni, "A Theoretical Framework", in M. Cherif Bassiouni (ed.), *International Criminal Law*, 2nd ed. Vol. 1, Transnational Publishers, 1999, p.21. 转引自余民才主编:《国际法专论》,中信出版社 2003 年版,第 314 页。

罪公约》、1970 年《关于制止非法劫持航空器的公约》、1973 年《禁止并惩治种族隔离罪行国际公约》及 1979 年《反对劫持人质国际公约》等,都对个人刑事责任作了规定。

1993 年《前南刑庭规约》和 1994 年《卢旺达刑庭规约》进一步完善和发展了个人刑事责任原则。①

1996 年国际法委员会出台的《关于危害人类和平与安全治罪法草案》第 2 条规定了个人刑事责任原则。该条规定:危害人类和平与安全的罪行应承担个人责任。依据第 16 条的规定,个人应承担侵略罪的责任。个人应承担第 17、18、19、20 条所规定罪行的责任,如果个人:故意实施这一犯罪;命令实施这一犯罪,而事实上该罪已经实际发生或已经着手实施;在第 6 条规定的情形中,没有防止和抑制这一犯罪行为的实施;在知悉的情况下帮助、教唆或以其他方式直接和实际地协助实施该罪行,包括为实施这一犯罪提供工具;直接参与计划、预谋实施这一犯罪,而这一犯罪事实上已实际发生;直接、公开煽动其他个人实施这一犯罪,而这一犯罪事实上已实际发生;已经着手实施某一犯罪行为,企图实施这一犯罪,而前一罪行由于意志以外的情形而事实上未遂。②《关于危害人类和平与安全治罪法草案》,本是国际法委员会为补充 1994 年出台的《罗马规约草案》而制定的,但在罗马会议上并未受到重视。

1998 年的《罗马规约》在总结以往相关的国际文件和国际刑事司法实践及采纳有关国家国内法规定的基础上,相对全面地规定了个人刑事责任原则。

---

① 《前南刑庭规约》第 7 条和第 23 条;《卢旺达刑庭规约》第 6 条和第 22 条。
② 参见[美]谢里夫·巴西奥尼:《国际刑法的渊源与内涵——理论体系》,王秀梅译,法律出版社 2003 年版,第 28—29 页。

(二)《罗马规约》中的个人刑事责任原则

《罗马规约》第25—33条规定了个人刑事责任原则,主要内容如下:

1.个人刑事责任原则的客观归责事由

《罗马规约》第25条和第28条主要规定了个人承担刑事责任的客观归责事由。第25条第1、2款分别规定,本法院根据本规约对自然人具有管辖权;实施本法院管辖权内的犯罪的人,应依照本规约的规定负个人责任,并受到处罚。该两款明确承认了个人刑事责任原则。第25条第4款规定,本规约关于个人刑事责任的任何规定,不影响国家依照国际法所负的责任。该款意味着本规约中个人刑事责任规则并不影响国际法中国家责任规则的有效性。第25条第3款规定了个人刑事责任的客观归责事由。第28条(指挥官和其他上级责任)的规定是对第25条第3款归责事由的补充。

(1)个人实施犯罪的三种形式。依据第25条第3款第1项的规定,个人直接实施犯罪的三种形式为:其一,单独实施犯罪;其二,伙同他人(another person)实施犯罪;其三,通过不论是否负刑事责任的另一人(another person)实施犯罪。

在第二种形式下,伙同他人实施犯罪,是指该人与他人合作实施共同犯罪。这种情况下的共同犯罪,是二人组成的简单的共同犯罪。简单的共同犯罪,在西方刑法中叫共同正犯(即共同实行犯),是指二人以上共同故意实行某一具体犯罪客观要件的行为。在这种共同犯罪形式中,每一共同犯罪人都是实行犯。① 在第三种形式下,对"另一人"的刑事责任能力,做不同的理解,有不同的意义。根据该项的措辞可以理解为,"另一人"对犯罪或者有刑事责任能力或者无

---

① 参见高铭暄、马克昌主编:《刑法学》,北京大学出版社2000年版,第173页。

刑事责任能力。如果"另一人"有刑事责任能力,那么第 1 项中的"通过另一人实施犯罪"与该条第 2 项中的"命令"他人实施犯罪,只是条文的反复,并无实质区别。如果"另一人"无刑事责任能力,不负刑事责任,那么负刑事责任的"个人"就类似于国内刑法理论中的"间接实行犯"或"间接正犯","另一人"只是间接实行犯的犯罪工具或手段。如果这样理解,"通过他人实施犯罪"和第 2 项中的"命令"他人实施犯罪就有了区别。

(2)参与实施犯罪的形式。第 25 条第 3 款第 2 项和第 3 项规定了几种不同的参与犯罪的形式。第 2 项规定了命令、唆使、引诱实施犯罪的形式。第 3 项将"帮助、教唆或以其他方式"协助实施或企图实施犯罪,规定为参与犯罪的辅助形式。

第 2 项中"命令"他人实施犯罪应负刑事责任的规定,补充了第 28 条关于指挥官和其他上级刑事责任的规定。第 28 条规定的上级责任,是上级没有防止或制止下级实施犯罪行为的疏忽责任,而根据第 25 条第 3 款第 2 项,上级"命令"下级实施犯罪,也应当负刑事责任。

(3)支助(contribute to)团伙(a group of persons)实施犯罪或企图实施犯罪。第 25 条第 3 款第 4 项规定:"以任何其他方式支助以共同目的行事的团伙实施或企图实施这一犯罪。这种支助应当是故意的,并且符合下列情形之一:(1)是为了促进这一团伙的犯罪活动或犯罪目的,而这种活动或目的涉及实施本法院管辖权内的犯罪;(2)明知这一团伙实施该犯罪的意图。"从实质上讲,第 4 项和第 3 项的规定是雷同的,都属于共同犯罪。唯一不同的是,第 4 项要求由"团伙"实施或企图实施犯罪,第 3 项则不然。此处的"团伙"一词,在我国刑法中没有相应的词语。20 世纪 80 年代以来,我国司法实践中经常使用犯罪团伙这一概念,但什么是犯罪团伙,意见不一,有的认为犯罪团伙就是犯罪集团,有的认为犯罪团伙是介于一般共同犯罪与犯罪集团之间的共同犯罪形式,有的认为犯罪团伙是犯罪集团与犯罪结伙的合称,有的认为犯罪团伙包括犯罪集团和一般共同犯罪。① 按最后一种观点理解第 4 项中的"团伙"一词,既不违背法律的本意,又符合团伙犯罪的实际情况。国际犯罪"团伙"有可能是不存在组织形式的比较松散的一般共同犯罪形式,也有可能是有特定组织形式的犯罪集团。

和第 1 项中"伙同他人"实施的简单的共同犯罪形式不同,第 4 项规定的共同犯罪是一种复杂的共同犯罪,各个共同犯罪人之间存在一定的分工,有的教唆他人实施犯罪,有的帮助他人实施犯罪,有的采取教唆、帮助以外的其他任何方式促使他人实施犯罪,有的直接实施犯罪。在复杂的共同犯罪形式下,各个共同犯罪人在实施共同犯罪时,不论他们之间的分工如何,参与程度如何,他们的行为总是围绕着一项共同的计划或协议进行,彼此联系,相互配合,为完成同一种犯罪而活动。缺少任何一个人的犯罪行为,犯罪都不可能完成。

(4)直接公然煽动他人实施灭绝种族罪。第 25 条第 3 款第 5 项规定的"直接公然煽动"行为,只针对第 6 条规定的灭绝种族罪而言,不包括国际刑事法院管辖权内的其他犯罪。依据第 5 项,只要某人有直接公然煽动他人实施灭绝种族罪的行为,即可构成犯罪,不论他本人是否实际实施或企图实施灭绝种族的行为,也不论被煽动者是否实施或企图实施灭绝种族的行为。② 如果被煽动者没有实施犯罪,他单独构成犯罪;如果被煽动者实施了犯罪,并且有刑事责任能

---

① 参见高铭暄、马克昌主编:《刑法学》,北京大学出版社 2000 年版,第 175 页。

② 卢旺达国际刑庭审判的 Barguiza 案是煽动种族灭绝罪的典型案例。1994 年 4 月胡图族控制的政府通过传媒煽动对图西族人的大屠杀时,Barguiza 是主要煽动者,他在喀麦隆被捕,关押了一段时间后,被移交给卢旺达国际刑庭。

力,他和被煽动者构成共同犯罪。

（5）犯罪未遂和犯罪中止。第 25 条第 3 款第 6 项规定了犯罪未遂和犯罪中止。犯罪未遂和犯罪中止的主观恶性和危害结果都不相同,因此,行为人承担的刑事责任也不同。一般而言,犯罪未遂的刑事责任轻于犯罪既遂的刑事责任,但重于犯罪中止的刑事责任。犯罪中止通常是减轻或免除刑事处罚的一个条件。

（6）指挥官和其他上级的责任。上级责任原则是由军队、政府、政党或其他组织内部存在的层级关系决定的。在有层级体系的组织中,上下级之间存在着控制和被控制的关系,上级对下级的行为负有责任,上级应当采取一切必要而合理的措施防止或阻止下级实施国际犯罪。《奥本海国际法》指出:"当由一位将军指挥下的军队在占领区的某个地方对平民或者战俘犯下屠杀或其他罪行时,除了实际执行者的刑事责任以外,可能产生指挥官的责任。毫无疑问,在有关罪行是根据指挥官的命令实施的,或者由于指挥官的过失而未能防止罪行发生的情况下,指挥官应负直接责任。如果指挥官有意或由于疏忽未能处罚罪犯,或者未能以一切方式,包括以辞职相威胁,坚持要求处罚罪犯,他也要对有关罪行承担责任。指挥官不能以情况特殊为理由不实施法律。如果指挥官本身处于下级地位,因此不能确保对部队的控制,他可以以上级命令作为要求减轻处罚的理由,但是,指挥官援引上级命令的范围远不像下级军官或士兵那样广泛。"①该观点所指的上级责任仅指指挥官的责任,并未提及非军事系统上级的责任。

上级责任原则在国际条约中出现较早,1907 年《海牙陆战法规

---

① Lassa Oppenheim, *International Law : A Treatise*, 7th ed., Hersh Lauterpacht ed., Longmans, 1963, pp.572-573. 转引自余民才主编:《国际法专论》,中信出版社 2003 年版,第 322—323 页。

及惯例公约》的附件《陆战法规和惯例章程》第 1 条规定,军队指挥官应对其指挥下的武装部队或其控制下的其他人员的行为负责。

第二次世界大战以后,指挥官和其他上级责任原则得到了国际社会的普遍认同。《纽伦堡宪章》和《东京宪章》虽未明确规定上级责任原则,但两个法庭的审判实践确认了上级责任原则。

1977 年通过的《1949 年 8 月 12 日日内瓦四公约关于保护国际性武装冲突受难者的附加议定书》(第一议定书)对上级责任作了规定。《前南刑庭规约》第 7 条和《卢旺达刑庭规约》第 6 条也对上级责任原则作了规定。两法庭的实践丰富和发展了上级责任原则。《罗马规约》对上级责任原则作了较为全面的规定。

《罗马规约》第 28 条对指挥官和其他上级的责任作了区分。依据该条第 1 款,军事指挥官或以军事指挥官身份有效行事的个人,如果知道或根据当时的情况理应知道其有效指挥和控制下的部队,或在其有效管辖和控制下的部队,正在实施或即将实施本法院管辖权内的犯罪,而未采取在其权力范围内的一切必要而合理的措施,防止或制止这些犯罪的实施,或报请主管当局就此事进行调查或起诉,应对这些部队实施的犯罪负刑事责任。依据该条第 2 款,非军事系统的上级人员如果知道其有效管辖或控制下的下级人员正在实施或即将实施本法院管辖权内的犯罪,或故意不理会明确反映这一情况的情报,并且犯罪涉及该上级人员有效负责和控制的活动,而该上级人员未采取在其权力范围内的一切必要而合理的措施,防止或制止这些犯罪的实施,或报请主管当局就此事进行调查和起诉,应对这些下级人员实施的犯罪负刑事责任。

军事指挥官责任和其他上级官员责任的主要区别在于主观方面的要求不同。对于指挥官而言,该条规定他"知道"或根据当时的情况"理应知道"部队正在实施或即将实施犯罪;而对于其他上级官员而言,该条规定他"知道"下级人员正在实施或即将实施犯罪,或"故意不理会"明确反映这一情况的情报。由此可见,指挥官的主观过错责任严于其他上级人员的主观过错责任。

2.个人刑事责任原则的主观归责事由

《罗马规约》第 30 条(心理要件)规定,故意和明知是个人承担刑事责任的主观要件。该条第 1 款规定,除另有规定外,只有当某人在故意和明知的情况下实施犯罪的物质要件,该人才对本法院管辖权内的犯罪负刑事责任,并受到处罚。[①] 该条第 2、3 款对"故意"和"明知"作了界定。第 2 款规定,为了本条的目的,有下列情形之一的,即可以认定某人具有故意:就行为而言,该人有意从事该行为;就结果而言,该人有意造成该结果,或者意识到事态的一般发展会产生该结果。第 3 款规定,为了本条的目的,"明知"是指意识到存在某种情况,或者事态的一般发展会产生某种结果。"知道"和"明知地"应当作相应的解释。

第 30 条所指的"故意"和"明知"类似于我国刑法中的"直接故意"和"间接故意",[②]但第 2 款中的"意识到事态的一般发展会产生该结果"和第 3 款中的"意识到存在某种情况,或者事态的一般发展会产生某种结果",都属于间接故意的认识因素。从这一方面看,两

---

① 《罗马规约》第 30 条第 1 款中的"除另有规定外"指向两方面:一是本规约的其他规定。除第 30 条规定的"故意"与"明知"外,本规约第 6—8 条和第 28 条也规定了犯罪的主观要件;二是《犯罪要件》中关于犯罪主观要件的规定。

② 在我国刑法中,犯罪的直接故意,是指行为人明知自己的行为必然或者可能发生危害社会的结果,并且希望这种结果发生的心理态度。犯罪的间接故意,是指行为人明知自己的行为可能发生危害社会的结果,并且放任这种结果发生的心理态度。直接故意的认识因素表现为行为人明知自己的行为必然或可能发生危害结果的心理态度;直接故意的意志因素表现为行为人希望危害结果发生的心理态度。间接故意的认识因素表现为行为人明知自己的行为可能发生危害结果的心理态度;间接故意的意志因素表现为行为人放任危害结果发生的心理态度。

者是重叠的,是混同的,没有明晰的界限。到底如何正确理解"故意"和"明知"? 这有待于进一步探讨。

3.排除个人刑事责任的理由

在《罗马规约》中,排除个人刑事责任的理由可分为:程序性抗辩理由(第 26、27、29 条);一般性抗辩理由(第 31 条第 1 款第 1、2项);正当性抗辩理由(第 31 条第 1 款第 3 项和第 4 项、第 32 条、第33 条)。

(1)程序性抗辩理由。程序性抗辩理由可从以下三方面进行分析:

第一,刑事责任年龄。《罗马规约》第 26 条规定:"对于实施被控告犯罪时不满 18 周岁的人,本法院不具有管辖权。"该条最初的标题为"责任年龄"。在筹备委员会讨论期间,各国很难就刑事责任年龄取得共识。各代表团根据各自的国内法提出了从 7 岁到 21 岁不等的刑事责任年龄。对刑事责任年龄的讨论又与招募和利用儿童士兵的问题交织在一起。考虑到根据《罗马规约》第 8 条第 2 款第 2 项第 26 目的规定,征募不满 15 岁的儿童加入国家武装部队,或利用他们积极参与敌对行动的行为构成战争罪;又因为在当今的武装冲突中,许多暴行是由未成年人实施的,一些代表团提出将 15 周岁作为刑事责任年龄的起算点。另一些代表团则认为没有必要将刑事责任年龄与儿童士兵相联系,儿童士兵是在成年人的压迫和操纵下行事的。刑事责任年龄的复杂性还表现在,如果刑事责任年龄较低,还需要特别规定减轻的情节和少年犯拘留制度等问题。这些问题在刑罚问题工作组引起激烈的争论。[1]

① Per Saland, "International Criminal Law Principles", in Roy S.Lee(ed.), *The International Criminal Court*: *The Making of the Rome Statute*: *Issues*, *Negotiations*, *Results*, The Hague: Kluwer Law International, 1999, pp.200–201.

来自联合国儿童基金会和维护儿童权益的非政府组织的代表强烈提倡以 18 周岁作为责任年龄的起算点。一些国家，如加拿大和意大利等国，也支持规定较高的责任年龄。在全体委员会的讨论中，越来越多的国家支持规定较高的责任年龄，最后通过了第 26 条的内容。

虽然国际刑事法院对实施被控告犯罪时不满 18 周岁的人不具有管辖权，但并不意味着国内法院对犯罪时不满 18 周岁的人不具有管辖权。国内刑法中的刑事责任年龄往往低于 18 周岁。根据补充性原则，国际刑事法院管辖权内的犯罪首先由国内法院审理，国内法院完全可以按照本国刑法规定的刑事责任年龄追究行为人的刑事责任。有关国家在刑事责任年龄问题上未能如愿的遗憾或《罗马规约》第 26 条规定的不合理性，可以由国内刑法来弥补。

第二，行为人的官方地位。根据《罗马规约》第 27 条（官方身份的无关性）的规定，通常被国家元首、政府首脑和公职人员援引的官方身份，不能作为免除刑事责任或减轻处罚的理由；豁免或其他程序规则都不能阻却国际刑事法院对有关人行使管辖权。

国际犯罪不豁免原则已在一些国际刑法条约和国际司法机构的审判实践中得到确认。1919 年《凡尔赛和约》第 227—229 条关于审判德皇威廉二世战争罪行的规定体现了国际犯罪不豁免的原则。二战后颁布的《纽伦堡宪章》和《东京宪章》充分肯定了国际犯罪不豁免原则。《纽伦堡宪章》第 7 条规定："被告之官职上地位，无论系国家之元首或政府各部之负责官吏，均不得为免除责任或减轻处罚之理由。"《东京宪章》第 6 条也有类似规定。20 世纪 90 年代颁布的《前南刑庭规约》第 7 条第 2 款和《卢旺达刑庭规约》第 6 条第 2 款都规定："任何被告人的官职，不论是国家元首、政府首脑或政府负责官员，不得免除该被告的刑事责任，也不得减轻刑罚。"《罗马规约》第 27 条相对完善地规定了国际犯罪不豁免原则。国际刑事司法实践也充分肯定了国际犯罪不豁免原则。在两大军事法庭的审判中,被告及其辩护律师以"国家行为"为理由对法庭的指控提出辩护,均被法庭驳回,从而否定了"国家行为"或"国家豁免"的有效抗辩。1995 年 7 月 25 日,前南国际刑庭检察官向波黑塞族共和国总统卡拉季奇和波黑塞族共和国武装部队总司令姆拉蒂奇发出起诉书和逮捕令,指控他们在波黑战争中犯下危害人类罪和战争罪。① 1999 年 5 月 22 日,前南国际刑庭检察官向南联盟总统米洛舍维奇先生和其他 4 名南联盟政府高级官员发出起诉书和逮捕令,指控他们在科索沃犯下危害人类罪和战争罪。② 2001 年 6 月 29 日,在欧美国家的经济压力下,米洛舍维奇先生成为第一个被本国政府移送国际刑事司法机构受审的前国家元首。2000 年 1 月,波黑塞族共和国前总统普拉夫希奇女士向前南国际刑庭自首,成为向国际刑事审判机构自首的最高级别的犯罪嫌疑人。③ 卢旺达国际刑庭于 1997 年 7 月 9 日向肯尼亚政府提出逮捕卢旺达前总理坎姆班达的要求,肯尼亚政府逮捕了坎姆班达先生并将其移送卢旺达国际刑庭。卢旺达国际刑庭于 1998 年 9 月 4 日判处其无期徒刑。④

虽然《罗马规约》第 27 条和其他国际刑法文件及国际刑事审判

---

① 《前南国际刑庭案卷集》1996 年 7 月 11 日逮捕令。IT…95…5…R61 和 IT…95-18-R61。转引自刘大群:《论国际刑法的法理渊源及对传统国际法的冲击》,载赵秉志、卢建平主编:《国际刑法评论》,中国人民公安大学出版社 2006 年版,第 78 页。

② IT-99-37。转引自刘大群:《论国际刑法的法理渊源及对传统国际法的冲击》,载赵秉志、卢建平主编:《国际刑法评论》,中国人民公安大学出版社 2006 年版,第 78 页。

③ 《前南国际刑庭新闻公报》2001 年 1 月 10 日。转引自刘大群:《论国际刑法的法理渊源及对传统国际法的冲击》,载赵秉志、卢建平主编:《国际刑法评论》,中国人民公安大学出版社 2006 年版,第 78 页。

④ 《卢旺达国际刑庭案卷集》ICTR:97-23-S。转引自刘大群:《论国际刑法的法理渊源及对传统国际法的冲击》,载赵秉志、卢建平主编:《国际刑法评论》,中国人民公安大学出版社 2006 年版,第 78 页。

实践确认了国际犯罪不豁免原则,但是,由于种种原因,国际社会将来在追究国家官员实施国际犯罪的刑事责任方面,仍然会面临重重阻碍。

第一,就《罗马规约》本身而言,第98条是执行第27条的最大障碍。第98条限制甚至抵消了第27条的效力。第98条第1款规定,如果被请求国执行本法院的一项移交或协助请求,该国将违背对第三国的个人或财产的国家或外交豁免权所承担的国际法义务,则本法院不得提出该项请求,除非本法院能够首先取得该第三国的合作,由该第三国放弃豁免权。第98条本身有存在的必要性。《维也纳外交关系公约》第29条规定,外交代表人身不得侵犯。外交代表不受任何方式之逮捕或拘禁。接受国对外交代表应特示尊重,并应采取一切适当步骤以防止其人身、自由或尊严受有任何侵犯。据此,被请求国当局不能逮捕和移交在任的外国国家元首、政府首脑和外交人员。否则,不但会违反国际法,而且会严重破坏国与国之间的关系。第98条和已存在的国际法是一致的。依据第98条,被请求国根据国际法对第三国的个人或财产豁免权所承担的义务优先于根据《罗马规约》承担的移交或协助义务。因此,如果国际刑事法院要求被请求国执行涉及豁免权的移交请求时,必须首先取得第三国的合作,由该国放弃豁免权。对国家放弃豁免权,国际法早有规定。[1] 由此看来,由犯罪嫌疑人的国籍国放弃豁免权是解决第98条和第27条冲突的最佳选择。但是,在外交实践中,很少有国家愿意放弃本国官员尤其是外交人员的豁免权。[2] 实际上,当接受国要求实施了犯罪

---

[1] 《维也纳外交关系公约》第32条规定:"一、外交代表及依第三十七条享有豁免之人对管辖之豁免得由派遣国抛弃之。二、豁免之抛弃,概须明示。"

[2] 个别国家曾放弃过豁免权。例如,在1985年,赞比亚驻伦敦大使馆的三等秘书因持有海洛因被捕,赞比亚总统放弃了豁免权,允许英国当局处理该案。赞比亚放弃豁免

的外交人员的派遣国放弃豁免权时，往往会遭到拒绝。在遭到拒绝后，又不能逮捕该外交人员，接受国只能将其宣布为不受欢迎的人，驱逐出境。① 在这种情况下，接受国往往希望该人回国后，其本国能够审判他。对此，《维也纳外交关系公约》第 31 条第 4 款规定："外交代表不因其对接受国管辖所享之豁免而免除其受派遣国之管辖。"在现实中，尽管有个别被接受国宣布为不受欢迎的人回国后受到了审判，②但是，在一般情况下，国家不愿意起诉被驱逐出境的外交人员。

鉴于国家不愿意放弃豁免权，又不愿意起诉被驱逐出境的本国外交人员，有必要找到其他解决方案。有人提及美国所赞同的限制论。该理论认为，非官方行为不享有豁免权，因为该行为不属于外交人员职能的一部分。但是，要追究在任官员的刑事责任，仍然并非易事。

权之前，英国当局在确认其身份后，立即停止了一切行动，并向赞比亚大使馆致信道歉。英国当局就是否允许处理该案事宜同使馆馆长进行了接触。使馆馆长征求了总统的意见后，放弃了豁免权。赞比亚总统在其公开信中指出：外交豁免的"目的不在于阻止调查严重犯罪"。他认为，尽管他的做法没有先例，但是为了抗击具有严重危害性的毒品，放弃豁免权是正确的。有些国家选择召回其外交人员而不是放弃豁免权。例如，1996 年 11 月，扎伊尔驻法国大使 Ramazani Baya 在一次交通肇事案件中致两名少年死亡。法国要求当时的总统 Mobutu Sese Seko 放弃豁免权，两国之间产生了摩擦。最后，该大使被扎伊尔召回，随后遭到解雇，继而返回法国接受起诉。召回大使的决定终结了法国和扎伊尔因放弃豁免权引起的争端。当时，法国是帮助扎伊尔从 ADFL 叛乱分子手中收复领土的主要政治盟友之一，因而让该大使返回法国接受审判的决定是出于政治上的考虑。Yitiha Simbeye, *Immunity and International Criminal Law*, Aldershot/Burlington: Ashgate Publishing Company, 2004, p.137.

① 《维也纳外交关系公约》第 9 条第 1 款规定："接受国得随时不具解释通知派遣国宣告使馆馆长或使馆任何外交人员为不受欢迎人员或使馆任何其他职员为不能接受。"

② 例如，俄罗斯驻加拿大渥太华大使馆的一名外交人员，曾因在一次交通肇事案件中致一名妇女死亡，被俄罗斯召回。随后，他被起诉到莫斯科法院。该法院认定他有罪，判处有期徒刑 5 年，禁止驾驶 3 年。Yitiha Simbeye, *Immunity and International Criminal Law*, Aldershot/Burlington: Ashgate Publishing Company, 2004, p.138.

第二,国际法院对犯罪的国家官员的态度和《罗马规约》第27条的规定截然不同。国际法院在比利时"逮捕令案"中认为外交部长对国家的职能类似于国家元首。国际法院总结道:外交部长在整个任期内享有完全的刑事管辖豁免权和不可侵犯权。这种豁免权和不可侵犯权可以保护有关人,以免另一国当局妨碍其履行职责。①国际法院认为在任外交部长享有绝对豁免权和不可侵犯权。

综上所述,《罗马规约》第98条第1款保护了在任国家元首、政府官员和外交人员的豁免权。较之于第27条,无论在理论上还是在实践中,第98条占绝对优势。因此,第三国可以援引第98条和国际法的其他规定拒绝放弃豁免权。这样,国际刑事法院就不能向被请求国发出移交或合作请求,豁免权实际上阻碍了国际刑事法院的诉讼程序,第27条规定的官方地位不豁免的原则被抵消。因而,第27条只有在国家官员卸任之后,才有可能发挥作用。

第三,时效。时效是指经过一定的期限,对犯罪不得追诉或对所判刑罚不得执行的制度。时效分为追诉时效和行刑时效。追诉时效是指依法对犯罪人追究刑事责任的有效期限。在追诉时效内,司法机构有权追究犯罪人的刑事责任;超过追诉时效,司法机构就不能再追究其刑事责任。行刑时效是指对依法判处刑罚的人执行刑罚的有效期限。在行刑时效内,刑罚执行机构有权执行刑罚;超过行刑时效,刑罚执行机构就不能再执行刑罚。

虽然大多数国家的刑法都规定了时效制度,但早期的国际刑法文件并不涉及时效制度。在第二次世界大战以后,为了防止实施严重国际犯罪的人逃避追诉和惩罚,一些国际条约开始重视时效制度。

---

① Arrest Warrant Case, p. 20, para. 54. Quoted in Yitiha Simbeye, *Immunity and International Criminal Law*, Aldershot/Burlington: Ashgate Publishing Company, 2004, p. 113.

迄今为止,直接规定追诉时效制度的国际条约只有三个:联合国大会于 1968 年 11 月 26 日通过的《战争罪与反人类罪不适用法定时效公约》;欧洲理事会于 1974 年 1 月 25 日开放供签署的《战争和反人类罪不适用法定时效的欧洲公约》;1998 年联合国外交会议通过的《国际刑事法院罗马规约》。

《战争罪和反人类罪不适用法定时效公约》第 1 条规定,下列各罪,不论其犯罪期日,不适用法定时效:①1945 年 8 月 8 日纽伦堡国际军事法庭宪章规定,并经联合国大会 1946 年 2 月 13 日第 3(Ⅰ)号决议和 1946 年 12 月 11 日第 95(Ⅰ)号决议确认的战争罪,尤其为 1949 年 8 月 12 日的保护战争受害者日内瓦公约所列举的重大违反公约的行为;②1945 年 8 月 8 日纽伦堡国际军事法庭宪章规定,并经联合国大会 1946 年 2 月 13 日第 3(Ⅰ)号决议和 1946 年 12 月 11 日第 95(Ⅰ)号决议确认的反人类罪,无论罪行是在战时或者平时所犯,以武装攻击或者占领迫使迁离和因种族隔离政策而引起的不人道行为,以及 1948 年《防止及惩治灭绝种族罪公约》规定的灭绝种族罪,即使此等行为并不触犯行为地的国内法。该公约进一步规定:①遇犯有第 1 条所称各罪情事,公约适用于以主犯或者从犯身份参加或者直接煽动他人犯上述罪行的行为,或伙同犯上述罪行的国家当局代表及私人实施的犯罪行为,并适用于纵容犯此种罪行的国家当局的代表,而不问既遂的程度如何。②缔约国承允各依本国宪法程序,采取必要的立法或者其他措施,以确保时效规则不适用于该公约规定的上述各罪行的起诉权和刑罚执行权。以上规定具有重要现实意义,正因为战争罪和反人类罪不适用法定时效,所以,直至 20 世纪 80 年代和 90 年代,法国、前南斯拉夫、前苏联、以色列和意大利等国的国内法庭才能够审判一些逃亡的二战战犯。

《战争和反人类罪不适用法定时效的欧洲公约》和联合国《战争

罪和反人类罪不适用法定时效公约》的内容基本相似。

《罗马规约》在时效问题上和上述两公约一脉相承。《罗马规约》第 29 条规定："本法院管辖权内的犯罪不适用任何时效。"《罗马规约》中的时效问题与《罗马规约》规定的补充性原则有关。补充性原则既适用于缔约国，也适用于非缔约国。对缔约国而言，既然已经承诺国际刑事法院管辖权内的犯罪不适用时效，就应当对国内立法进行相应的修订。否则，就证明缔约国"不愿意"起诉有关犯罪，不能援引补充性原则对抗国际刑事法院对该罪行使管辖权。对于非缔约国而言，产生的问题是，如果国际刑事法院依照《罗马规约》第 12 条对关涉非缔约国的犯罪具有管辖权时，非缔约国国内刑法中的追诉时效能否阻却国际刑事法院行使补充性管辖权。如果不能阻却，是否会动摇补充性原则；如果能阻却，补充性原则似乎得到了维护，但核心犯罪就有可能因超过追诉时效而得不到追究。该问题有待于进一步研究。

（2）一般性抗辩理由。第 31 条第 1 款第 1、2 项根据行为人判断和控制自己行为的能力，规定了排除刑事责任的理由。

第一，精神障碍。第 1 项概括性地规定"精神病或精神不健全"是排除刑事责任的理由，并未具体规定精神病的种类。在医学中，精神病和非精神病性精神障碍包括多种类型。在法学中，不论何种精神障碍，只要能致使行为人丧失辨认或控制自己行为的能力，就应当排除行为人的刑事责任。

第二，醉态。第 2 项将特定情况下的"醉态"作为排除刑事责任的理由。醉态和精神障碍截然不同，有精神疾患的人属于无刑事责任能力或限制刑事责任能力人，而生理醉酒的人辨认和控制自己行为的能力只是有所减弱，但并未完全丧失，不属于无刑事责任能力或限制刑事责任能力人。生理醉酒的人在醉酒前完全有能力决定是否要饮酒,并且知道醉酒会影响其判断能力和控制能力,对自己醉酒后可能实施犯罪行为应当预见到,甚至已有所预见,在醉态下实施犯罪行为具有主观过错。鉴于醉态者有健全的意识和意志,在《罗马规约》的谈判中对醉态的法律后果是有争议的。遵守伊斯兰法的大多数阿拉伯国家将饮酒(超量)视为罪行加重的一个因素,而西方国家则认为醉酒是合法消费酒精饮料的结果,在原则上将其视为减轻处罚甚至免除处罚的一个因素。[1] 第 2 项的规定是争议各方的妥协。依据该项,善意醉酒是排除刑事责任的理由,但恶意醉酒,即行为人在某种情况下有意识地进入醉态,明知自己进入醉态后,有可能从事国际刑事法院管辖权内的犯罪行为,或者行为人不顾可能发生这种情形的危险,不排除刑事责任。这种区分给取证带来极大困难。

(3)正当性抗辩理由。第 31 条第 1 款第 3 项和第 4 项、第 32 条、第 33 条规定了正当性抗辩理由。

第一,正当防卫。第 31 条第 1 款第 3 项将正当防卫作为排除刑事责任的理由之一。该项在谈判中有争议。美国和以色列力促通过防卫财产的规定,美国根据本国宪法的规定,坚持认为"防卫住宅完全合法"。美国提出:一方面,应将防卫生命和身体的完整性同等对待;另一方面,防卫财产也应当受到同等对待。但没有得到多少支持。[2] 因此,第 3 项将财产的保护仅限于战争罪方面,即"在战争罪方面,防卫本人或他人生存所必需的财产,或防卫完成一项军事任务所必需的财产"。

---

[1]　Kai Ambos,"General Principles of Criminal Law in the Rome Statute", in Olympia Bekou and Robert Cryer (eds.), *The International Criminal Court*, Aldershot/Burlington:Dartmouth/Ashgate Publishing Company,2004,p.171.

[2]　Kai Ambos,"General Principles of Criminal Law in the Rome Statute", in Olympia Bekou and Robert Cryer (eds.), *The International Criminal Court*, Aldershot/Burlington:Dartmouth/Ashgate Publishing Company,2004,p.172.

依据第3项,本人或他人或财产面临不法使用武力的侵害,是防卫的前提;保护本人或他人的人身或财产安全,是防卫的目的;不法使用的武力即将发生,是防卫的时间;采用的防卫方式与被保护的本人或他人或财产所面对的危险程度必须相称,是防卫的限度。

第3项的最后一段话,即"该人参与部队进行的防御行动的事实,本身并不构成本项规定的排除刑事责任的理由",将集体自卫和个人自卫做了区分。集体自卫由《联合国宪章》第51条加以规定,[①]集体自卫本身不构成排除刑事责任的理由,而个人自卫方可成为排除刑事责任的理由。

第二,紧急避险。依据第31条第1款第4项,被告或他人面临即将死亡的威胁或面临继续或即将遭受严重人身伤害的威胁,是避险的前提条件。其中的威胁可以是他人造成的,或被告无法控制的其他情况构成的;被告在不得已的情况下,为避免威胁采取必要而合理的行动,是避险的限制条件。被告必须无意造成比设法避免的伤害更为严重的伤害,是避险的主观条件。

第三,事实错误和法律错误。根据传统的普通法,只有当一个错误能否定主观要件时,才能作为排除刑事责任的理由。因此,事实错误通常能够排除刑事责任,而法律错误仅在例外情况下才可排除刑事责任,因为只有前者通常能够否定主观要件。[②]《罗马规约》第32条第1款规定:"事实错误只在否定构成犯罪所需的心理要件时,才

---

① 《联合国宪章》第51条规定:"联合国任何会员国受武力攻击时,在安全理事会采取必要办法,以维持国际和平及安全以前,本宪章不得认为禁止行使单独或集体自卫之自然权利。会员国因行使此项自卫权而采取之办法,应立向安全理事会报告,此项办法于任何方面不得影响该会按照本宪章随时采取其所认为必要行动之权责,以维持或恢复国际和平及安全。"

② Kai Ambos, "General Principles of Criminal Law in the Rome Statute", in Olympia Bekou and Robert Cryer (eds.) , *The International Criminal Court*, Aldershot/Burlington: Dartmouth/Ashgate Publishing Company,2004,p.175.

可以作为排除刑事责任的理由。"如果事实错误否定了心理要件,会导致犯罪主观要件的缺失,犯罪不能成立,应当排除刑事责任。第32条第2款规定:"关于某一类行为是否属于本法院管辖权内的犯罪的法律错误,不得作为排除刑事责任的理由。法律错误如果否定构成犯罪所需的心理要件,或根据第三十三条的规定,可以作为排除刑事责任的理由。"如果行为人没有事实错误,仅有法律错误,则意味着行为人对事实没有认识错误,只对自己的行为在法律上是否构成犯罪、构成何种犯罪或者应当受到什么样的刑事处罚,存在错误理解,因此,其行为具备犯罪构成要件,犯罪成立,应当负刑事责任。法律错误只有在否定犯罪的心理要件时,才可作为排除刑事责任的理由。在《罗马规约》中,只有第33条对此有详细明确的规定。依据该条第1款,某人奉上级命令行事而实施了犯罪,并不免除该人的刑事责任,但在同时具备下列三个条件时,可以免除刑事责任:该人有服从有关政府或上级命令的法律义务;该人不知道命令是非法的;命令的不法性不明显。该条第3款规定,为了本条的目的,实施灭绝种族罪或危害人类罪的命令是明显非法的。由此可见,法律错误作为免除刑事责任的理由,是受到严格限制的,只适用于战争罪,不适用于灭绝种族罪和危害人类罪。

第四,上级命令。上级命令不免除责任的原则是第二次世界大战后确立的。《纽伦堡宪章》第8条规定:"被告遵照其政府或某一长官之命令而行动之事实,不能使其免除责任,但如法庭认为合于正义之要求时,得于刑罚之减轻上加以考虑。"纽伦堡法庭在对该规定的解释中指出:"本条的规定与所有国家法律的规定是一致的,根据命令以违反有关战争的国际法的方式杀害或酷刑折磨他人的士兵从未被认为可以以上级命令来为自己的暴行辩护,虽然根据宪章的规定,上级命令可能会被作为要求减轻处罚的理由。正如在大多数国家的刑法中那样,问题的关键不是是否有上级的命令,而是接受命令的人是否事实上存在道德选择的可能性。"①1946 年联合国大会通过的《纽伦堡原则》第 4 项规定:"依据政府或其上级命令行事的人,假如他能够进行道德选择的话,不能免除其国际法上的责任。"《前南刑庭规约》第 7 条第 4 款和《卢旺达刑庭规约》第 6 条第 4 款都规定,被告人执行政府或上级命令而犯罪,不得免除其刑事责任,但是国际法庭裁定合乎正义则可以考虑减刑。

在《罗马规约》的谈判中,关于上级命令的规定是《罗马规约》第三编中最有争议的问题之一。美国代表团在麦仁(Theodor Meron)教授的协助下,在一个非正式会议上设法说服其他主要代表团,使他们相信依上级命令行事作为一个实体性的抗辩理由,已在国际法中得到承认。但美国的立场遭到了一些国家,尤其是英国、新西兰和德国的批评,这些国家认为,上级命令本身不能作为一个抗辩理由,但在特定情况下,下级可以将胁迫、事实错误或法律错误作为抗辩理由。最后通过的《罗马规约》第 33 条是两种立场的妥协方案。② 该条规定,某人奉政府命令或军职或文职上级命令行事而实施本法院管辖权内的犯罪的事实,并不免除该人的刑事责任,但下列情况除外:该人有服从有关政府或上级命令的法律义务;该人不知道命令是非法的;命令的不法性不明显。实施灭绝种族罪或危害人类罪的命令是明显非法的。较之于过去的相关规定,《罗马规约》关于抗辩事由的规定是有利于被告的。虽然第 33 条肯定了上级命令不免责原

---

① International Military Tribunal, Trial of the Major War Criminals before the International Military Tribunal, vol. 22, 1947, p.466.转引自余民才主编:《国际法专论》,中信出版社 2003 年版,第 321 页。

② Kai Ambos, "General Principles of Criminal Law in the Rome Statute", in Olympia Bekou and Robert Cryer (eds.), The International Criminal Court, Aldershot/Burlington:Dartmouth/Ashgate Publishing Company, 2004, pp.176-177.

则,但被告人可以以胁迫(第 31 条)、事实错误,尤其是法律错误为由,进行抗辩。过去的国际刑事法庭章程对这些抗辩事由没有明文规定。

在规定排除刑事责任的理由的同时,第 31 条第 2 款规定:对于审理中的案件,本法院应确定本规约规定的排除刑事责任的理由的可适用性。该规定可以弥补《罗马规约》相关规定的不足。第 31 条第 3 款进一步规定,审判时,除可以考虑第 1 款所列的排除刑事责任的理由外,本法院还可以考虑其他排除刑事责任的理由,但这些理由必须以第 21 条规定的可适用的法律为依据。《程序和证据规则》应规定考虑这种理由的程序。第 3 款为法院扩展排除刑事责任的理由打开了方便之门,尽管有违背罪刑法定原则之嫌,但无论如何有利于被告。

三、一事不再理原则

一事不再理是一项重要的刑法原则,其含义是一个人不能以同一行为或同一罪名受到两次或多次审判或处罚。大陆法系国家一般采用拉丁文"ne bis in idem"来表达。普通法系国家一般用"double jeopardy"(双重损害)来表达。①

———————

① 参见刘大群:《"一罪不二审"原则及其在国际刑法中的适用》,《法律适用》2004 年第 10 期。但有人认为"ne bis in idem"和"double jeopardy"是两个不同的法律原则。该人认为,尽管人们采用"ne bis in idem"和"double jeopardy"这两个术语来表达同一个原则,但是在事实上它们颇不相同。虽然这两个术语都是指任何人都不得因同一犯罪而受到两次起诉,但是,"ne bis in idem"是为了保护个人免受"多重起诉,不论起诉当局是谁",而"double jeopardy"则通常适用于"一个特定的法律体系内部的冲突"。一个人不得因同一犯罪受到两次起诉的思想起源于罗马法。该思想在 13 世纪成为英国普通法的一部分。如今大多数国家都遵守这项原则,但是"ne bis in idem"和欧洲大陆的关系更紧密。"double jeopardy" 不包括其他司法系统的先前诉讼。该术语主

在国际刑法中,一事不再理原则是逐渐被得到确认的。《纽伦堡宪章》和《东京宪章》都没有明文规定一事不再理原则。后来的《前南刑庭规约》和《卢旺达刑庭规约》都确认了一事不再理原则。①《罗马规约》在总结过去的立法与实践的基础上,进一步完善了一事不再理原则。

《罗马规约》第20条规定:"(一)除本规约规定的情况外,本法院不得就本法院已经据以判定某人有罪或无罪的行为审判该人。(二)对于第五条所述犯罪,已经被本法院判定有罪或无罪的人,不得因该犯罪再由另一法院审判。(三)对于第六条、第七条或第八条所列的行为,已经由另一法院审判的人,不得因同一行为受本法院审判,除非该另一法院的诉讼程序有下列情形之一:1.是为了包庇有关的人,使其免负本法院管辖权内的犯罪的刑事责任;或2.没有依照国际法承认的正当程序原则,以独立或公正的方式进行,而且根据实际

要在美国使用。美国法院一贯裁定:一个人可以因同一指控在不同的司法管辖系统受到起诉。……美国认为,被告在其他国家受到的起诉不能阻却美国审判被告,除非一项条约对保护被告免受"双重损害"有明确规定。……与美国的做法不同,英国始终坚持认为,另一个国家的无罪判决可以阻却英国法院的诉讼,"因为一个有管辖权的法院所作的最终判决在其他所有具有并行管辖权的法院是排它的"。适用英国普通法的"前经定罪或前经开释(*autrefois convict or acquit*)"原则,是为了避免人们遭受双重损害。"无论基于相同事实的有罪或无罪的先前判决是由英国法院作出,还是由外国法院作出",该原则都可以适用。……"*ne bis in idem*"没有统一的适用标准。一些国家直接适用外国的刑事判决,另一些国家则只在被告被判有罪而不是无罪的情况下才适用该规则。Yitiha Simbeye, *Immunity and International Criminal Law*, Aldershot/Burlington:Ashgate Publishing Company, 2004, pp. 84 – 86. 其中的"前经定罪(*autrefois convict*)",又译为原已定罪,是指被告人的抗辩,说明在本案中对他所指控的罪行,系从前被检控过的罪行,并被法庭定过罪的,如该抗辩属实,即可不再受审。"前经开释(*autrefois acquit*)",又译为原已开释,是指被告人的抗辩,说明在本案中对他所指控的罪行,系从前曾被检控过的罪行,并被法庭判决,结果获得法庭开释。此抗辩是否有效,要看该同一案件受审时是否按刑事程序受审,以及是否因证据不足而获得开释,如果是,即可不再受审。

① 《前南刑庭规约》第10条和《卢旺达刑庭规约》第9条。

情况,采用的方式不符合将有关的人绳之以法的目的。"本条规定的一事不再理原则与第 17 条规定的补充性原则有紧密的逻辑关系,第 17 条规定了案件在调查与起诉阶段的可受理性问题,第 20 条规定了已经审判的案件能否受理的问题。依照第 20 条,国内法院有效处理的案件,法院不再插手。在例外情况下,法院可以审理国内已经审结的案件,以发挥补充作用。

第 20 条第 1 款是针对法院自身而言的,在法院中,凡已审理过的案件,不能再次就同一行为进行审判。这是一事不再理的具体反映。本款中规定的是"行为"(conduct),而不是"犯罪"(crime),这反映了法院判决的"已决性原则"和"不得翻案原则"(estoppel)。① 本款适用的例外情况是《罗马规约》第 81 条关于上诉的规定和第 84 条关于复审的规定。

根据该条第 2 款,法院已审判过的犯罪,另一法院不得就同一犯罪再行审判。该款中使用"犯罪"(crime)而不是"行为"(conduct),这样,国内法院可对法院已作出判决的案件按照其国内法的规定再次进行起诉与审判。② 这种规定或解释不一定符合一事不再理的精神。

根据第 3 款,已被国内法院审判的行为,法院不再审判,除非存在该款第 1、2 项规定的情形之一。该款中又使用了"行为"而不是"犯罪"。有人认为使用"行为"一词,意味着即使这些案件是以普通罪名进行起诉与审判的,法院也不能再审理这些案件。如果允许这样做的话,国内法院很有可能希望根据国内法,按照普通罪名认定本

---

① 参见刘大群:《"一罪不二审"原则及其在国际刑法中的适用》,《法律适用》2004 年第 10 期。

② 参见刘大群:《"一罪不二审"原则及其在国际刑法中的适用》,《法律适用》2004 年第 10 期。

应认定为《罗马规约》规定的灭绝种族罪、危害人类罪、战争罪案件，以此摆脱法院对案件的管辖，如国内法院以杀人罪认定了"危害人类罪"，法院就很难起补充作用了。对此，《前南刑庭规约》第 10 条和《卢旺达刑庭规约》第 9 条都规定，如果被告人的行为被国内法院定性为普通犯罪，仍有可能受到国际法庭的审判。

第 3 款在理解上会产生分歧。其一，如何理解其中的"诉讼程序"（proceedings）一词，它仅指审判阶段还是也包括第 17 条涉及的调查和起诉阶段。不同的理解会产生不同的结论。一方面，如果依字面意思理解，"诉讼程序"似乎仅限于审判阶段，该条的实施将会产生严重的问题。例如，在审判阶段，诉讼程序无任何瑕疵，但调查或起诉不是以独立或公正的方式进行的，或是为了包庇有关的人而进行的，如果这种情况直到审判结束后才发现，将意味着什么？换言之，调查或起诉阶段不是以适当的方式进行的，而审判程序是以善意方式进行的，但审判结果将是不公正的，因为该审判建立在虚假证据基础之上。[1] 在这种情况下，如果"诉讼程序"仅指审判阶段，国际刑事法院就不能审判有关的人。另一方面，如果按照第 17 条的含义去理解，"诉讼程序"应当包括调查和起诉阶段。这样，就会得出不同的结论。此外，如果按照设立法院的目的解释，"诉讼程序"应当包括调查、起诉、审判阶段，其他任何解释都会阻却法院行使管辖权。从前述的两方面看，"诉讼程序"应做扩张解释，才有可能做到法网恢恢、疏而不漏，才能实现法院控诉、审判犯罪并使罪犯不再逍遥法外的目的。否则，会使一部分罪犯漏网，达不到惩罚的预期目的，有悖于设立法院的目的。其二，第 3 款中未提及国家法院是否应当作

---

[1] Mohamed M. El Zeidy, "The Principle of Complementarity: A New Machinery to Implement International Criminal Law", *Michigan Journal of International Law*, Vol. 23, 2002, pp. 935-936.

出判决。如果应当作出判决,应是什么样的判决;是否必须为终局裁决。笔者认为,第 20 条是关于一事不再理的规定,国家法院在审判程序中应当作出判决,并且作出的判决应为发生法律效力的判决,即最终判决。只有确定的判决,才能适用一事不再理原则。如果判决处于效力待定状态,则被告人有罪还是无罪不确定。此时,如果适用一事不再理原则,会违背司法审判的公正原则,补充性原则也会受影响。不过,大陆法系和普通法系对什么是最终判决,存在着不同的实践和观点。在大陆法系的实践中,最终判决的含义是已经"用尽所有的一般救济办法"。即检察官可以就法律问题、事实问题和程序问题进行上诉,在上诉法院作出最终裁决后,才能适用一事不再理原则。在普通法系国家,对被告作出有罪或无罪的判决后,就可以适用一事不再理原则,检察官不得上诉,除非又发现了在审判中得不到的新证据。因此,在普通法系中,一般而言,一审判决后就可适用一事不再理原则。①

四、无罪推定原则

无罪推定(presumption of innocence)经历了一个从政治法律思想到宪法原则和刑事司法原则的嬗变过程。无罪推定原则作为一种政治法律思想,是意大利法学家贝卡利亚首先提出的。贝卡利亚在《犯罪与刑罚》一书中首先指出:"在法官判决之前,一个人是不能被称之为罪犯的,只要还不能断定他已经侵犯了给予他公共保护的契约,社会就不能取消对他的公共保护。""如果犯罪是不肯定的,就不

---

① 参见刘大群:《"一罪不二审"原则及其在国际刑法中的适用》,《法律适用》2004 年第 10 期。

应折磨一个无辜者,因为,在法律看来,他的罪行并没有得到证实。"①后来,一些欧洲国家将无罪推定作为一项法律原则,规定在宪法或宪法性文件中。例如,法国《人权宣言》第9条规定:"任何人在未经判罪前均应假定其为无罪,如非拘禁不可,法律应规定对他采取的严厉措施不得超过为防止他逃脱而必须采取的措施。"意大利1947年《宪法》第27条规定:"被告人在最终定罪之前,不得被认为有罪。"在英美法系国家,无罪推定是一项基本的普通法规则。例如,美国《宪法》第五修正案的"正当法律程序"包含了无罪推定原则。我国的法律也吸收了无罪推定原则的内容。1996年颁布的《刑事诉讼法》第12条规定:"未经人民法院依法判决,对任何人都不得确定有罪。"该规定虽然吸收了无罪推定原则的部分内容,但并未毋庸置疑地明确规定无罪推定原则。该法的其他条款,如第93条、第128条、第162条、第165条和第166条等,还包含了与无罪推定原则相悖的内容。

一些国际或区域性人权公约也确认了无罪推定原则。1948年联合国大会通过的《世界人权宣言》是规定该项原则的第一个国际法文件。该宣言第11条第1款规定:"凡受刑事控告者,在未经获得辩护上所需的一切保证的公开审判而依法证实有罪以前,有权被视为无罪。"随后,1966年联合国通过的《公民权利和政治权利国际公约》再次确认了无罪推定原则。该公约第14条第2款规定:"凡受刑事控告者,在未依法证实有罪之前,应有权被视为无罪。"此外,一些区域性人权公约也规定了无罪推定原则。

《罗马规约》第66条明文规定了无罪推定原则。该条规定:

① [意]贝卡利亚:《论犯罪与刑罚》,黄风译,中国大百科全书出版社1993年版,第31页。

"（一）任何人在本法院被依照适用的法律证明有罪以前,应推定无罪。（二）证明被告人有罪是检察官的责任。（三）判定被告人有罪,本法院必须确信被告人有罪已无合理疑问。"其中,第1款规定了无罪推定的含义;第2款和第3款分别规定了确定被告有罪的证明责任和证明标准。《罗马规约》的其他条款也相应地规定了和无罪推定原则相关的内容。①

　　无罪推定的出发点是确保诉讼程序公正、公平,确定被告人在刑事诉讼中的主体地位,使被告享有与原告对等的诉讼地位,享有以辩护权为核心的各项诉讼权利;无罪推定原则下的证明责任由检察官承担。根据无罪推定原则,犯罪嫌疑人或被告人的法律地位预先被推定为无罪状态。因此,证明犯罪嫌疑人或被告人有罪的责任便责无旁贷地落在了控诉方的肩上,辩护方不承担证明被告人有罪的责任,辩护方提出事实和证据的行为是行使辩护权的行为,不是履行证明责任的行为;无罪推定原则下的证明责任与证明标准有密切的关系。如果只有证明责任,没有证明标准,那么,被告人的权利仍然得不到真正的保护,被告人仍有可能被恣意定罪。只有证明责任达到高标准的证明程度,被告人的权利才能得到切实的保障。证明的标准应达到"排除合理怀疑"的程度;如果最终不能"排除合理怀疑",则应遵循"疑罪从无"的规则。

---

① 《罗马规约》第55条第2款规定了沉默权;第59条和第60条规定了暂时释放权;第67条专门规定了被告人的各项权利;第74条规定了认定被告人有罪的条件;第81条规定了上诉的条件。

第二节　国际刑事法院适用的法律

迄今为止,在国际司法机构中,只有国际法院和国际刑事法院的组织章程对法律适用作了明文规定。①《国际法院规约》第 38 条规定:"1.法院对于陈述各项争端,应依国际法裁判之,裁判时应适用:(子)不论普通或特别国际协约,确立诉讼当事国明白承认之规条者。(丑)国际习惯,作为通例之证明而经接受为法律者。(寅)一般法律原则为文明各国承认者。(卯)在第五十九条规定之下,②司法判例及各国权威最高之公法家学说,作为确定法律原则之补助资料者。2.前项规定不妨碍法院经当事国同意本'公允及善良'原则裁判案件之权。"《国际刑事法院规约》第 21 条规定:"(一)本法院应适用的法律依次为:1.首先,适用本规约、《犯罪要件》和本法院的《程序和证据规则》。2.其次,视情况适用可予适用的条约及国际法原则和规则,包括武装冲突国际法规确定的原则。3.无法适用上述法律时,适用本法院从世界各法系的国内法,包括适当时从通常对该犯罪行使管辖权的国家的国内法中得出的一般法律原则,但这些原则不得违反本规约、国际法和国际承认的规范和标准。(二)本法院可以适用其以前的裁判所阐释的法律原则和规则。(三)依照本条适用和解释法律,必须符合国际承认的人权,而且不得根据第七条第三款所界定的性别、年龄、种族、肤色、语言、宗教或信仰、政见或其他见解、

---

① 1920 年的《常设国际法院规约》对常设国际法院应适用的法律作了规定,但随着该法院的解散,该规约早已失效。

② 《国际法院规约》第 59 条规定:法院之裁判除对于当事国及本案外,无拘束力。

民族本源、族裔、社会出身、财富、出生或其他身份等作出任何不利区别。"

一、国际刑事法院与国际法院法律适用的不同

从《国际刑事法院规约》第 21 条和《国际法院规约》第 38 条的规定看,主要包括以下不同点:

(一)《国际刑事法院规约》规定了国际刑事法院可适用的法律的层级体系;《国际法院规约》并未规定可适用法律的先后次序。

(二)《国际刑事法院规约》和《国际法院规约》中的"一般法律原则"的含义不完全相同。前者规定的"一般法律原则"包括从各法系的国内法中得出的"一般法律原则",以及从对案件有管辖权的国家的国内法中得出的一般法律原则,并且对"一般法律原则"规定了限制条件;后者只是概括地规定了文明各国承认的"一般法律原则"。

(三)《国际刑事法院规约》规定,缔约国大会制定的《程序和证据规则》有法律效力,国际刑事法院应当适用;《国际法院规约》无此规定。

(四)《国际刑事法院规约》为了避免有违"罪刑法定原则"之嫌,未明确提及"国际习惯";《国际法院规约》明确规定"国际习惯"是可适用的法律渊源。

(五)《国际刑事法院规约》规定,国际刑事法院可以适用其以前的裁判所阐释的法律原则和规则,从而肯定了判例法的地位;《国际法院规约》第 59 条规定,法院之裁判除对于当事国及本案外,无拘束力。

(六)《国际刑事法院规约》为国际刑事法院规定了适用和解释

法律的标准,即"必须符合国际承认的人权",并且不得有任何歧视;《国际法院规约》无此规定。

二、国际刑事法院适用的法律

国际刑事法院可适用的法律应从两方面考虑:

(一)《国际刑事法院规约》第 10 条与第 21 条的关系。第 10 条和第 21 条的关系是限制与被限制的关系,①第 10 条为适用法律的一般原则,第 21 条为特殊性规定。第 10 条意味着缔约国可以适用第 10 条中的法律,包括《国际法院规约》第 38 条规定的法律渊源,而不受第 21 条的限制,也不会利用第 21 条规避其他国际法的适用。

(二)国际刑事法院可适用法律的层级体系。第 21 条规定了国际刑事法院可适用的法律的层级体系。罗列在先的法律必须优先适用,在不存在该法律时,方可适用排列在后的法律。国际刑事法院必须从一个法律渊源到另一个法律渊源逐一进行查找,直至找到可适用的规则为止。国际刑事法院可适用的法律依次为:①《罗马规约》、《犯罪要件》与《程序和证据规则》。该三个文件的法律地位不同。《罗马规约》是国际条约,是当然的法律渊源。《犯罪要件》与《程序和证据规则》都是由国际刑事法院预备委员会起草并经缔约国大会通过的文件,但法律效力不同。根据《罗马规约》第 9 条的规定,国际刑事法院在解释和适用第 6、7、8 条时,由《犯罪要件》起辅助作用;《犯罪要件》及其修正应符合《罗马规约》。事实上,《犯罪要

---

① 第 21 条应当和第 10 条的内容合并,但是由于包含第 10 条的第二部分不是由起草委员会起草的,而是直接交给了全体委员会,所以最终这两个条文没有合并。参见[美] M.谢里夫·巴西奥尼:《国际刑法导论》,赵秉志、王文华等译,法律出版社 2006 年版,第 424 页。第 10 条规定:"除了为了本规约的目的以外,本编的任何规定不得解释为限制或损害现有或发展中的国际法规则。"

件》不具有法律约束力。至于《犯罪要件》是否符合《罗马规约》,只能由法院在具体案件中予以断定。根据《罗马规约》第51条的规定,《程序和证据规则》在缔约国通过后生效;①《程序和证据规则》若与《罗马规约》有冲突之处,以《罗马规约》为准。依据该条中"生效"的措辞,《程序和证据规则》具有法律约束力。②可适用的条约、国际法的原则和规则。在《罗马规约》的谈判中,除《罗马规约》之外的条约的作用问题是一个棘手的问题。由于还没有解决是否将所谓的"条约犯罪(treaty crimes)"纳入国际刑事法院管辖权范围内的问题,所以很难决定仅适用"可直接适用的(directly applicable)"条约还是适用"相关的(relevant)"条约。对《维也纳条约法公约》是可适用的还是仅为相关的条约也有争论。同样,对《联合国禁止酷刑公约》,尤其是如果《罗马规约》中关于酷刑的定义与该公约的定义不同时,是可适用的还是相关的条约,进行了讨论。最终,第21条第1款第2项中使用了"可予适用的条约及国际法的原则和规则"的措辞。② ③无法适用上述法律时,适用法院从世界各法系的国内法,包括适当时从通常对该犯罪行使管辖权的国家的国内法中得出的一般法律原则,这些原则应符合《罗马规约》、国际法和国际承认的规范

---

① 《程序和证据规则》中对该文件的脚注为"说明:《程序和证据规则》是适用《国际刑事法院罗马规约》的文书,在任何情况下均从属于《规约》。在拟订《程序和证据规则》时,已注意避免改写和尽可能避免复述《规约》的规定。《规则》在适当之处提及与《规约》直接有关的条文,以根据第五十一条,特别是第四款和第五款的规定,强调《规则》和《罗马规约》之间的关系。在任何情况下均应参照《规约》的规定理解《程序和证据规则》,并以《规约》的规定为准。《国际刑事法院程序和证据规则》不影响任何国内法院或司法系统适用于国内诉讼程序的程序规则。"

② Per Saland, "International Criminal Law Principles", in Roy S.Lee(ed.), *The International Criminal Court: The Making of the Rome Statute: Issues, Negotiations, Results*, The Hague: Kluwer Law International, 1999, p.215.

和标准。① 除上述三个层级的法律渊源之外,国际刑事法院还可以适用其先前裁判所阐释的法律原则和规则。该判例法渊源不受层级体系的限制,可以和上述任一层级的法律渊源结合适用,也可以单独适用。根据第 21 条第 3 款的规定,法院在解释和适用任一法律渊源时,必须符合国际承认的人权,并且不得根据《罗马规约》第 7 条第 3 款所界定的性别、年龄、种族、肤色、语言、宗教或信仰、政见或其他见解、民族本源、族裔、社会出身、财富、出生或其他身份等作出任何不利区别。

---

① 在《罗马规约》的谈判中,各代表团之间对国内法的直接适用性存在很大分歧。一些代表团认为国内法可以直接适用;另一些代表团则认为,法院可以适用从各法系得出的共同原则,国内法仅是间接渊源。在讨论中,大多数代表团支持后一种方案,该方案随后规定在第 21 条第 1 款第 3 项中,但日本(后来改变了立场)、中国、部分阿拉伯国家和以色列强烈支持前一种观点。在罗马会议期间,国内法的地位问题以妥协方案得以解决。Per Saland, "International Criminal Law Principles", in Roy S. Lee (ed.), *The International Criminal Court*: *The Making of the Rome Statute*: *Issues*, *Negotiations*, *Re-sults*, The Hague: Kluwer Law International, 1999, p.214.

本章结语

本章所论述的几项刑法原则，都是国内法中早已发展成熟的刑法原则。因此，在《罗马规约》的谈判中，对这些原则争议不大。但是，由于规定这些原则具体内容的部分条款和《罗马规约》中的其他条款一样，都是各代表团妥协意志的产物，所以，其中部分条款不乏重叠、交叉、模糊或不合理之处，这些缺陷有待于国际刑事法院在实践中进一步完善。

由于国际刑法是国际法的一个分支，国际法的原则也应当是国际刑事法院应当遵守的原则。关于国际法原则的研究已臻于成熟，本书不予赘述。

国际刑事法院可适用法律的问题在实践中是一个极为复杂的问题，加之，可适用的一些法律在国际法中还未达到固定和完善的阶段，需要国际刑事法院在实践中进一步加以补充和完善。

第三章
国际刑事法院管辖的罪行

　　国际刑事法院管辖的犯罪是国际犯罪,①但并非所有的国际犯罪。依据《罗马规约》第 5 条的规定,国际刑事法院管辖的是整个国际社会关注的最严重的核心犯罪,即灭绝种族罪、危害人类罪、战争罪和侵略罪。②

---

①　据统计,自 1815 年至 1999 年的 276 个公约中包括 27 种犯罪。它们是:(1)侵略罪;(2)灭绝种族罪;(3)危害人类罪;(4)战争罪;(5)攻击联合国及相关人员罪;(6)非法持有和/或者使用武器罪;(7)盗窃核材料罪;(8)外国雇佣兵罪;(9)种族隔离罪;(10)奴役及与奴役相关罪;(11)酷刑罪;(12)非法人体实验罪;(13)海盗罪;(14)劫持航空器罪;(15)危害民用航海安全罪;(16)侵犯国际保护人员罪;(17)劫持人质罪;(18)破坏邮政秩序罪;(19)核恐怖主义犯罪;(20)资助恐怖主义犯罪;(21)非法贩运毒品和危险物品罪;(22)破坏和/或盗窃国家珍贵文物和文化遗产罪;(23)危害特定环境因素罪;(24)国际贩卖淫秽物品罪;(25)伪造、变造货币罪;(26)非法干扰海底电缆罪;(27)贿赂外国官员罪。参见[美]谢里夫·巴西奥尼:《普遍管辖权的历史回顾:从起诉海盗罪到当前普遍管辖权的理论与实践》,王秀梅译,载赵秉志、卢建平主编:《国际刑法评论》(第 1 卷),中国人民公安大学出版社 2006 年版,第 29—30页。

②　国际法委员会于 1994 年完成的《罗马规约草案》将国际刑事法院可以行使管辖权的犯罪分为两类:第一类包括灭绝种族罪、侵略罪、严重违反可适用于武装冲突的法律和惯例的行为以及危害人类罪;第二类是有关的条约确立的一系列犯罪,包括严重违反《1949 年日内瓦四公约》及其《1977 年第一附加议定书》的行为、种族隔离罪、酷刑罪以及某些恐怖主义行为和非法贩卖毒品的行为。在规约草案的后期讨论中,将这两类犯罪分别归为闻名的“核心犯罪”和“条约犯罪”两大类。依据设立国际刑事法院特设委员会的报告,在谈判初期,为了使国际刑事法院获得最广泛的支持以及增强该法院的可信度和道德权威,谈判者明显地倾向于将国际刑事法院的管辖权限定于

110

本章主要论述《罗马规约》规定的各类犯罪的历史演变、《罗马规约》中的各类犯罪定义以及关于各类犯罪的争议。其中,关于各类犯罪的争议似乎最终都达成了妥协,但是这并未满足部分国家的意愿,事实上分歧并未完全解决,他们因此未加入《罗马规约》,这为以后继续谈判有关问题埋下了伏笔。因此,十分有必要论及有关各犯罪的争议问题。

第一节 灭绝种族罪

灭绝种族的行为在人类历史上早已存在,到了 20 世纪,这种行为愈演愈烈。例如,在第一次世界大战期间的 1915 年至 1916 年奥斯曼帝国对亚美尼亚人的毁灭行为,纳粹德国对犹太人的大屠杀行为,以及 20 世纪 90 年代发生在前南境内的种族清洗和卢旺达境内的大屠杀事件等,都是典型的大规模的灭绝种族的行为。

核心犯罪。但是,对于"核心犯罪"概念的理解并不一致,一些代表团将一种或两种条约犯罪视为核心犯罪,这里特指的是与恐怖主义和贩卖毒品有关的犯罪。在罗马会议召开时,将讨论中的犯罪按照概念分为三类:第一类是一致同意将其纳入规约的犯罪,即灭绝种族罪、危害人类罪和战争罪。第二类仅为侵略罪,代表团对将其纳入规约的必要性和可行性存在疑问。第三类是条约犯罪,即恐怖主义犯罪、贩卖毒品罪和违反《关于联合国人员和有关人员安全的公约》的行为。显然,大多数国家一致反对将条约犯罪,尤其是前两种条约犯罪纳入《规约》,因为它们被广泛视为是具有不同特征的犯罪,对于这些犯罪,有效的国际合作制度已经发挥着应有的作用。Herman von Hebel and Darryl Robinson, "Crimes within the Jurisdiction of the Court", in Roy S. Lee (ed.), *The International Criminal Court: The Making of the Rome Statute: Issues, Negotiations, Results*, The Hague: Kluwer Law International, 1999, pp. 80–81.

一、灭绝种族罪的历史演变

法学家拉斐尔·莱姆金(Raphael Lemkin)在描述德国如何对待被占领欧洲的居民时,首次使用了"灭绝种族(genocide)"一词。该词由希腊语"*genos*"(种族或部落)和拉丁语"*cide*"(屠杀)两部分组成。① 莱姆金认为,"灭绝种族"是"旨在摧毁各民族群体生命的根基、以便使这些群体像患有枯萎病的植物一样枯萎和死亡的一套系统方案"。② 他还认为,在两次世界大战之间确立的保护国内少数民族的条约制度存在严重缺陷,其中没有关于起诉针对各种群体实施的犯罪行为的规定。③

《纽伦堡宪章》或纽伦堡法庭的判决书中没有特别提到"灭绝种族"一词,但该词出现在纽伦堡法庭的起诉书中,检察方多次提到过该词。如今,众所周知,纽伦堡法庭实际上是以危害人类罪的名义起诉灭绝种族罪的。这是20世纪90年代设立前南刑庭和卢旺达刑庭之前对实施该罪的行为人仅有的一次起诉。④

1946年12月联合国大会通过第96(Ⅰ)号决议确认,"灭绝种族是为所有文明国家所厌弃诟病的国际罪行。任何人,不管是个体或是国家官员,只要其基于民族、国家、宗教或其他原因犯有此罪,均

---

① Kriangsak Kittichaisaree, *International Criminal Law*, Oxford: Oxford University Press, 2001, p.67.

② David Charter, *War Crimes: Confronting Atrocity in the Modern World*, Boulder/London: Lynne Rienner Publishers, 2003, p.81.

③ William A. Schabas, *An Introduction to the International Criminal Court*, Cambridge: Cambridge University Press, 2001, p.29.

④ Kriangsak Kittichaisaree, *International Criminal Law*, Oxford: Oxford University Press, 2001, p.67.

应承担刑事责任并接受惩罚"。① 联合国大会同时决定起草关于灭绝种族的条约。在当时,人们考虑到,为了将灭绝种族行为与危害人类罪加以区别,将灭绝种族行为界定为一种独立的犯罪很重要。虽然危害人类罪包含一系列更为广泛的暴行,但它也有狭窄的一面,因为当时普遍认为,危害人类罪只能在国际性武装冲突中实施。联合国大会想要走得更远,它承认一种暴行,即灭绝种族行为,即使在和平时期实施,也能构成一种国际犯罪。然而,付出的代价是,该罪的主观要件和物质要件的定义都过于狭窄。② 该定义规定在 1948 年的《防止及惩治灭绝种族罪公约》中,该公约本身被称为典型的人权条约。

国际社会"认为有史以来,灭绝种族行为殃祸人类至为惨烈;深信欲免人类再遭此类狞恶之浩劫,国际合作实所必需"。③ 为此,1948 年 12 月 9 日联合国大会通过了《防止及惩治灭绝种族罪公约》。④ 该公约正式确认灭绝种族行为,不论发生于平时或战时,均系国际法上的一种罪行。⑤ 该公约第 2 条规定:"本公约内灭绝种族系指蓄意全部或局部消灭某一民族、人种、种族或宗教团体,犯有下列行为之一者:(a)杀害该团体的成员;(b)致使该团体的成员在身体上或精神上遭受严重伤害;(c)故意使该团体处于某种生活状况下,以毁灭其全部或局部的生命;(d)强制施行办法,意图防止该团体内的生育;(e)强迫转移该团体的儿童至另一团体。"在 1951 年,

---

① 联合国大会决议第 96 号(1946)。转引自罗海珊:《灭绝种族罪的学理分析》,载赵秉志、卢建平主编:《国际刑法评论》(第 1 卷),中国人民公安大学出版社 2006 年版,第 95 页。

② William A. Schabas, *An Introduction to the International Criminal Court*, Cambridge: Cambridge University Press, 2001, p. 30.

③ 《防止及惩治灭绝种族罪公约》序言。

④ 《防止及惩治灭绝种族罪公约》于 1951 年生效,迄今为止有 130 多个签署国。

⑤ 《防止及惩治灭绝种族罪公约》第 1 条。

国际法院在关于《防止及惩治灭绝种族罪公约》保留问题的咨询意见中指出,该灭绝种族罪的定义体现了习惯国际法。①

20世纪90年代制定的《前南刑庭规约》第4条第2款和《卢旺达刑庭规约》第2条第2款几乎逐字照搬了《防止及惩治灭绝种族罪公约》关于灭绝种族罪的定义。《前南刑庭规约》第4条第2款规定:"灭绝种族指蓄意全部或局部消灭某一民族、人种、种族或宗教团体,犯有下列行为之一:(a)杀害该团体的成员;(b)致使该团体的成员在身体上或精神上遭受严重伤害;(c)故意使该团体处于某种生活状况下,以毁灭其全部或局部的生命;(d)强制施行办法,意图防止该团体内的生育;(e)强迫转移该团体的儿童至另一团体。"《卢旺达刑庭规约》第2条第2款规定:"灭绝种族指蓄意全部或局部消灭某一民族、人种、种族或宗教团体,犯有下列行为之一:(a)杀害该团体的成员;(b)致使该团体的成员在身体上或精神上遭受严重伤害;(c)故意使该团体处于某种生活状况下,以毁灭其全部或局部的生命;(d)强制施行办法,意图防止该团体内的生育;(e)强迫转移该团体的儿童至另一团体。"同时,前南刑庭和卢旺达刑庭也将灭绝种族罪的规定适用于司法实践,这意味着《防止及惩治灭绝种族罪公约》自1948年诞生以来首次得到适用。

二、《罗马规约》中的灭绝种族罪

《罗马规约》第6条规定:"为了本规约的目的,'灭绝种族罪'是

---

① I.C.J.Reports(1951),at 15,Quoted in Herman von Hebel and Darryl Robinson,"Crimes within the Jurisdiction of the Court",in Roy S.Lee(ed.),*The International Criminal Court:The Making of the Rome Statute:Issues,Negotiations,Results*,The Hague:Kluwer Law International,1999,p.89.

指蓄意全部或局部消灭某一民族、族裔、种族或宗教团体而实施的下列任何一种行为:1.杀害该团体的成员;2.致使该团体的成员在身体上或精神上遭受严重伤害;3.故意使该团体处于某种生活状况下,毁灭其全部或局部的生命;4.强制施行办法,意图防止该团体内的生育;5.强迫转移该团体的儿童至另一团体。"该条的规定基本上全盘照搬了《防止及惩治灭绝种族罪公约》第 2 条关于灭绝种族罪的定义。唯一的不同是,为了使该条在结构上与同样规定犯罪定义的其他条文保持一致,增加了"为了本规约的目的"的措辞。

三、关于灭绝种族罪的争议

在《罗马规约》的起草过程中,灭绝种族罪是争议最少的犯罪。国际法委员会于 1994 年出台的《罗马规约草案》将灭绝种族罪作为国际刑事法院管辖范围内的犯罪之一。国际法委员会没有对该罪作出界定,但国际法委员会在其评论中指出,1948 年《防止及惩治灭绝种族罪公约》对该罪作了"明确而又权威的界定"。[①]

在 1995 年特设委员会谈判之初,谈判者普遍支持将灭绝种族罪规定在《罗马规约》中。1996 年,在筹备委员会讨论期间,少数代表团提出应扩充灭绝种族罪的定义。其中,埃及的建议最有影响。埃及提出要将"政治和社会团体"添加到灭绝种族罪的定义中去,但没有获得通过。[②] 事实上,基于政治理由对任何可以识别的团体或集

---

① Herman von Hebel and Darryl Robinson, "Crimes within the Jurisdiction of the Court", in Roy S.Lee(ed.), *The International Criminal Court: The Making of the Rome Statute: Issues, Negotiations, Results*, The Hague: Kluwer Law International, 1999, p.89.

② Herman von Hebel and Darryl Robinson, "Crimes within the Jurisdiction of the Court", in Roy S.Lee(ed.), *The International Criminal Court: The Making of the Rome Statute: Issues, Negotiations, Results*, The Hague: Kluwer Law International, 1999, p.89.

体进行迫害的行为,在《罗马规约》第 7 条第 1 款第 8 项中以"危害人类罪"作了规定,但关于添加"社会团体"的提议未得到满足。

第二节　危害人类罪

一、危害人类罪的历史演变

与"危害人类罪(crimes against humanity)"有关的词语"人道"(humanity)、"人道法"(laws of humanity)和"人道之要求"(dictates of humanity),可以追溯到马尔顿斯条款(Martens' Clause)。马尔顿斯条款是指《陆战法规和惯例公约》(1899 年 7 月 29 日第一次海牙和平会议第二公约和 1907 年 10 月 18 日第二次海牙和平会议第四公约)前言中的下述条款:"更加完备之战争法典之编成有待于他日,但就今日论,缔约各国认为应宣言者如下:凡遇有本条文中未规定之事项,则有种种国际法之原则,从文明人民之惯例上,从人道之原则上,自良心之要求上,发生事变之两交战国与其人民之间,应在此原则之保护与支配之下。"①

---

① 日本国际法学会编:《国际法辞典》,世界知识出版社 1985 年版,第 36 页。该条款的英文表述为:paragraph 8 of the Preamble to the 1907 Hague Convention Ⅳ Respecting the Laws and Customs of War on Land provides that they declare,among other things,that ' the inhabitants and belligerents remain under the protection and governance of the principles of the law of nations,derived from the usages established among civilized peoples,from the laws of humanity,and from the dictates of the public conscience'. Quoted in Kriangsak Kittichaisaree, *International Criminal Law*,Oxford:Oxford University Press,2001,p.85. 1899 年第一次海牙和平会议时,担任第二委员会第二小组委员会主席的俄国代表马尔顿斯在同年 6 月 20 日召开的第 11 次会议上以主席身份宣读了一项声明。该声明的第三节(与上述条款内容基本相同)的内容被写进了上述公约的前言,因此被称为马尔顿斯条款。

马尔顿斯条款中虽然出现了"人道法"这一术语,但这和刑事责任没有关系。

"危害人类罪"一词最早可以追溯到 1915 年(当时是在非法律意义上使用的),1915 年 5 月 28 日法、英、俄三国政府发表的谴责土耳其对亚美尼亚人大屠杀的宣言指出:土耳其屠杀亚美尼亚人的行为属于"反人道和反文明罪(crimes against humanity and civilization),土耳其政府的所有成员以及参与大屠杀的政府代理人都应当为这些犯罪承担责任"。① 第一次世界大战后,在巴黎召开的 1919 年和平筹备会议上设立的关于战争发动者责任和刑罚执行委员会在对战争罪犯进行了广泛的调查后,曾寻求以"危害人类罪"起诉土耳其官员和其他人,所依据的是 1907 年《海牙公约》前言中的"马尔顿斯条款"中的"人道法(the laws of humanity)",但遭到了该委员会中美国人的反对,美国人认为"人道法"太模糊,不能构成可以强制执行的司法标准。②

危害人类罪作为罪名,第一次在法律意义上得以正式使用,则是 1945 年以后之事。1945 年的《纽伦堡宪章》和 1946 年的《东京宪章》首次以国际法律文件的形式规定危害人类罪是应当惩罚的犯罪。《纽伦堡宪章》第 6 条第 3 款规定:"违反人道罪:在战前或战时,对平民施行谋杀、歼灭、奴役、放逐及其他任何非人道行为;或基于政治的、种族的或宗教的理由,而为执行或有关于本法庭裁判权内之任何犯罪而作出的迫害行为,至于其是否违反犯罪地之国内法则在所不问。"1946 年 12 月 11 日联合国大会第 95(2)号决议通过的

---

① Kriangsak Kittichaisaree, *International Criminal Law*, Oxford: Oxford University Press, 2001, p.85.

② 参见[美]M.谢里夫·巴西奥尼:《国际刑法导论》,赵秉志、王文华等译,法律出版社 2006 年版,第 336—337 页;Robert Cryer, *Prosecuting International Crimes: Selectivity and International Criminal Law Regime*, Cambridge: Cambridge University Press, 2005, p.248.

《纽伦堡原则》原则六第 3 项规定:"反人道罪:对任何平民居民进行谋杀、生物实验、放逐和其他非人道行为,或基于政治、种族、宗教背景的迫害,而此类行为已实施或此类迫害已执行或此类行为与任何反和平罪或任何战争犯罪相关联。"从这两个文件的规定看,违反人道罪必须与反和平罪或战争罪之间有关联时,才能成立。① 1945 年 12 月 20 日的管制委员会《第 10 号法令》对违反人道罪的定义是:"暴行和罪行,包括但不限于针对任何平民人口实施的谋杀、灭绝、奴役、驱逐、监禁、酷刑、强奸或其他不人道行为,或基于政治、种族或宗教理由的迫害,不论是否违反犯罪地国的国内法。"②《第 10 号法令》对违反人道罪的定义与《纽伦堡宪章》存在不同之处。《第 10 号法令》不要求违反人道罪必须与反和平罪或战争罪有关联,它可以独立存在;《第 10 号法令》将"监禁、酷刑和强奸"增加为违反人道罪的行为,扩充了该罪的定义。《东京宪章》第 5 条第 3 款规定:"违反人道罪:指战争发生前或战争进行中针对任何平民人口之杀害、灭种、奴役、强迫迁徙,以及其他不人道行为,或基于政治上或种族上的理由而进行旨在实现有关本法庭管辖范围内任何罪行的迫害行为,不论这种行为是否违反行为地国家的国内法。凡参与上述任何罪行之共同计划或阴谋之领导者、组织者、教唆者与共谋者,对于任何人为实现此种计划而作出的一切行为均应负责。"《东京宪章》对违反人道罪的定义和《纽伦堡宪章》的规定基本相同,不同之处在于:《东

---

① 在伦敦会议上,尽管代表们对规定违反人道罪几乎没有争议,但对其定义颇有分歧。一些代表担忧违反人道罪适用于和平时期,杰克逊提出,违反人道罪应与法院管辖的其他犯罪(战争罪或破坏和平)存在关联,从而消除了这种担忧。这样做的原因倒不是担忧会遭到以"法无明文规定不为罪"为理由的指控,只是担忧会遭到"你也一样 (tu quoque)"的指控。Robert Cryer, *Prosecuting International Crimes: Selectivity and International Criminal Law Regime*, Cambridge: Cambridge University Press, 2005, p.248.

② 36 ILR 31. Quoted in Kriangsak Kittichaisaree, *International Criminal Law*, Oxford: Oxford University Press, 2001, p.87.

京宪章》未规定"宗教的理由",而后者则有此规定;东京法庭在开庭前修改了宪章,删除了"针对任何平民人口"的措辞。这一内容在第一章已有阐述。

《前南刑庭规约》和《卢旺达刑庭规约》都对危害人类罪作了规定。《前南刑庭规约》第 5 条(危害人类罪)规定:"国际法庭应有权对国际或国内武装冲突中犯下下列针对平民的罪行负有责任的人予以起诉:(a)谋杀;(b)灭绝;(c)奴役;(d)驱逐出境;(e)监禁;(f)酷刑;(g)强奸;(h)基于政治、种族、宗教原因而进行的迫害;(j)其他不人道行为。"虽然该条规定的危害人类罪是仅限于在武装冲突中实施的犯罪,但不能依此将"与武装冲突的联系"理解为危害人类罪的成立标准之一。因为前南刑庭管辖的犯罪本身与武装冲突密不可分,该法庭管辖的危害人类罪是在特定的武装冲突中实施的,《前南刑庭规约》针对该特定事件对危害人类罪的界定不具有普遍性。何况,前南刑庭在实践中并未要求危害人类罪必须与武装冲突有关联。前南刑庭在塔迪奇案中曾指出:"目前习惯国际法已确立的规则是危害人类罪不需要与武装冲突有任何联系。确实正如检察官所指出的那样,习惯国际法并不要求危害人类罪与任何冲突存在联系。因此,如果要求危害人类罪必须在国内或国际的武装冲突中实施,安理会可能规定的第 5 条的罪行比习惯国际法所必需的范围要更狭窄。"①较之于《前南刑庭规约》,《卢旺达刑庭规约》对危害人类罪的规定更为详细。《卢旺达刑庭规约》第 3 条(危害人类罪)规定:"卢旺达国际法庭应有权对在广泛或有系统地针对任何民族、政治、人种、种族或宗教团体的平民人口进行的攻击中,作为攻击的一部分实施了下

---

① 　检察官诉塔迪奇案,IT-94-1,前南国际刑庭 1995 年 10 月 2 日初审判决书。转引自刘大群:《论危害人类罪》,载武汉大学国际法研究所:《武大国际法评论》(第四卷),武汉大学出版社 2006 年版,第 10 页。

列犯罪行为而负有责任的人进行起诉:(1)谋杀;(2)灭绝;(3)奴役;(4)驱逐出境;(5)监禁;(6)酷刑;(7)强奸;(8)基于政治、种族、宗教原因而进行的迫害;(9)其他不人道行为。"与《纽伦堡宪章》、《东京宪章》及《前南刑庭规约》相比较,《卢旺达刑庭规约》对危害人类罪有不同规定:一是不要求危害人类罪必须与武装冲突有关联;二是特别强调针对"民族、政治、人种、种族或宗教团体"的歧视性意图是危害人类罪成立的条件。以往的相关文件除了对危害人类罪中的迫害行为,要求行为人具备歧视性意图外,对其他所有危害人类罪的行为都无此要求。《卢旺达刑庭规约》是为了特别应对 1994 年发生在卢旺达境内的胡图族人对图西族人的大屠杀事件而制定的。在该事件中,胡图族人对图西族人的屠杀行为具有基于"种族、政治"等理由的歧视性意图。因此,《卢旺达刑庭规约》对危害人类罪与行为人歧视性意图的关联性要求,不具有普遍性。亦即,在其他情形下,除了迫害行为之外,"歧视性意图"不是危害人类罪成立的条件之一。

1996 年国际法委员会第 48 届会议通过的《危害人类和平及安全治罪法草案》第 18 条(危害人类罪)规定:危害人类罪是有计划或大规模实行由某一政府或任何组织或团体唆使或指挥的任何下列行为:(a)谋杀;(b)灭绝;(c)酷刑;(d)奴役;(e)基于政治、种族、宗教或族裔理由的迫害;(f)基于种族、族裔或宗教理由侵犯人类的基本权利和自由,致使全体居民中的一部分处于严重不利地位的体制化歧视;(g)任意驱逐出境或强迫迁移人口;(h)任意监禁;(i)强迫人员失踪;(j)强奸、强迫卖淫和其他形式的性侵犯;(k)其他非人道行为,严重破坏肉体或精神的完整性、健康或人类尊严,如截肢和严重的肢体损害。[①]

---

① 参见赵永琛编:《国际刑法约章选编》,中国人民公安大学出版社 1999 年版,第 79—80 页;刘大群:《论危害人类罪》,载武汉大学国际法研究所:《武大国际法评论》(第四卷),武汉大学出版社 2006 年版,第 5 页。

从前述的几个国际法文件对危害人类罪的规定看,没有任何两个定义是完全相同的。管制委员会《第10号法令》和《东京宪章》对危害人类罪所下的定义与《纽伦堡宪章》的规定存在差异;《前南刑庭规约》中危害人类罪的定义与该三个文件的规定不完全相同;《卢旺达刑庭规约》的相关规定与《前南刑庭规约》的规定之间也有不同之处。其中的任何一个定义都不具有广泛的代表性,但对以后起草相关文件具有历史的借鉴意义。

二、《罗马规约》中的危害人类罪

根据《罗马规约》第7条第1款的规定,危害人类罪是指在广泛或有系统地针对任何平民人口进行的攻击中,在明知这一攻击的情况下,作为攻击的一部分而实施的下列任何一种行为:①谋杀;②灭绝;③奴役;④驱逐出境或强行迁移人口;⑤违反国际法基本原则,监禁或以其他方式严重剥夺人身自由;⑥酷刑;⑦强奸、性奴役、强迫卖淫、强迫怀孕、强迫绝育或严重程度相当的任何其他形式的性暴力;⑧基于政治、种族、民族、族裔、文化、宗教、第三款所界定的性别,或根据公认为国际法不容的其他理由,对任何可以识别的团体或集体进行迫害,而且与任何一种本款提及的行为或任何一种本法院管辖权内的犯罪结合发生;⑨强迫人员失踪;⑩族隔离罪;⑪故意造成重大痛苦,或对人体或身心健康造成严重伤害的其他性质相同的不人道行为。和以前的相关文件相比较,《罗马规约》关于危害人类罪的定义更广泛、更详尽、更精确。

《罗马规约》既不要求危害人类罪与武装冲突存在联系,也不要求危害人类罪的所有行为必须具备歧视性理由,但是基于习惯国际法的考虑,要求其中的迫害行为必须与危害人类罪的其他行为或国际刑事法院管辖权内的其他任何犯罪有关联。据此,迫害罪的犯罪构成必须达到更高的标准,对迫害罪的举证也会因此变得更加困难。

依据第7条的规定,危害人类罪的构成必须具备四个条件:其一,危害人类罪必须是广泛地或有系统地实施的攻击。其中,在"广泛地"和"有系统地"这两个条件之间,只要具备其中任何一个条件,就可以构成危害人类罪。卢旺达国际刑庭在阿卡耶苏案中曾对"广泛地"和"有系统地"作了解释。"广泛地"是指"大批的、经常性的和大规模的行为,集体实施并具有相当的严重性并针对许多受害人",而"有系统地"是指"在共同政策的基础上并涉及实质性的公共或私人的资源的卷入"。① 其二,危害人类罪必须是针对任何平民人口实施的攻击。前南国际刑庭上诉庭在塔迪奇案中指出:"审判庭正确地指出,与广泛地或有系统地攻击平民人口无关的罪行不应当作危害人类罪起诉。危害人类罪是具有特殊性质的罪行,比普通罪行具有更高程度的道德沦丧。因此对被告以危害人类罪定罪,必须证明该罪行与攻击平民人口有关,而且被告知道其罪行与此有关。"②根据第7条第2款第1项的规定,"针对任何平民人口进行的攻击"是指根据国家或组织攻击平民人口的政策,或为了推行这种政策,针对任何平民人口多次实施第1款所述行为的行为过程。其中的"平民"应当是一个广泛的概念,它不仅包括一般居民,而且还包括因为疾病、受伤、拘禁或任何其他原因丧失战斗能力的武装部队

---

① *Prosecutor v. Akayesu*, ICTR-96-4-T,1998年9月2日判决书第850段。转引自李世光、刘大群、凌岩主编:《国际刑事法院罗马规约评释》(上册),北京大学出版社2006年版,第78页。

② 检察官诉塔迪奇案,前南国际刑庭上诉庭判决书,第271段。转引自刘大群:《论危害人类罪》,载武汉大学国际法研究所:《武大国际法评论》(第四卷),武汉大学出版社2006年版,第7页。

的人员和抵抗军的人员。① 可见,"平民"一词的外延十分广泛,只要
具备平民地位的任何人都应当受到法律的保护。其三,危害人类罪
必须是行为人在"明知"这一攻击是针对平民人口的心理状态下实
施的。《罗马规约》第 30 条对犯罪的主观要件有明确规定,本书第
二章对此作了阐述。其四,危害人类罪必须是行为人根据国家或组
织攻击平民的政策,或为了推行这种政策,针对任何平民人口多次实
施攻击行为的行为过程。其中的"政策"要素是关键,行为人针对平
民实施的攻击,是为了执行国家或组织的政策,纯粹的基于个人动机
的攻击行为不构成危害人类罪。卢旺达国际刑庭在 kayishema 和
Ruzindana 案中,引用了国际法委员会关于 1996 年《危害人类和平及
安全治罪法草案》评论中的下述一段话对此作了解释:要求根据政
策实施危害人类罪的目的在于排除个人根据其本人的犯罪计划,而
不是基于政府、团体或组织的鼓励或指示,自行实施不人道行为的
情形。②

　　《罗马规约》第 7 条第 1 款在以前有关规定的基础上,又增加了
一部分新内容:"强迫迁移人口"(第 4 项);"违反国际法基本原则,
严重剥夺人身自由"(第 5 项);"性奴役、强迫卖淫、强迫怀孕、强迫
绝育或严重程度相当的任何其他形式的性暴力"(第 7 项);"强迫人
员失踪"(第 9 项);"种族隔离罪"(第 10 项)。这些新内容的增加是
国际人权法丰富和发展的结果,体现了国际社会将严重违反人权法

---

① *Tadic* Judgment, paras. 626, 641–3; *Akayesu*, paras. 574–6, 582; *Tadic* Appeals Judgment,
paras. 636–43; *Rutaganda*, para. 70; *Prosecutor v. Goran Jelisic*, Case No. IT-95-10, ICTY T.
Ch. I, 14 Dec. 1999, para. 54; *Musema*, para. 207; *Blaskic*, paras. 208–10, 214. Quoted in
Kriangsak Kittichaisaree, *International Criminal Law*, Oxford: Oxford University Press, 2001,
p.95.

② Kriangsak Kittichaisaree, *International Criminal Law*, Oxford: Oxford University Press, 2001,
p.97.

的行为予以刑事处罚的愿望。

三、关于危害人类罪的争议

在《罗马规约》谈判中关于危害人类罪的主要争议包括：

第一，对危害人类罪是否必须与武装冲突相关联存在争议。① 一些代表团认为危害人类罪只有在武装冲突中才可以实施，甚至有些代表团要求该罪必须与国际性武装冲突相关联，因为这些代表团考虑到《纽伦堡宪章》、《东京宪章》和《前南刑庭规约》都要求该罪必须与武装冲突有关系。但是，大多数代表团认为晚近的习惯国际法并不要求该罪与武装冲突有联系。这些代表团认为，《纽伦堡宪章》和《东京宪章》对该罪与武装冲突之间的关联性要求是对纽伦堡法庭和东京法庭管辖权的限制，并非危害人类罪定义的一个要件。最后，大多数代表团的观点被采纳，《罗马规约》第7条不要求危害人类罪与武装冲突有关联。

第二，对"强迫怀孕"存在较大争议。"强迫怀孕"是和性别（gender）有关的犯罪中最有争议的问题。强迫怀孕既可构成危害人类罪，又可构成战争罪。在《罗马规约》的谈判中，许多国家和非政府组织尤其是许多妇女团体的代表强烈要求将"强迫怀孕"纳入《罗马规约》。因为在前南斯拉夫境内，基于侮辱受害妇女和改变受害人所在地区种族结构的目的，发生了大量的强奸妇女，并强迫其怀孕直到生下孩子的事件。因此，尽管《罗马规约草案》规定的其他犯罪已包含了构成强迫怀孕罪的大部分行为，但是许多国家和非政府组

---

① Herman von Hebel and Darryl Robinson, "Crimes within the Jurisdiction of the Court", in Roy S. Lee（ed.）, *The International Criminal Court: The Making of the Rome Statute: Issues, Negotiations, Results*, The Hague: Kluwer Law International, 1999, pp. 92—93.

织仍然认为,该罪的性质极为严重,应当予以特别规定。但有几个保护生命权(right-to-life)的非政府组织则认为,这意味着创造了堕胎权,故而反对将该罪纳入《罗马规约》。① 另外,罗马教廷、一些天主教国家和阿拉伯国家认为,"强迫怀孕"可以解释为国家有义务为强迫怀孕的妇女规定堕胎的权利,这有悖于其宗教信仰和法律或宪法的规定。② 对此,《罗马规约》第7条第2款第6项作了妥协性解释:"强迫怀孕"是指以影响任何人口的族裔构成或进行其他严重违反国际法的行为为目的,非法禁闭被强迫怀孕的妇女;本定义不得以任何方式解释为影响国内有关妊娠的法律。

第三,中国对"强迫绝育"持反对意见。强迫绝育既可构成危害人类罪,又可构成战争罪。中国提出,不能将"不具有长期性"的节育措施视为《罗马规约》中的"强迫绝育"罪。该建议得到了以色列、希腊和墨西哥的支持,但是加拿大、德国等代表团认为任何有关节育的措施都是不恰当的。他们认为,按照字面意思理解,这会使整个强迫绝育罪变得无效,因为所有的绝育都涉及"节育措施"。③ 双方最后达成了妥协,依据《犯罪要件》关于第7条第1款第7项、第8条第2款第2项第22目和第2款第5项第6目的"强迫绝育"的犯罪要件的规定,其犯罪要件之一是"行为人剥夺一人或多人的自然生殖能

---

① Philippe Kirsch and John T. Holmes, "The Birth of the International Criminal Court: The 1998 Rome Conference", in Olympia Bekou and Robert Cryer (eds.), *The International Criminal Court*, Aldershot/Burlington: Dartmouth/Ashgate Publishing Company, 2004, p.15.

② Herman von Hebel and Darryl Robinson, "Crimes within the Jurisdiction of the Court", in Roy S. Lee (ed.), *The International Criminal Court: The Making of the Rome Statute: Issues, Negotiations, Results*, The Hague: Kluwer Law International, 1999, p. 100; William A. Schabas, *An Introduction to the International Criminal Court*, Cambridge: Cambridge University Press, 2001, p.38.

③ Kriangsak Kittichaisaree, *International Criminal Law*, Oxford: Oxford University Press, 2001, p.115.

力",在脚注中解释道:"剥夺行为不包括实际上不具有长期作用的节育措施"。依据《罗马规约》第 9 条的规定,《犯罪要件》应对法院解释和适用《罗马规约》第 6—8 条起辅助作用;在《犯罪要件》和《罗马规约》发生冲突时,后者居于优先地位。目前,对《犯罪要件》是否具有法律约束力存在不同认识。这种不同认识对适用《犯罪要件》有重要影响。

第三节　战争罪

一、战争罪的历史演变

战争罪是国际刑事法院管辖的犯罪中历史最悠久的一类犯罪。自 1854 年 7 月 22 日美、俄在华盛顿签署《关于海上中立权公约》至 1998 年 7 月通过《罗马规约》的期间,国际社会共有 70 多个相关法律文件涉及战争行为或战争罪的内容。[①]

虽然 1854 年《关于海上中立权公约》就已涉及战争行为,但战争罪的定义直到二战结束后才得以界定。《纽伦堡宪章》第 6 条第 2款第 2 项和《东京宪章》第 5 条第 2 款第 2 项规定了战争罪的定义。《纽伦堡宪章》规定的战争罪来自于"海牙法",集中于对作战方法和作战手段的限制。1946 年通过的《纽伦堡原则》原则六第 2 项关于"战争罪"定义和《纽伦堡宪章》的规定大致相同。这些国际法文件

---

① 参见赵秉志、王秀梅:《论国际刑事法院管辖的战争罪》,载赵秉志主编:《国际刑事法院专论》,人民法院出版社 2003 年版,第 234 页。

只对战争罪作了简单概括的界定,并且都将战争罪限制于国际性武装冲突中实施的行为,并不涉及非国际性武装冲突中实施的战争行为。1993 年的《前南刑庭规约》的战争罪包括第 2 条规定的严重违反 1949 年各项《日内瓦公约》的行为和第 3 条规定的违反战争法和惯例的行为。前者的规定来自于"日内瓦法",后者的规定来自于"海牙法",两者都未提及战争罪应适用于何种性质的冲突。前南刑庭的上诉分庭在塔迪奇案中主张前南冲突兼具国际国内两种性质,并详细阐明了这样认定的理由。[①] 上诉分庭在对该案的判决中确定了断定武装冲突存在的标准:当国家之间发生武装冲突时,或一国境内的政府当局和有组织的武装集团之间或这种集团相互之间发生了长期的武装冲突时,武装冲突即可成立。[②] 据此,可以认为前南刑庭管辖的战争罪适用于国际国内武装冲突。1994 年《卢旺达刑庭规约》第 4 条规定的战争罪是指违反《日内瓦公约》共同第 3 条和 1977 年《第二附加议定书》的行为。其中所涉及的法律文件只适用于非国际性武装冲突。由于发生在卢旺达境内的大屠杀是国内性质的武装冲突,所以,卢旺达法庭管辖的战争罪只能适用于国内性质的武装冲突。《卢旺达刑庭规约》和卢旺达刑庭的实践,突破了传统意义上的战争罪概念,将战争罪延伸适用于非国际性武装冲突,但这种情形具有很强的针对性。在《罗马规约》的谈判中,对于战争罪适用于何种性质的冲突存在极大争议。

---

① 参见凌岩:《跨世纪的海牙审判——记联合国前南斯拉夫国际法庭》,法律出版社 2002 年版,第 133—138 页。

② *Prosecutor v. Dusko Tadic*, Case No. IT‐94‐1‐AR 72, App. Ch. of the ICTY, Decision of 2 Oct. 1995 on the Defence Motion for Interlocutory Appeal on Jurisdiction. Quoted in Kriangsak Kittichaisaree, *International Criminal Law*, Oxford: Oxford University Press, 2001, p.131.

二、《罗马规约》中的战争罪

在《罗马规约》包含犯罪定义的条款中,第 8 条关于战争罪的定义是最冗长最详尽的。[①] 依据该条的规定,可将战争罪分为四类:其一,第 8 条第 2 款第 1 项规定的国际武装冲突中的战争罪,即"严重破坏 1949 年 8 月 12 日《日内瓦公约》的行为";其二,严重违反国际法既定范围内适用于国际武装冲突的法规和惯例的其他行为;其三,第 8 条第 2 款第 3 项规定的非国际性武装冲突中的战争罪,即严重违反 1949 年 8 月 12 日四项《日内瓦公约》共同第三条的行为;其四,第 8 条第 2 款第 5 项规定的"严重违反国际法既定范围内适用于非国际性武装冲突的法规和惯例的其他行为"。

第 8 条第 1 款规定,国际刑事法院对战争罪具有管辖权,"特别是对于作为一项计划或政策的一部分所实施的行为,或作为在大规模实施这些犯罪的一部分所实施的行为"。该规定是美国的建议,其目的是防止国际刑事法院对在海外执行任务的美国军人实施地零星的战争罪案件行使管辖权。[②] 但是"特别"一词之后的条件只是美国限制管辖权的措辞,而不能将其理解为是对战争罪犯罪要件的附加要求。事实上,该限制并不能排除国际刑事法院对其他情形下实施的战争罪行使管辖权的可能性。

考虑到武装冲突习惯国际法或者国际人道法的发展,《犯罪要件》关于战争罪的导言第 2 段规定:《罗马规约》第 8 条第 2 款所列战争罪要件,应当按照武装冲突国际法规,酌情包括适用于海上武装冲突的

---

① 《罗马规约》第 8 条。

② Kriangsak Kittichaisaree, *International Criminal Law*, Oxford: Oxford University Press, 2001, p.133.

国际法规的既定框架解释。该规定是对第 8 条的补充和完善。

2010 年国际刑事法院缔约国大会通过的《罗马规约》修正案（ICC-ASP-8-Res. 9-Annex.viii）扩充了战争罪中有关国内武装冲突的犯罪要素和相对应的犯罪要件。该修正案规定："在第 8 条第 2 款第 5 项中增加以下内容：(13) 使用毒物或有毒武器；(14) 使用窒息性、有毒或其他气体，以及所有类似的液体、物质或器件；(15) 使用在人体内易于膨胀或变扁的子弹，例如外壳坚硬而不完全包裹弹芯或外壳经切穿的子弹。"与之相对应，该修正案对《犯罪要件》也增加了三项内容。该三项内容中，除了将国际武装冲突情况下的"国际武装冲突"一词换成"非国际武装处突"之外，其余内容与《犯罪要件》中关于《罗马规约》"第 8 条第 2 款第 2 项第 17 目、第 8 条第 2 款第 2 项第 18 目、第 8 条第 2 款第 2 项第 19 目"规定的国际武装冲突情况下战争罪要件的措辞完全相同。另外，在该修正案的脚注中针对增补的"犯罪要件"注明：本要件中的任何内容不得解释为以任何方式限制或妨害与化学武器的发展、生产、储存和使用有关的任何现有或正在发展之中的国际法规则。该修正案对战争罪的修正，并没有创新规定，仅将《罗马规约》第 8 条第 2 款第 2 项第 17 至 19 目中关于在国际武装冲突中使用武器的禁止性规定，移入《罗马规约》第 8 条第 2 款第 5 项关于在非国际武装冲突中使用武器的禁止性规定中，从而扩充了非国际型武装冲突情况下的犯罪要素。今后在非国际武装冲突中，使用前述条款禁止使用的武器，同样会构成战争罪。

三、关于战争罪的争议

由于《罗马规约》中有关战争罪的绝大部分内容来自于习惯国际法，所以，在《罗马规约》谈判中对这部分内容的争议较少，但是对一些新近增加的内容存在较大争议。这些争议主要包括：

第一，对战争罪是否适用于非国际性武装冲突存在争议。鉴于二战以来世界各地爆发的大多数武装冲突都是非国际性武装冲突，大多数代表团支持战争罪应适用于非国际性武装冲突，但是一些国家，主要是大多数阿拉伯国家、印度、墨西哥、俄罗斯和中国，反对将国内武装冲突纳入《罗马规约》。其理由为：这将侵犯国家主权，并且适用于国内武装冲突的人道法还未得到足够的发展。①《罗马规约》第8条采纳了大多数代表团的立场，规定战争罪可以适用于非国际性武装冲突，这是一些国家不加入《罗马规约》的原因之一。

第二，对禁用武器的范围存在争议。有些国家支持将核武器和地雷列入被禁止武器的清单中，但遭到了一些国家的强烈抵制，他们认为现行的国际法实际上并未禁止这些武器的威胁或使用。② 为了获得大国对国际刑事法院的支持，《罗马规约》第8条第2款第2项第20目作了妥协性规定："违反武装冲突国际法规，使用具有造成过分伤害或不必要痛苦的性质，或基本上为滥杀滥伤的武器、射弹、装备和作战方法，但这些武器、射弹、装备和作战方法应当已被全面禁止，并已依照第121条和第123条的有关规定以一项修正案的形式列入本规约的一项附件内。"由于核武器被排除，一些无核武器的发

---

① Herman von Hebel and Darryl Robinson，"Crimes within the Jurisdiction of the Court"，in Roy S.Lee（ed.），*The International Criminal Court：The Making of the Rome Statute：Issues，Negotiations，Results*，The Hague：Kluwer Law International，1999，p.105；Philippe Kirsch and John T.Holmes，"The Birth of the International Criminal Court：The 1998 Rome Conference"，in Olympia Bekou and Robert Cryer（ed.），*The International Criminal Court*，Aldershot／Burlington：Ashgate／Dartmouth Publishing Company，2004，p.9.

② Philippe Kirsch and John T.Holmes，"The Birth of the International Criminal Court：The 1998 Rome Conference"，in Olympia Bekou and Robert Cryer（ed.），*The International Criminal Court*，Aldershot／Burlington：Ashgate／Dartmouth Publishing Company，2004，p.24.

展中国家反对明确禁止"穷人的原子弹",即生化武器。① 最终的结果是,一些 19 世纪禁止使用的低科技含量的武器被列为禁用武器,却没有禁止极具杀伤力的核武器、生化武器及地雷。所幸的是,依据第 20 目,将来可以将第 8 条第 2 款第 2 项第 17—19 目中未提及的武器增列在被禁止武器的清单中。

第三,对第 8 条第 2 款第 2 项第 8 目存在争议。依据第 8 目的规定,占领国严重违反国际法既定范围内适用于国际武装冲突的法规和惯例,将部分本国平民人口间接或直接迁移到其占领的领土,或将被占领领土的全部或部分人口驱逐或迁移到被占领领土以内或以外的地方,可以构成战争罪。以色列认为该条款是特别针对以色列的。以色列在 1998 年 7 月 17 日傍晚举行的罗马会议闭幕会议上讲到,以色列之所以对《罗马规约》投反对票,是出于政治上的迫切需要,将不是习惯国际法一部分的犯罪规定在该文件中,感到恼怒。②

第四,对战争罪的管辖权问题存在争议。在讨论国际刑事法院管辖权问题时,一些国家认为,应采取国际法院行使管辖权的模式,即参加《罗马规约》并不意味着必须接受国际刑事法院的管辖,一国还可以"选择接受"(opt-in)国际刑事法院的管辖权或某种罪行的管辖权。更多的国家支持在参加《罗马规约》的同时自动接受国际刑

① William A. Schabas, *An Introduction to the International Criminal Court*, Cambridge: Cambridge University Press, 2001, p.49.

② William A. Schabas, *An Introduction to the International Criminal Court*, Cambridge: Cambridge University Press, 2001, p.48. 第 8 条第 2 款第 2 项第 8 目的规定来自阿拉伯国家的提议,该提议针对的是以色列关于约旦河西岸的定居政策。其他国家为了让阿拉伯国家接受《罗马规约》,遂接受了该提议。1967 年,以色列在与埃及、叙利亚和约旦的战争中,占领了西奈半岛、加沙地带、戈兰高地和约旦河西岸。1979 年,以色列为了换取与埃及之间的全面和平,撤出了西奈半岛。如今,以色列仍然占领着其余三地。根据《罗马规约》第 8 条第 2 款第 2 项第 8 目,以色列执行的定居政策构成战争罪。这是以色列反对《罗马规约》的主要原因之一。

事法院的管辖权。还有国家建议,接受自动管辖权的同时可以"选择排除"(opt-out)国际刑事法院对某些罪行的管辖权。为了照顾各方的意见,便产生了《罗马规约》第124条。依据该条的规定,虽然根据《罗马规约》第12条第1、2款,一国在加入《罗马规约》时便自动接受了国际刑事法院对《罗马规约》所列四类犯罪的管辖权;如果犯罪地国或被告人国籍国是《罗马规约》缔约国或接受该法院管辖权的国家,该法院即可以行使管辖权,但是,一国成为《罗马规约》缔约国时可以声明,在《罗马规约》对其生效后7年内,如果其国民被指控实施一项犯罪,或者有人被指控在其境内实施一项犯罪,该国不接受该法院对第8条所述一类犯罪的管辖权。不可忽视的是,根据《罗马规约》第13条第2款的规定,在安理会向国际刑事法院提交情势时,不受有关国家是否为《罗马规约》缔约国这一事实的影响。因此,缔约国根据第124条作出的声明,只能排除国际刑事法院对缔约国提交的有关战争罪情势或检察官提交的战争罪案件的管辖权,并不能排除该法院对安理会提交的有关战争罪情势的管辖权。

第五,在起草《罗马规约》第8条第2款第2项第26目时稍有争议。在国际性武装冲突中"征募不满十五岁的儿童加入国家武装部队,或利用他们积极参与敌对行动"是战争罪中新增加的内容之一。该规定源自1989年《儿童权利公约》和《日内瓦四公约第一附加议定书》。起草该条款时,几个阿拉伯国家担忧该措辞会涵盖加入"巴勒斯坦抵抗运动"(intifadah)的巴勒斯坦人,为了消除他们的担忧,在"武装部队"(armed forces)之前增加了"国家的"(national)一词。① 许多国

---

① 因为,巴勒斯坦在国际法上还不是一个国家,只是一个半国家或准国家实体,所以如此规定,可以将"巴勒斯坦抵抗运动"在国际性武装冲突中征募不满15岁儿童加入武装部队的行为排除在外。

家认为该规定过于宽松。①

　　在《罗马规约》通过后,国际社会始终致力于战争罪的进一步完善。在 2009 年 11 月 18 日至 26 日召开的国际刑事法院缔约国大会上,不少国家呈递了《罗马规约》战争罪修正案提案。② 奥地利、阿根廷、比利时、玻利维亚、保加利亚、布隆迪、柬埔寨、塞浦路斯、德国、爱尔兰、拉脱维亚、立陶宛、卢森堡、毛里求斯、墨西哥、罗马尼亚、萨摩亚、斯洛文尼亚和瑞士等 19 国提出修正案 1,建议"在第 8 条第 2 款第 5 项中增加以下内容:(13)使用毒物或有毒武器;(14)使用窒息性、有毒或其他气体,以及所有类似的液体、物质或器件;(15)使用在人体内易于膨胀或变扁的子弹,例如外壳坚硬而不完全包裹弹芯或外壳经切穿的子弹"。该建议在 2010 年召开的《罗马规约》审查会议上通过。阿根廷、比利时、玻利维亚、布隆迪、柬埔寨、塞浦路斯、爱尔兰、拉脱维亚、卢森堡、毛里求斯、墨西哥、罗马尼亚、萨摩亚、斯洛文尼亚等 14 国提出修正案 2,建议"1.在第 8 条第 2 款第 2 项中增加以下内容:(27)违反 1972 年 4 月 10 日在伦敦、莫斯科、华盛顿开放签署的《禁止细菌(生物)及毒素武器的发展、生产和储存以及销毁这类武器的公约》,使用其定义的制剂、毒素、武器和运载设备;(28)违反 1993 年 1 月 13 日在巴黎开放签署的《关于禁止发展、生产、储存和使用化学武器及销毁此种武器的公约》,使用其定义的化学武器或为使用其定义的化学武器进行任何军事装备;(29)违反 1997 年 9 月 18 日渥太华《关于禁止使用、储存、生产和转让杀伤人员地雷及销毁此种地雷的公约》,使用其定义的杀伤人员地雷。2.在第 8 条第 2 款第 5 项中增加以下内容:(13)违反

---

① William A. Schabas, *An Introduction to the International Criminal Court*, Cambridge: Cambridge University Press, 2001, pp.49-50.

② ICC-ASP/8/43/Add.1.

1972 年 4 月 10 日在伦敦、莫斯科、华盛顿开放签署的《禁止细菌（生物）及毒素武器的发展、生产和储存以及销毁这类武器的公约》，使用其定义的制剂、毒素、武器和运载设备；（14）违反 1993 年 1 月 13 日在巴黎开放签署的《关于禁止发展、生产、储存和使用化学武器及销毁此种武器的公约》，使用其定义的化学武器或为使用其定义的化学武器进行任何军事装备；（15）违反 1997 年 9 月 18 日渥太华《关于禁止使用、储存、生产和转让杀伤人员地雷及销毁此种地雷的公约》，使用其定义的杀伤人员地雷"。阿根廷、比利时、玻利维亚、布隆迪、柬埔寨、塞浦路斯、爱尔兰、拉脱维亚、卢森堡、毛里求斯、墨西哥、罗马尼亚、萨摩亚、斯洛文尼亚等 14 国提出修正案 3，建议"1.在第 8 条第 2 款第 2 项中增加以下内容：（30）违反 1980 年 10 月 10 日在日内瓦通过的《禁止或限制使用某些可被认为具有过分伤害力或滥杀滥伤作用的常规武器公约》的下列任何议定书，使用其定义的武器：《关于无法检测的碎片的议定书》（《1980 年公约》第一议定书），1980 年 10 月 10 日，日内瓦；《关于激光致盲武器的议定书》（《1980 年公约》第四议定书），1995 年 10 月 13 日，维也纳。2.在第 8 条第 2 款第 5 项中增加以下内容：（16）违反 1980 年 10 月 10 日在日内瓦通过的《禁止或限制使用某些可被认为具有过分伤害力或滥杀滥伤作用的常规武器公约》的下列任何议定书，使用其定义的武器：《关于无法检测的碎片的议定书》（《1980 年公约》第一议定书），1980 年 10 月 10 日，日内瓦；《关于激光致盲武器的议定书》（《1980 年公约》第四议定书），1995 年 10 月 13 日，维也纳"。根据修正案 2 和修正案 3 的建议，前述公约或议定书被许多国家视为国际习惯法。无论是在国际武装冲突中，还是在非国际武装处突中，只要实施了前述公约所禁止的行为，都会构成战争罪。另外，墨西哥提议的修正案，根据各种禁止使用核武器的国际条约①以及国际法院 1996 年 7 月 8 日关于威胁使用或使用核武器的合法性咨询意见的核心论点，即"威胁使用或使用核武器通常违反对武装冲突适用的国际法规则，特别是违反人道主义法的原则和规则"，建议"在第 8 条第 2 款第 b 项中增加以下内容：（……）使用核武器或威胁使用核武器"。修正案 2、修正案 3、墨西哥关于使用核武器问题的提案，在《罗马规约》审查会议上均未得到通过，有待于进一步审查。

第四节　侵略罪

虽然国际社会谴责侵略战争的历史很长，但对侵略罪的定义始终未取得共识，使得 1998 年通过的《罗马规约》中的侵略罪成为国际刑事法院所管辖的犯罪中唯一未被界定的犯罪，直至 2010 年 5 月 31 日至 6 月 11 日在坎帕拉举行的《罗马规约》审查会议通过了关于侵略罪的修正案之时，侵略罪的定义才得以正式面世。

一、侵略罪的历史演变

传统国际法承认战争是国家推行政策的工具，是解决国际争端的合法手段。"诉诸战争权"是主权国家的合法权利。但随着国际

---

① 例如：《全面禁止核试验条约》、《拉丁美洲禁止核武器条约》（《特拉特洛尔科条约》）、《不扩散核武器条约》、《禁止在大气层、外层空间和水下进行核武器试验条约》、《禁止在海洋洋底及其底土安置核武器和其他大规模毁灭性武器公约》等。

法的发展变化,国家的"诉诸战争权"逐渐受到了限制。①

1899 年,俄国沙皇考虑到法国和德国军队新近配备了新式大炮,而俄国军队却无法做到,因而担忧会爆发一场战争。于是,沙皇采取了先发制人的行动,召开了第一次海牙和平会议。② 在这次会议上通过的《和平解决国际争端公约》(海牙第一公约)旨在防止缔约国在其相互关系中诉诸侵略行为。该公约要求各缔约国尽量用和平方法解决争端(第 1 条)。遇有争端时,应通过斡旋或调停来解决(第 2—8 条),或缔约各方应将争端提交即将成立的常设仲裁法院进行仲裁(第 15—21 条)。③ 但是,该法院的管辖权不具有强制性。设立该法院的海牙第一公约对如何进行调停和仲裁未作具体规定,也没有规定执行机制。1907 年第二次海牙和平会议上通过的《和平解决国际争端公约》(海牙第二公约,于 1910 年 1 月 26 日生效),对通过调停和仲裁手段解决争端问题作了更详细的规定(第 2—8 条),并对常设仲裁法院的责任作了更具体的规定(第 41—85 条)。但是,大多数国家不愿意将争端提交该法院,这不利于和平解决争端。④ 虽然国际社会通过和平会议,试图限制侵略战争,但并未能阻止第一次世界大战的爆发。

----

① 参见王铁崖主编:《国际法》,法律出版社 1995 年版,第 450 页。

② Linda Jane Springrose, "Aggression as a Core Crime in the Rome Statute Establishing an International Criminal Court", *Saint Louis-Warsaw Transatlantic Law Journal*, 1999, p.154.

③ 常设仲裁法院(Permanent Court of Arbitration)是 1899 年海牙《和平解决国际争端公约》的缔约国,根据该公约第 20 条至第 29 条(1907 年《海牙公约》则为第 40 条至第 50 条)的规定,于 1900 年在荷兰海牙建立的,常设仲裁法院的目的和任务是:"……便利将不能用外交方法解决的国际争议立即提交仲裁……该法院随时受理案件,除当事国另有规定外,按照《公约》所载之程序规则办事";"除非当事国协议成立特别法庭,常设仲裁法院有权受理一切仲裁案件"。王铁崖主编:《国际法》,法律出版社 1995 年版,第 427 页。

④ Linda Jane Springrose, "Aggression as a Core Crime in the Rome Statute Establishing an International Criminal Court", *Saint Louis-Warsaw Transatlantic Law Journal*, 1999, p.154.

鉴于第一次世界大战的残酷性,《国际联盟盟约》(以下简称《盟约》)进一步限制"战争权"。①《盟约》在序言中规定:"为增进国际间合作并保持其和平与安全起见,特允承受不从事战争之义务。"第10条规定:"联盟会员国担任尊重并保持所有联盟各会员国之领土完整及现有之政治上独立,以防御外来之侵犯。"第12条规定了会员国以和平方法解决国际争端的义务,并规定:"非俟仲裁员裁决或法庭判决或行政院报告后三个月届满前,不得从事战争。"《盟约》并未全面禁止战争,只是规定在一定时间内、一定条件下不得从事战争,这意味着在其他情形下可以从事战争。1923年国际联盟主持制定的《互助条约草案》和1924年《和平解决国际争端议定书》都将侵略战争界定为国际犯罪。1927年国际联盟大会通过的《关于侵略战争的宣言》承认侵略战争是一种国际犯罪,并要求用和平手段解决国际争端。1928年签订的《巴黎非战公约》第1条规定:"缔约各方以它们各国人民的名义郑重声明,它们斥责用战争来解决国际纠纷,并在它们的相互关系上废弃战争作为实行国家政策的工具。"第2条规定:"缔约各方同意,他们之间可能发生的一切争端或冲突,不论其性质或起因如何,只能用和平的方法加以处理和解决。"该公约虽然禁止以战争作为推行国家政策的工具,但并不处罚侵略行为。在1933年召开的裁减和限制军备会议上曾尝试对侵略行为作出界定。在会议上,由苏联外交部长马克西姆·列特维诺夫(Maxim Litvinov)率领的苏联代表团提交了构成侵略行为的列举式清单。② 安全问题

---

① 1919年,由战胜的协约国召开的巴黎和会通过了包括26个条文的《国际联盟盟约》,是《凡尔赛和约》的一部分。据此,国际联盟(League of Nations)于1920年1月10日宣告成立。

② Records of the Conference for the Reduction and Limitation of Armaments, League of Nations Series D, Vol. 2, at 237(1933). Quoted in Nikos Passas(ed.), *International Crimes*, Aldershot/Burlington: Ashgate/Dartmouth Publishing Company, 2003, p.191.

委员会主席尼古拉斯·帕勒特斯(Nicolas Politis)针对该苏联的建议作出了一份详尽的报告。① 该报告为以后40年来从事该项工作奠定了主要基础。1933年7月3日通过的《关于侵略定义的公约》通过了所谓的"列特维诺夫—帕勒特斯"方案("Litvinov-Politis" formula),编纂了侵略的"五大罪行"(five capital sins),即宣战、入侵、武装攻击、海上封锁及对武装部队的支持。② 尽管第一次世界大战后在国际联盟的努力下,颁布了不少限制或禁止战争的法律文件,但是,当阿道夫·希特勒拒绝遵守《凡尔赛和约》,并导致德国退出国际联盟和1932年日内瓦裁军会议时,国际联盟和整个世界都保持了沉默。③ 面对德、意、日公然发动的侵略战争,国际联盟更是束手无策。

第二次世界大战后签署的《纽伦堡宪章》第6条和《东京宪章》第5条规定,破坏和平罪(即侵略罪)是纽伦堡法庭和东京法庭管辖的犯罪之一。《纽伦堡宪章》第6条规定:"破坏和平罪:计划、准备、发动或从事一种侵略战争或违反国际条约、协定或保证之战争,或参加为完成上述任何一种战争之共同计划或阴谋。"《东京宪章》第5条规定:"破坏和平罪:指策划、准备、发动或执行一种经宣战或不经宣战之侵略战争,或违反国际法、条约、协定或保证之战争,或参与上述任何罪行之共同计划或阴谋。"《东京宪章》关于破坏和平罪的规定,除了在"侵略战争"一词之前增加"经宣战或不经宣战"的措辞之

---

① Report of the Committee on Security Questions, Ⅱ Conference for the Reduction and Limitation of Armaments, League of Nations Conference Documents 679, Conf. D./C. G. 108 (1933). Quoted in Nikos Passas (ed.), *International Crimes*, Aldershot/Burlington: Ashgate/Dartmouth Publishing Company,2003,p.191.

② Nikos Passas (ed.), *International Crimes*, Aldershot/Burlington: Ashgate/Dartmouth Publishing Company,2003,p.191.

③ Telford Taylor,The Anatomy of the Nuremberg Trials 22-23(1992).Quoted in Linda Jane Springrose, "Aggression as a Core Crime in the Rome Statute Establishing an International Criminal Court", *Saint Louis-Warsaw Transatlantic Law Journal*,1999,p.155.

外,与《纽伦堡宪章》基本雷同。虽然在法庭上破坏和平罪遭到了以
"事后法"为理由的质疑,但法庭以第二次世界大战前颁布的一系列
国际法律文件为依据,认为破坏和平罪是一种国际犯罪。① 纽伦堡
法庭在判决书中指出:"起诉书中关于被告计划和发动侵略战争的
指控是最严重的指控。战争本质上是罪恶之物,其后果并非局限于
交战国本身,而是影响到整个世界。因此,实施侵略战争不仅是一种
国际罪行,而且是有别于其他战争罪行的最严重的国际罪行,因为其
本身就积累了所有罪行之恶。"②东京法庭在判决书中指出:"无法想
象有比发动侵略战争的共谋或发动侵略战争的行为更为严重的犯
罪,因为这种共谋威胁着世界各国人民的安全而且发动这种战争的
行为破坏了安全。"③基于以上认识,两大军事法庭对实施破坏和平
罪的前纳粹领导人和日本领导人作了有罪判决。

　　1945 年 6 月 26 日签订的《联合国宪章》(以下简称《宪章》)中
没有对侵略作出定义,但有禁止使用武力的概念。《宪章》序言中有
"不得使用武力"的规定。根据《宪章》第 1 条第 1 款的规定,联合国
的宗旨是维持国际和平及安全;并为此目的,采取有效集体办法、以
防止且消除对于和平之威胁,制止侵略行为或其他和平之破坏;并以
和平方法且依正义及国际法之原则,调整或解决足以破坏和平之国
际争端或情势。依据第 2 条第 4 款的规定,各会员国在其国际关系
上不得使用威胁或武力,或以与联合国宗旨不符之任何其他方法,侵

---

① 在本书第一章中已有论述。
② 《国际军事法庭1945年11月14日至1946年10月1日在纽伦堡对主要战犯的审判》,1947年德国,纽伦堡,第186页。转引自刘大群:《论侵略罪》,载《武大国际法评论》(第三卷),武汉大学出版社2005年版,第1页。
③ 《对日本战犯的审判:文件》,美国国务院出版物,美国政府印刷局,《远东国际军事法庭判决书》,第36页。转引自刘大群:《论侵略罪》,载《武大国际法评论》(第三卷),武汉大学出版社2005年版,第1页。

害任何会员国或国家之领土完整或政治独立。据此,不使用武力是
联合国的宗旨和联合国及各会员国应遵守的原则。依据第 2 条第 6
项的规定,联合国在维持国际和平及安全之必要范围内,应保证非联
合国会员国遵守《宪章》确立的原则。但是,《宪章》并没有禁止所有
的武力使用,在依据《宪章》第 51 条进行自卫或安理会依据《宪章》
第 42 条和第 43 条授权或采取的行动的情况下,使用武力是合法的。
依据《宪章》第 24 条,各会员国将维持国际和平及安全的主要责任,
授予安理会。与之相适应,《宪章》第 39 条至第 42 条将对侵略行为
的断定权及采取相应措施的权力赋予安理会。安理会是联合国体制
下唯一有权断定和处理侵略行为的机构,也是唯一有权作出具有法
律效力的决议的机构。但是,由于安理会五大常任理事国享有否决
权,因受政治和经济等因素的影响,安理会很难采取协调一致的行
动,甚至根本不采取任何行动。① 事实上,在 1945 年《宪章》签署以
来发生的所有侵略行为中,安理会只对 1990 年伊拉克入侵科威特的
行为,采取了无弃权的协调一致的行动。② 安理会谴责了该入侵行
为,并作出了一项决议,授权联合国会员国"采取所有必要的措施",

---

① 从国际实践来分析,否决权行使的频率与国际社会格局的发展变化是息息相关的。
联合国成立后的第一个十年(1946—1955),安理会一共行使过 82 次否决权,其中有
79 次是当时的苏联行使的,仅在 1955 年 12 月 13 日,苏联就连投过 15 次否决票。因
为苏联在当时的联合国处于少数派地位,它即用否决权这块盾牌来抵制西方的多数。
到了第三个十年(1966—1975),安理会一共行使过 31 次否决票,美国就占了 12 次,居
五常任理事国之首。因为 60 年代之后新独立的发展中国家大量增加,美国在联合国
已经失去了对多数的控制。参见梁西:《国际困境:联合国安理会的改革问题——从
日、德、印、巴争当常任理事国说起》,《法学评论》2005 年第 1 期。

② Linda Jane Springrose, "Aggression as a Core Crime in the Rome Statute Establishing an International Criminal Court", *Saint Louis-Warsaw Transatlantic Law Journal*, 1999, p.161. 从
1990 年 8 月 2 日伊拉克侵占科威特后的四个月时间里,安理会针对海湾危机陆续通
过了 12 项决议,五常任理事国没有行使过一次否决权。这种情况在安理会的表决史
上是少有的。参见梁西:《国际困境:联合国安理会的改革问题——从日、德、印、巴争
当常任理事国说起》,《法学评论》2005 年第 1 期。

使伊拉克遵守联合国的其他决议,尤其是伊拉克从科威特撤军的决议。① 在这次行动中,安理会从未谴责任何一国是"侵略者(aggressor)",②而是将伊拉克对科威特的入侵行为称为"入侵和占领"(invasion and occupation)。③ 自海湾战争以来,面对国家公然实施的侵略行为,安理会团结一致的意愿再也没有出现过。④ 近几年来,面对一些大国对弱国公然发动的侵略战争,安理会基本上无所作为。在1999 年北约组织欲对科索沃危机进行所谓"人道干涉"时,中国和俄罗斯不同意安理会授权北约组织进行干预,但另外三个常任理事国在没有得到安理会事先授权的情况下,悍然对科索沃危机进行了军事干涉。⑤ 安理会不但没有谴责这次行动,反而在北约组织取得胜利后,于1999 年6 月10 日通过了第1244(1999)号决议,授权联合国会员国和国际组织在联合国的支持下在科索沃建立安全区。⑥ 有人将该决议解释为安理会对北约组织军事干涉南联盟的事后授权。2001 年"9·11"恐怖事件发生后,美英联军和其他北约部队对阿富汗发动了侵略战争。2003 年3 月19 日美英联军对伊拉克发动了侵略战争。安理会对这两场战争都未采取制止措施。虽然安理会对侵略行为的存在与否有独断权,并有采取相应措施的权利,但由于侵略

---

① Linda Jane Springrose,"Aggression as a Core Crime in the Rome Statute Establishing an International Criminal Court",*Saint Louis-Warsaw Transatlantic Law Journal*,1999,p.161.

② Kriangsak Kittichaisaree,*International Criminal Law*,Oxford:Oxford University Press,2001,p.215.

③ 联合国安理会第661(1990)号决议,S.C.Res. 661,U.N.SCOR,45th Sess.,2933rd mtg.,U.N.Doc.S/RES/661(1990).

④ Linda Jane Springrose,"Aggression as a Core Crime in the Rome Statute Establishing an International Criminal Court",*Saint Louis-Warsaw Transatlantic Law Journal*,1999,p.161.

⑤ Kriangsak Kittichaisaree,*International Criminal Law*,Oxford:Oxford University Press,2001,pp.217-218.

⑥ Kriangsak Kittichaisaree,*International Criminal Law*,Oxford:Oxford University Press,2001,p.219.

行为本身属于国家行为,具有高度的政治性和敏感性,安理会很难出面干涉,因此依靠安理会的力量应对侵略行为并不令人满意。

在纽伦堡和东京审判之后不久,联合国大会要求国际法编纂委员会起草包括纽伦堡法庭原则的《破坏和平罪法典草案》。不久,国际法委员会成立,其目的之一是起草《犯罪法典草案》,同时要为侵略行为下定义。尽管国际法委员会在 1946 年就开始为此工作,但直到 50 年之后的 1996 年,国际法委员会才在《危害人类和平及安全治罪法草案》中对侵略行为作出了简单的规定,并没有给出定义。① 正如一位学者所言,也许国际法委员会在起草一个定义时面临的困难是"不可逾越的"。② 最终的结果是,将侵略罪的定义不是仍然留给法学家,而是留给政治家。③

1974 年 12 月 14 日联合国大会通过了《关于侵略定义的决议》(以下或简称《决议》)(即第 3314 号决议)。从《决议》第 1 条和第 3 条的规定看,《决议》是以概括式和列举式相结合的方式为"侵略"下了定义。第 1 条规定:"侵略是指一个国家使用武力侵犯另一个国家的主权、领土完整或政治独立,或以本定义所宣示的与联合国宪章不符的任何其他方式使用武力。"第 3 条列举的侵略行为包括:一国对另一国的入侵、攻击、军事占领或吞并;一国对另一国的轰炸;一国对另一国的港口或海岸的封锁;一国对另一国的陆、海、空军或商船和民航机的攻击;一国违反其与另一国订立的协定所规定的条件,使用

---

① 《危害人类和平及安全治罪法草案》第 16 条(侵略罪行)规定:"作为领袖或组织者积极参与或下令计划、准备、发动或进行一国实行之侵略行为的个人应对侵略罪行负责。"

② Nikos Passas (ed.), *International Crimes*, Aldershot/Burlington: Ashgate/Dartmouth Publishing Company, 2003, p.191.

③ Nikos Passas (ed.), *International Crimes*, Aldershot/Burlington: Ashgate/Dartmouth Publishing Company, 2003, p.191.

其根据协定在接受国领土内驻扎的部队,或在协定终止后,延长该项武装部队在该国领土内的驻扎期间;一国以其领土供另一国使用,让该国用来对第三国进行侵略行为;一国或以其名义派遣武装小队、武装团体、非正规军或雇佣兵,对另一国进行武力行为,其严重性相当于上述所列各项行为,或该国实际卷入了这些行为。《决议》第2条授权安理会依据初步证据,即一国违反宪章的规定而首先使用的武力,断定是否构成侵略行为。第2条还对后果不甚严重的冲突和其他冲突作了区分,前者不构成侵略行为。依据第4条,安理会可以断定第3条未列举的其他行为是否也构成宪章规定下的侵略行为。该条意味着,该《决议》中侵略的定义是非穷竭的,意在防止有的国家找借口实施侵略行为。如果一国实施了侵略行为,依据第5条第1款的规定,不得以任何性质的理由,不论是政治性、经济性、军事性或其他性质的理由,为侵略行为作辩护。第5条第2款规定:"侵略战争是破坏国际和平的罪行。侵略行为引起国际责任。"该条的规定比较含糊。其一,"侵略战争"和"侵略行为"之间的界限不明;其二,"国际责任"仅指国家责任还是也包括个人责任,不甚明确。第6条对侵略的定义与《联合国宪章》的关系问题作了规定,即本定义绝不得解释为扩大或缩小宪章的范围,包括宪章中有关使用武力为合法的各种情况的规定在内。因此,该项定义并不排除依据《联合国宪章》的规定,合法使用武力的权力。此外,依据第7条的规定,侵略的定义不得妨碍各国依据《联合国宪章》所享有的民族自决权、自由和独立权,以及为取得这些权利进行斗争并寻求和接受支援的权利。

尽管《关于侵略定义的决议》是联合国成立以来,以联合国大会的名义颁布的唯一有关侵略定义的文件,但是该定义只适用于国家,不适用于个人,并且该定义是以联合国大会决议的形式颁布的,只具有建议性,不具有法律约束力。从理论上讲,其功能充其量只对安理会断定侵略行为具有指导意义。事实上,安理会在实践中从未使用过这个联合国历史上仅有的关于侵略的定义,当然,也未使用过《纽伦堡宪章》界定的侵略定义。

由于侵略的定义问题长期未得到权威性的解决,以致在 1998 年通过的《罗马规约》中,侵略罪的定义问题仍然悬而未决。

二、《罗马规约》及其修正案中的侵略罪

根据《罗马规约》第 5 条第 1 款的规定,国际刑事法院对侵略罪具有管辖权。但是,第 5 条第 2 款又规定:"在依照第 121 条和第 123 条制定条款,界定侵略罪的定义,及规定本法院对这一犯罪行使管辖权的条件后,本法院即对侵略罪行使管辖权。这一条款应符合《联合国宪章》的有关规定。"

《罗马规约》第 121 条是关于《罗马规约》修正程序的规定。在《罗马规约》生效 7 年以后,《罗马规约》的任何一个缔约国均可以对《罗马规约》提出修正案。该修正案必须在缔约国大会会议上,或者在审查会议上取得协商一致,或者必须由缔约国 2/3 以上的多数通过。该修正案在 7/8 以上的缔约国向联合国秘书长交存批准书或接受书 1 年后对所有缔约国生效。但是,对于规定国际刑事法院管辖的罪行范围的第 5 条至第 8 条的任何修正案,则有不同规定,该修正案生效后的效力只能及于每一个批准或接受该修正案的国家,而不是及于所有缔约国,即对接受修正案的缔约国而言,在其向联合国秘书长交存批准书或接受书 1 年后对其生效;对于未接受修正案的缔约国而言,国际刑事法院对该缔约国国民实施的或在其境内实施的修正案所述犯罪,不得行使管辖权。如果修正案获得 7/8 以上的缔约国的接受,未接受修正案的任何缔约国可以在该修正案生效后 1

年内发出通知,退出《罗马规约》,该通知立即生效。

依据《罗马规约》第123条的规定,在《罗马规约》生效7年后,联合国秘书长应召开一次审查会议,审查对《罗马规约》的任何修正案,包括第5条所列的犯罪清单。审查会议审议的修正案的通过和生效程序,适用第121条的规定。

在《罗马规约》第5条所列的四类犯罪中,只有侵略罪没有定义,没有具体的罪目,也没有犯罪要件。因此,虽然国际刑事法院对侵略罪具有管辖权,但在侵略罪的定义问题以及安理会和该法院的关系问题未得到圆满解决以前,该法院对侵略罪的管辖权无法变成现实。

2009年11月18日至26日,国际刑事法院《罗马规约》缔约国大会第八届会议在海牙召开。该会议通过了ICC-ASP/8/Res.6号决议,将侵略罪修正案提案提交《罗马规约》审查会议审议。

2010年5月31日至6月11日,在乌干达首都坎帕拉举行了自国际刑事法院成立以来的首次《罗马规约》审查会议,①来自111个《罗马规约》缔约国、政府间组织、非政府组织的约4600名代表参加了会议。该审查会议通过了RC/Res.6号决议。该决议的附件一是关于侵略罪的修正案,其第8条之二界定了侵略罪的定义。

《国际刑事法院罗马规约侵略罪修正案》关于侵略罪的定义规定如下:

在《罗马规约》第8条后增加以下条文:

第8条之二

侵略罪

(一)为了本规约的目的,"侵略罪"是指能够有效控制或指挥一

---

① 在联合国安理会五大常任理事国中,英国、法国是《罗马规约》缔约国,美国、俄罗斯、中国均以观察员身份前来参会。

个国家的政治或军事行动的人策划、准备、发动或实施一项侵略行为的行为,此种侵略行为依其特点、严重程度和规模,须构成对《联合国宪章》的明显违反。

(二)为了第(一)款的目的,"侵略行为"是指一国使用武力或以违反《联合国宪章》的任何其他方式侵犯另一国的主权、领土完整或政治独立的行为。根据 1974 年 12 月 14 日联合国大会第 3314(XXIX)号决议,下列任何行为,无论是否宣战,均应视为侵略行为:

1.一国的武装部队对另一国的领土实施侵略或攻击,或此种侵略或攻击导致的任何军事占领,无论其如何短暂,或使用武力对另一国的领土或部分领土实施兼并;

2.一国的武装部队对另一国的领土实施轰炸,或一国使用任何武器对另一国的领土实施侵犯;

3.一国的武装部队对另一国的港口或海岸实施封锁;

4.一国的武装部队对另一国的陆、海、空部队或海军舰队和空军机群实施攻击;

5.动用一国根据与另一国的协议在接受国领土上驻扎的武装部队,但违反该协议中规定的条件,或在该协议终止后继续在该领土上驻扎;

6.一国采取行动,允许另一国使用其置于该另一国处置之下的领土对第三国实施侵略行为;

7.由一国或以一国的名义派出武装团伙、武装集团、非正规军或雇佣军对另一国实施武力行为,其严重程度相当于以上所列的行为,或一国大规模介入这些行为。

根据该修正案的规定,侵略罪是指能够有效控制或指挥一个国家的政治或军事行动的人策划、准备、发动或实施的,依其特点、严重程度和规模,明显违反《联合国宪章》的行为。

《罗马规约》第 121 条第 5 款规定:"本规约第五条、第六条、第七条和第八条的任何修正案,在接受该修正案的缔约国交存批准书或接受书一年后对其生效。对于未接受修正案的缔约国,本法院对该缔约国国民实施的或在其境内实施的修正案所述犯罪,不得行使管辖权。"据此,该修正案必须经过一国交存批准书或接受书1年后,方能对该国生效。2012年5月9日,列支敦士登向国际刑事法院《罗马规约》缔约国大会主席递交了该国批准规约侵略罪修正案的文书,从而成为第一个批准该修正案的国家。

三、关于侵略罪的争议

在设立国际刑事法院筹备委员会提交的《国际刑事法院规约案文》中,就侵略罪的定义问题提交了两个备选方案:①

备选方案一。"1.为了本规约的目的,[侵略][危害和平]罪行是指[具有能力控制或能够指挥一个国家内的政治/军事行动]个人所实施的下列任何一种行为:(a)策划,(b)筹备,(c)命令,(d)发动,或(e)执行;一国对另一国的[主权]、领土完整[或政治独立]的[武装攻击][使用武装力量][一场侵略战争,或一场违反国际条约、协定或保证的战争,或参加一个旨在实施上述任何一种行动的共同计划或阴谋],而[这一][武装冲突][使用武力][违反《联合国宪章》]经安全理事会确定违反《联合国宪章》。"

备选方案二。"1.为了本规约的目的,凡个人能控制或指挥在其本国内采取针对另一国的政治/军事行动,违反《联合国宪章》,使用

① 联合国大会设立国际刑事法院筹备委员会1998年1月19日至30日《在荷兰聚特芬举行的闭会期间会议的报告》A/AC.249/1998/L.13,1998年2月4日,第17—19页。转引自王秀梅:《国际刑事法院研究》,中国人民大学出版社2002年版,第299—300页。

武装力量,威胁或侵犯该另一国的主权、领土完整或政治独立的,即犯下侵略罪行。2.构成[侵略][武装攻击]的包括以下各种行为:[构成侵略的[是][包括]以下各种行为,但须有关的行为或其后果有足够严重性:](a)一国武装部队侵入或攻击另一国领土,或因这种侵入或攻击而造成的任何军事占领,不论时间如何短暂,或使用武力兼并另一国领土或部分领土;(b)一国武装部队轰击另一国领土,或一国对另一国的领土使用任何武器;(c)一国武装部队封锁另一国港口或海岸;(d)一国武装部队攻击另一国陆、海、空军或船队或机群;(e)一国违反其与另一国订立的协定所规定的条件,使用根据协定在接受国领土内驻扎武装部队,或在协定终止后,延长该武装部队在该另一国领土内的驻扎期间;(f)一国以其领土供另一国使用,让该国用来对第三国进行侵略行为;(g)一国以一国名义派遣武装小队、团体、非正规军或雇佣军,对另一国进行武力行为,其严重性相当于上面所列的行为,或该国在相当程度上卷入了这些行为。"

在《罗马规约》起草过程中,对侵略罪的讨论主要涉及两个问题:一是侵略罪的定义问题;二是国际刑事法院和联合国安理会的关系问题。

在罗马会议上,各国对侵略罪问题至少持八种观点:①第一种观点认为,应将侵略罪纳入国际刑事法院的管辖范围之内。纽伦堡法庭前任检察官本杰明·B.弗兰兹认为,《联合国宪章》没有对实施侵略行为者进行刑事指控的规定,这个缺漏应由一个独立的法院来填补;如果将侵略行为排除于国际司法审查之外,就是准予豁免这一

---

① The Press Releases are accessible from the website *http://www.un.org/icc/pressrel/lrom*. The Press Releases are from No.L./ROM/6.R1 of 15 June 1998 onwards. Quoted in Kriangsak Kittichaisaree, *International Criminal Law*, Oxford: Oxford University Press, 2001, pp. 208-209.

"最严重的国际犯罪"的责任人,这不是鼓励和平而是助长战争。第二种观点也认为,应将侵略罪纳入国际刑事法院的管辖范围之内,但前提条件是必须对侵略罪作出明确的界定。第三种观点认为,如果要将侵略罪纳入国际刑事法院的管辖范围内,则必须采用 1974 年12 月 14 日联合国大会通过的《关于侵略定义的第 3314 号决议》所确定的定义。第四种观点认为,应将侵略罪纳入国际刑事法院的管辖范围内,并对该罪的定义予以扩充,还应包括另一国的武装力量对一国的港口、海岸、领土和空中航线的封锁。第五种观点认为,应将侵略罪和"以武力威胁或使用武力"一并纳入国际刑事法院的管辖范围内。第六种观点认为,应将"对环境的侵略"也纳入国际刑事法院的管辖范围内。第七种观点认为,应将侵略罪纳入国际刑事法院的管辖范围内,但前提条件是首先由安理会断定一国已经实施了侵略行为。第八种观点认为,不应将侵略罪纳入国际刑事法院的管辖范围内。该法院应当避开像侵略罪这样的政治问题。

　　对侵略罪的谈判不同于其他三类犯罪,直到罗马会议即将结束时,对侵略罪的定义,甚至对是否将其纳入《罗马规约》仍然存在分歧。[①]　最

---

① 本杰明・B.弗兰兹对罗马会议上关于侵略罪的讨论情况总结道:"当最后的全权代表谈判会议于 1998 年夏天在罗马召开时,大多数国家,包括欧盟和不结盟运动的大约 30 个国家坚持主张,如果不将侵略行为规定为一种犯罪,他们就不能支持设立新的法院。许多阿拉伯国家要求将联合国大会于 1974 年 12 月 14 日通过的《关于侵略定义的决议》作为一致同意的定义规定在《罗马规约》中,可能时再做一些有利于他们的修订。德国代表汉斯・皮特・考尔博士提出了多种妥协方案。印度和巴基斯坦正忙于试验新的核武器,不愿意受到可能针对他们的侵略罪指控。中国则强调要维护其国家主权。美国出于军事上和政治上的考虑,对是否规定侵略罪的问题持观望态度,但坚持维护《联合国宪章》所保障的安理会的否决权。代表们在以前的几次会议上对是否规定侵略罪已经提出的真正的或带有政治动机的关注,在这次会议上仍然没有改变。在罗马会议上根本就没有足够的时间对这些敏感的问题达成协议。最后,精明干练的加拿大人飞利浦・科什主席认为,唯一可能的妥协是将分歧的解决推迟到以后。Kriangsak Kittichaisaree, *International Criminal Law*, Oxford: Oxford University Press, 2001, pp.209-210.

后达成的未解决根本问题的妥协方案包含在前述《罗马规约》第
5条。

1998年罗马会议通过的最后文件决定成立"建立国际刑事法院
预备委员会",①其任务之一是准备关于侵略罪的提案,包括犯罪定
义、犯罪要件和国际刑事法院对侵略罪行使管辖权的条件。

2002年4月8日至19日国际刑事法院预备委员会第九届会议
对侵略罪的定义及国际刑事法院对该罪行使管辖权的条件作了讨
论,最后形成的《侵略罪提案综合案文》对侵略罪的定义和国际刑事
法院行使管辖权的条件提出了备选案文。②

《侵略罪提案综合案文》对侵略罪的定义提出了三个备选案文:

备选案文一。1.为了本规约的目的,[并在安全理事会已对国家
行为作出断定的情况下,]侵略罪是指[掌有控制权或有权指挥一国
政治或军事行动的个人,违反《联合国宪章》,使用武力侵犯另一国
家的主权、领土完整或政治独立,或发起这种行动。]掌有控制权或
有能力指挥一国政治或军事行动的[个人][人]实施的下列任一行
为:(a)发动,或(b)进行:

变式一,[武装攻击][使用武力][侵略战争][侵略战争,或违
反国际条约、协定或保证的战争,或参加旨在实现上述任一行动的共
同计划或阴谋],侵犯另一国家[侵犯另一国家,或剥夺他国人民的
自决权利],而且这些行为[显然]违反《联合国宪章》,侵犯[威胁或
侵犯]该国的[主权]、领土完整或政治独立[或该国人民的不可剥夺
权利],[除非这是出于人民权利平等和自决原则以及个别或集体自

---

① Final Act of the United Nations Diplomatic Conference of Plenipotentiaries on the Establish-
ment of an International Criminal Court, A/Conf. 183/9, 1998, at Annex Ⅰ(F).

② 国际刑事法院预备委员会第九届会议记录,PCNICC/2002/L. 1/Rev. 1。转引自黄建
中:《国际法庭管辖权研究》,中国政法大学博士学位论文,2005年,第118—120页。

卫权利的需要]。

变式二,一国进行武装攻击,侵犯另一国的领土完整或政治独立,而且这种攻击显然违反《联合国宪章》,是以攻击国武装部队军事占领或兼并该另一国领土或部分领土为目的或结果。

变式三,在上文变式一第1段之后添加一段如下:2.[构成侵略的行为包括][使用武力包括][是]下列行为[不论之前是否已宣战],但有关行为或其后果须达到一定严重程度:(a)一国武装部队侵入或攻击另一国领土,或因这种侵入或攻击而造成的任何军事占领,不论时间如何短暂,或使用武力兼并另一国领土或部分领土;(b)一国武装部队轰击另一国领土,或一国对另一国的领土使用任何武器;(c)一国武装部队封锁另一国[港口或海岸];(d)一国武装部队攻击另一国陆、海、空军或船队和机队;(e)一国违反其与另一国订立的协定所规定的条件,使用根据协定留驻在接受国境内的武装部队,或在协定终止后,延长该武装部队留驻在该另一国境内的期间;(f)一国以其领土供另一国使用,允许该另一国用来对第三国进行侵略行为;(g)一国派遣或为他国派遣武装小队、团体、非正规军或雇佣军,对另一国采取武力行为,其严重程度相当于上面所列的行为,或该国实际地参与这些行为。3.在实施第1款所述的攻击[使用武力]时,掌有控制权或有权指挥一国政治或军事行动的个人如果(a)策划,(b)预备,或(c)命令进行这种行为,也应当构成侵略罪。

备选案文二。为了本规约的目的,并在联合国安全理事会先行对有关国家侵略行为作出断定的情况下,侵略罪是指下列任一行为:策划、预备、发动、进行侵略战争。

从上述内容看,备选案文一基本上沿用了《关于侵略定义的决议》中的定义,并无实质性突破。备选案文二的部分表述与《纽伦堡宪章》第6条对"破坏和平罪"的部分表述相似。

《侵略罪提案综合案文》就国际刑事法院对侵略罪行使管辖权的条件,也规定了三个备选案文:

备选案文一。1.本法院应依照《罗马规约》第13条,对侵略罪行使其管辖权。2.在本法院处理侵略罪诉讼之前,应先由安全理事会依照《联合国宪章》有关条款,确定涉案人为其国民的国家实施了侵略行为。3.安全理事会依照国际刑事法院规约第13条第2项行事,应首先作出决定,确定涉案人为其国民的国家实施了侵略行为。4.本法院在收到依照第13条第1项或第3项提出的侵略罪指控时,应适当考虑到《联合国宪章》第七章的规定,首先请安全理事会断定涉案人为其国民的国家是否实施了侵略行为。5.安全理事会应在[6][12]个月内对这项请求作出决定。6.这项决定应由安全理事会主席以信件及时通知国际刑事法院院长。

变式一,7.安全理事会未在上文第5段所述时限内作出决定时,本法院可以开始进行诉讼。8.安全理事会按照上文第5段作出决定,不应解释为影响本法院对侵略罪行使管辖权的独立性。

变式二,7.尽管有上文第2段的规定,安全理事会未在上文第5段所述时限内作出决定时,本法院应适当考虑到《宪章》第12、14和24条的规定,请联合国大会提出建议。8.大会应在[12]个月内提出这种建议。9.这种建议应由大会主席以信件及时通知国际刑事法院院长。10.未在上文第8段所述时限内收到这种建议时,本法院可开始进行诉讼。11.安全理事会依照上文第5段作出决定或大会按照上文第8段提出建议,不应解释为影响本法院对侵略罪行使管辖权的独立性。

备选案文二。1.本法院对侵略罪行使管辖权,须经安全理事会依照《宪章》第39条作出断定,确定有关国家已实施了侵略行为。2.在收到有关侵略罪的指控时,本法院应首先查明安全理事会是否已对有关国家被控告的侵略罪作出断定,如尚未作出断定,本法院将在不违反《罗马规约》规定的情况下,请安全理事会作出这种断定。3.如果安全理事会未在请求的 12 个月内作出这种断定或利用《罗马规约》第 16 条,本法院应进行审理有关案件。

备选案文三。为了本规约的目的,在联合国安全理事会先行对有关国家的侵略行为作出断定的情况下,侵略罪是指下列任一行为:策划、准备、发动、进行侵略战争。

上述三个备选案文呈现出两种倾向:第一种倾向强调国际刑事法院的相对独立性。如果安理会在一定时限内对有关国家是否实施了侵略行为,未作出断定,法院就可以对侵略罪行使管辖权;第二种倾向强调维护安理会对侵略行为的独断权。如果安理会事先没有对有关国家是否实施了侵略行为作出断定,则国际刑事法院不能行使管辖权。第一种倾向不符合《罗马规约》第 5 条第 2 款和《联合国宪章》的有关规定,如果由国际刑事法院在特定情形下对侵略罪行使管辖权,就有篡夺安理会权力之嫌。第二种倾向符合《联合国宪章》的规定,但是,如果完全按照这种观点去做,至少会造成三方面的不利因素:其一,在安理会常任理事国和联合国其他会员国之间造成不平等现象。五常任理事国在安理会可以利用否决权阻止于己不利的决议的通过,绝不可能将与自己及其盟友有关的侵略行为的情势提交国际刑事法院。其二,动摇了国际刑事法院的独立性。其三,无法真正制止侵略行为,公然的侵略战争将会一如既往地发生。因为,在历史上,安理会对侵略行为很难采取一致行动,甚至根本不采取任何行动。

将来究竟有无可能将侵略罪纳入国际刑事法院的管辖范围之内? 一些学者和专家提出了自己的看法。弗兰兹对侵略罪问题的前景提出了四种设想:其一,最不容乐观的结局是,对侵略罪的定义或安理会的作用无法达成可接受的协议。因此,国际刑事法院对侵略罪没有管辖权。其二,在国际刑事法院对侵略罪没有管辖权的情况下,仍然可以由打败侵略者的胜利者或一国的新政府起诉该侵略者。其三,由安理会设立一个临时法庭审判侵略者。其四,根据《罗马规约》,国际刑事法院有权对侵略罪行使管辖权。① 有的学者赞同一些国家和非政府组织的主张,认为最好的解决方案是将侵略罪从《罗马规约》中删除。② 如果要保留侵略罪,那么另一个方案是,在起诉任何个人之前,应当对国家是否实施了侵略行为作出断定。为了准予国际刑事法院提出有限的起诉,最好的办法是允许国际刑事法院对国家的侵略行为作出断定,这在国际法中有先例。这种断定可以通过下列方案完成:为了保证对侵略行为的指控能够成立,应当首先由安理会或国际刑事法院的 5 名法官组成的专门小组对侵略行为作出断定。其中,5 名法官的国籍、出身或居所必须和所要断定的侵略行为无关。为了法院诉讼的目的,法院对侵略行为的认定只对个人有约束力,对安理会或有关国家没有约束力。这种断定一旦作出,对另一国的领土完整、主权或政治独立以任何手段进行威胁、策划、准备、命令、发动、企图或进行攻击的个人,就有可能因侵略行为受到指控。该学者认为,允许法院对国家的侵略行为作出有限的断定,就可以使法院绕过因常任理事国行使否决权而变得无能为力的安理会。这样,法院就不会只因为安理会无法采取行动而受阻,主要是因为法院是一个独立的中立的机构。③

---

① Kriangsak Kittichaisaree, *International Criminal Law*, Oxford: Oxford University Press, 2001, p.225.

② Linda Jane Springrose, "Aggression as a Core Crime in the Rome Statute Establishing an International Criminal Court", *Saint Louis-Warsaw Transatlantic Law Journal*, 1999, p.174.

③ Linda Jane Springrose, "Aggression as a Core Crime in the Rome Statute Establishing an International Criminal Court", *Saint Louis-Warsaw Transatlantic Law Journal*, 1999, p.175.

　　纵观《罗马规约》整个谈判过程中大多数国家对侵略罪的立场，便可得知，在各种方案中，国际刑事法院将来对侵略罪行使管辖权的可能性最大。至于《罗马规约》将来如何具体界定侵略罪的定义及国际刑事法院对该罪行使管辖权的条件，则完全取决于绝大多数缔约国的意愿，因为按照《罗马规约》的规定，只有缔约国才有权参与决定《罗马规约》修正案的内容、通过及生效。

　　经过艰辛而又漫长的酝酿，《罗马规约》中侵略罪的定义最终得以问世，2010 年 5 月 31 日至 6 月 11 日在坎帕拉举行的首次《罗马规约》审查会议通过了关于侵略罪的修正案，界定了侵略罪的定义，规定了国际刑事法院对其行使管辖权的条件，使得国际刑事法院对侵略罪的管辖最终成为可能。

本章结语

《罗马规约》关于犯罪定义的绝大多数条款都是习惯国际法的内容,少量新增内容是对晚近国际人权法发展的回应,这是国际立法发展的必然结果。

依据《罗马规约》的规定,国际刑事法院只对国际社会关注的最严重犯罪,即灭绝种族罪、危害人类罪、战争罪和侵略罪,具有管辖权。从目前看,国际刑事法院属事管辖权的范围是有限的,但将来有拓展的可能性。当初特立尼达和多巴哥提出设立国际刑事法院的动因是为了惩治毒品犯罪和恐怖主义犯罪,只是在《罗马规约》的谈判中,大多数国家反对将这两类犯罪纳入国际刑事法院的管辖范围内,故《罗马规约》将其排除在外。但是,罗马会议通过的《联合国设立国际刑事法院全权代表外交会议最后文件》附件一 E 决议规定:认识到恐怖主义行为,无论由何人于何地实施,也不论其形式、方法或动机为何,都是受到国际社会关注的严重犯罪;认识到毒品的国际贩运是非常严重的犯罪,时而动摇一些国家的政治、社会及经济秩序;对这些祸害持续存在,使国际和平与安全受到严重威胁,深感震惊;对未能就恐怖主义罪和贩毒罪议定可以得到广泛接受的定义,以便据以将其列为本法院管辖权内的犯罪,感到遗憾;建议依照《国际刑事法院规约》第 123 条召开审查会议就恐怖主义犯罪和贩毒罪商定可以接受的定义,将这两种犯罪列为本法院管辖权内的犯罪。在 2009 年 11 月 18 日至 26 日期间召开的国际刑事法院缔约国大会第八届会议上,荷兰提交的修正案提案①建议在《罗马规约》第 5 条第 1 款中将"恐怖主义罪"增列为第五类犯罪。同时建议在第 5 条中增加 1 款作为第 3 款,即"(三)在依据第一百二十一条和第一百二十三条制定条款,界定恐怖主义罪的定义,及规定本法院对这一犯罪行使管辖权的条件后,本法院即对恐怖主义罪行使管辖权。这一条款应符合《联合国宪章》有关规定"。特立尼达和多巴哥的修正案提案②建议在《罗马规约》第 5 条第 1 款中将"国际毒品贩运罪"增列为第五类犯罪。同时建议在第 5 条中增加 1 款,即(二)为本规约的目的,涉及非法贩运麻醉品和精神药物的犯罪是指下列行为,但只有当其对一个国家或地区的和平、秩序和安全构成威胁时方能成立:其一,违反《1961 年麻醉品单一公约》、《经过修订的 1961 年麻醉品单一公约》、《1971 年精神药物公约》或《1988 年联合国禁止非法贩运麻醉品和精神药物公约》的规定,从事、组织、赞助、命令、协助或资助任何麻醉品或任何精神药物的生产、制造、提取、制备、许诺销售、经销、销售、以任何条件交付、经纪、发送、中转发送、运输、进口或出口,但其须以大规模的方式实施,并涉及跨境性质的行为;其二,谋杀、绑架或以任何其他方式攻击公民的人身或自由或人员的安全,以试图推进第 1 项所指的任何行为;其三,与第 1 项所指的任何行为相联系,以暴力袭击个人或机构的官方或私人处所,以图在一国或多国内制造恐惧或不安全或扰乱其经济、社会、政治或安全结构。虽然关于在《罗马规约》中增加恐怖犯罪和毒品犯罪的提案没有在 2010 年召开的《罗马规约》审查会议上获得通过,但是,这两类犯罪属于威胁国际和平与安全以及全人类共同利益的重大犯罪,加之,一部分缔

---

① ICC-ASP/8/43/Add.1.

② ICC-ASP/8/43/Add.1.

约国怀有将其列入《罗马规约》的强烈愿望和要求,因此可以推断,在将来拓展国际刑事法院属事管辖权的范围时,这两种犯罪被纳入的可能性最大。

第四章
国际刑事法院的管辖权

国际刑事法院的管辖权是该法院受理案件的权能和效力的依据,是该法院赖以存在的基础,是《罗马规约》的核心内容,对《罗马规约》的缔约国具有约束力,对非缔约国也有相当的影响。

第一节　国际刑事管辖原则

国际法上通常将国家的管辖权分为属地管辖权、属人管辖权、保护管辖权和普遍管辖权。与之相适应,对于国际犯罪的刑事管辖原则也分为属地管辖原则、属人管辖原则、保护管辖原则和普遍管辖原则。其中,前三项原则在国际社会获得普遍承认,但普遍管辖原则还未得到普遍认可,尽管越来越受到重视。

一、属地管辖原则

属地管辖原则也称为领土原则。该原则以领域为标准,从维护国家领土主权原则出发,凡是发生在本国领域内的犯罪行为,不论犯罪人、被害人是本国人还是外国人,也不论犯罪行为所侵犯的是本国人的利益还是外国人的利益,都要接受本国的管辖。根据国际法公认的原则,领域包括领陆、领水和领空。此外,根据国际惯例,在本国注册的船舶和飞行器属于本国领域,本国驻外使领馆也视为本国领域。各国的国内法对属地原则都有明确的规定。①

二、属人管辖原则

属人管辖原则也称为国籍原则。该原则以人为标准,又分为主动属人原则和被动属人原则。主动属人原则即犯罪嫌疑人国籍原则或被告人国籍原则。被动属人原则即被害人国籍原则。根据主动属人原则,凡是本国人实施的犯罪行为,不论发生在本国领域内还是本国领域外,也不论所侵犯的是本国人的利益还是外国人的利益,都要接受本国的管辖。根据被动属人原则,凡是侵犯本国人的犯罪行为,不论其发生于何地,也不论被害人处于何地,都要接受本国的管辖。

由于对本国公民在本国领土实施的犯罪行为国家本身可以依据属地管辖原则行使刑事管辖权,所以属人管辖原则的规定可视为是为了解决本国公民在国外实施犯罪行为时的管辖权问题。②

三、保护管辖原则

保护管辖原则也称为安全原则。该原则以保护本国根本利益为标准。凡是侵犯本国根本利益的犯罪,不论犯罪人是本国人还是外

---

① 我国《刑法》第 6 条对此有明确规定。
② 参见马呈元:《国际犯罪与责任》,中国政法大学出版社 2001 年版,第 264 页。转引自赵秉志、王秀梅主编:《国际刑事法院专论》,人民法院出版社 2003 年版,第 218 页。

国人,也不论犯罪行为发生在本国领域内还是本国领域外,都要接受本国的管辖。该原则实际上是针对在本国领域外实施了危害本国主权和安全的外国人而言的。该原则只有在本国实际控制犯罪嫌疑人的情况下才有可能实现。

由于属地管辖原则和属人管辖原则已解决了本国公民在国内或国外实施犯罪行为的管辖权问题,所以保护管辖原则主要是解决国家对外国人在外国对本国的国家利益或公民利益进行犯罪行为的管辖权问题。①

四、普遍管辖原则

普遍管辖原则也称为世界性管辖原则。该原则以维护世界和平与安全为标准,其前提是每一个国家在指控国际社会关注的特定犯罪中有利益。凡是危及世界和平与安全的严重国际犯罪,不论是发生在本国领域内还是本国领域外,不论是由本国人实施还是由外国人实施,也不论是否直接侵犯本国国家或国民的利益,任何一个国家都可以或必须管辖。普遍管辖原则突破了前三项原则,不要求犯罪行为必须发生在本国领域内,不要求犯罪嫌疑人、被告人或被害人必须是本国人,也不要求犯罪行为对本国安全利益直接造成威胁,只要在本国领域内发现被指控实施了国际犯罪者,每一个国家都可以或必须对其行使管辖权。普遍管辖原则弥补了前三项原则的不足,有利于打击严重的国际犯罪,但由于国家主权等因素的影响,该原则是最具争议的一项原则,至今还未得到普遍承认。

---

① 参见赵秉志、王秀梅主编:《国际刑事法院专论》,人民法院出版社 2003 年版,第 219 页。

（一）关于普遍管辖原则的国际立法与实践

在国际法上，最早适用普遍管辖原则的犯罪行为是发生在公海上的海盗行为，海盗曾被视为全人类的公敌而受到谴责。在 17 世纪，海盗行为已被视为是一种国际犯罪。

1.国际立法

第二次世界大战以后，众多的国际公约都规定国家有义务起诉特定犯罪，但该义务并不意味着国家承担了行使普遍管辖权的义务。例如，根据 1948 年《防止及惩治灭绝种族罪公约》的规定，①凡犯有灭绝种族罪者，均应惩治之；缔约国应确认灭绝种族行为为国际法上的一种犯罪，承允防止并惩治之；凡被诉犯灭绝种族罪者，应交由行为发生地国家的主管法院，或缔约国接受其管辖权的国际刑事法庭审理之。但该公约并未规定普遍管辖的义务或者"或起诉或引渡"的义务。1949 年《日内瓦四公约》为缔约国规定了"或起诉或引渡"的义务，但并未明确规定缔约国可以行使普遍管辖权。1949 年《日内瓦四公约》规定，各国有义务搜捕被控为曾犯或曾令人犯此种严重破坏本公约行为之人，并应将此种人，不分国籍，送交各该国法庭。该国亦得于自愿时，并依其立法之规定，将此种人送交另一有关之缔约国审判，但以该缔约国能指出案情显然者为限。② 1977 年《日内瓦四公约第一附加议定书》也为缔约国规定了或起诉或引渡的义务。③ 20 世纪 60 年代以来的一系列反对恐怖主义的公约，如 1970 年《关于制止非法劫持航空器的公约》（《海牙公约》）（第 7 条）、1971 年《关于制止危害民用航空安全的非法行为的公约》（《蒙特利尔公

---

① 《防止及惩治灭绝种族罪公约》第 4、1、6 条。
② 《日内瓦第一公约》第 49 条；《日内瓦第二公约》第 50 条；《日内瓦第三公约》第 129 条；《日内瓦第四公约》第 146 条。
③ 《日内瓦公约第一附加议定书》第 85、86、88 条。

约》)（第 7 条）、1979 年《反对劫持人质公约》（第 8 条）等都规定了该义务。

1973 年《禁止并惩治种族隔离罪公约》第 4 条规定缔约国对种族隔离罪具有普遍管辖权。但由于其缔约国主要是发展中国家，该公约缺乏足够的影响。1984 年《禁止酷刑和其他残忍、不人道或有辱人格的待遇或处罚公约》第 4 条要求每一缔约国应保证将该公约中规定的一切酷刑行为规定为犯罪，并应根据其性质的严重程度加以适当惩处。该公约第 5 条要求每一缔约国对在其管辖的任何领土内实施的、或其本国国民实施的、或针对其国民实施的犯罪，应确立管辖权；或被指控的罪犯出现在该国管辖的任何领土内，该国不按有关规定引渡时，应对罪行确立管辖权。该公约第 7 条要求缔约国不引渡罪犯时，应将案件交由主管当局进行起诉。较之于《日内瓦四公约》，该公约明确赋予了各缔约国对酷刑罪的普遍管辖权。

在 1998 年的罗马会议上，大多数国家支持赋予国际刑事法院普遍管辖权，但由于美国强烈反对，最后达成了妥协。因此，《罗马规约》既未赋予国际刑事法院普遍管辖权，也未明确要求缔约国行使普遍管辖权。但《罗马规约》序言规定的管辖权接近于普遍管辖权，[1]《罗马规约》规定的补充性原则为国家的普遍管辖权立法提供了一种激励措施，一些已经批准或打算批准该规约的国家已经或将要采取立法措施，使其国内法院能够满足该规约规定的"补充性原则"的标准。已经采取行动的国家将在下文提及。

2.国际实践

在国际实践中，涉及普遍管辖原则的最具代表性的案例是刚果

---

① 《罗马规约》序言第 4、5、6 段。

诉比利时案(Congo v.Belgium)。① 2000 年 4 月 11 日,比利时布鲁塞尔临时法庭的调查法官对时任刚果外交部长的阿卜杜拉耶·耶罗迪亚·努道姆巴西(Abdulaye Yerodia Ndombasi)签发了国际逮捕令。该逮捕令指控刚果外交部长犯下了严重违反 1949 年《日内瓦四公约》及其附加议定书的战争罪及危害人类罪。

比利时逮捕努道姆巴西与比利时国内立法和卢旺达大屠杀有关。比利时于 1993 年制定了惩治严重违反 1949 年《日内瓦公约》及其 1977 年第一、第二附加议定书的罪行的法律(该法后来被修订),其中明确规定:"比利时法院对于本法规定的罪行有管辖权,无论该行为发生于何处。"1994 年卢旺达大屠杀导致大量的图西族人涌入邻国刚果,在刚果形成了严重的难民问题。1998 年 8 月刚果境内发生了刚果政府和图西族人之间的暴力冲突。当时,努道姆巴西任刚果总统私人秘书,他多次在公开场所煽动对图西族人的种族仇恨。因此,比利时布鲁塞尔法院的冯德迈斯(Vandermeersch)法官对已经担任刚果外交部长的努道姆巴西发出了国际逮捕令(an international arrest warrant)。2000 年 6 月,该国际逮捕令通过国际刑警组织发布给所有国家。

2000 年 10 月 17 日,刚果将比利时起诉到国际法院,要求国际法院"宣布比利时应当撤销 2000 年 4 月 11 日签发的国际逮捕令"。刚果的诉讼理由包括:其一,比利时法律中第 7 条所规定的普遍管辖权

---

① 参见武玉挺:《"刚果诉比利时案"及普遍管辖权初论——国际法院判决与比利时国内实践分析》,载朱利江主编:《北大国际法与比较法评论》(第 3 卷第 1 辑),北京大学出版社 2005 年版,第 165—181 页;刘大群:《论国际刑法中的普遍管辖权》,载朱利江主编:《北大国际法与比较法评论》(第 4 卷第 2 辑),北京大学出版社 2005 年版,第 23—24 页;朱文奇:《国际法追究个人刑事责任与管辖豁免问题》,《法学》2006 年第 9 期;高健军:《对国际罪行的普遍管辖与豁免》,载朱利江主编:《北大国际法与比较法评论》(第 3 卷第 2 辑),北京大学出版社 2005 年版,第 115—134 页。

违反了一国不得在他国领土上行使权力的原则以及联合国会员国主权平等原则,因而违反了《联合国宪章》第 2 条第 1 款的规定;其二,比利时法律第 5 条不承认外交部长外交豁免的规定违反了《维也纳外交关系公约》第 41 条第 2 款的规定。但是,刚果呈递的备忘录仅提到这是对于"在国际习惯法规则上关于在任外交部长绝对的刑事司法豁免"的侵犯,即仅对第二个理由进行了陈述。

国际法院承认:"从逻辑上讲,只有决定第一个理由,才能讨论第二个理由,因为只有当一国在国际法中对某一特定事项享有管辖权时,才会出现关于行使该管辖权的豁免问题";但是,考虑到刚果在最后陈述中没有请求法院就比利时的管辖权问题加以裁决,因此,法院决定不对这一问题做进一步的讨论,而是"假设比利时依据国际法拥有管辖权去发布和通告 2000 年 4 月 11 日的逮捕令"①。法院首先指出:"一些国家的某些高级官员,像国家元首、政府首脑和外交部长,如同外交和领事官员一样,在他国享有民事和刑事管辖豁免,这是国际法中牢固确立的原则。"关于判决的依据,法院认为,虽然 1961 年《维也纳外交关系公约》和 1969 年《特别使团公约》"对于豁免问题的某些方面提供了有益的指引","但它们没有包含任何专门界定外交部长所享有的豁免的规定。因此,在本案中法院必须基于习惯国际法裁判争端"。法院同时指出:"在习惯国际法中,赋予外交部长以豁免并非出于他们个人的利益,而是为了确保他们能够代表各自国家有效履行职责。"②在考察了外交部长职责的性质后认

① Case concerning the Arrest Warrant of 11 April, 2000(Democratic Republic of the Congo v. Belgium), Judgment of 14 February, 2002, in http://www. icj-cij. Org/icjwww/idocket/ iCOBEframe, htm, 21 Mar. 2003, [hereinafter Arrest Warrant]. 转引自高健军:《对国际罪行的普遍管辖与豁免》,载朱利江主编:《北大国际法与比较法评论》(第 3 卷第 2 辑),北京大学出版社 2005 年版,第 117 页。
② Arrest Warrant, para. 51-53.

为:"在任期内,他或她在国外享有完全的刑事管辖豁免和不可侵犯权,这种豁免和不可侵犯权可以保护有关个人不受另一国政府妨碍其履行职责的行为的影响。……因为如果一个外交部长在国外由于刑事指控而被逮捕,那么很明显,他或她就不可能履行其职责。……而且,即使仅仅存在这样一种危险,即到另一国旅行或过境可能会使他或她面临司法程序,也会阻碍一个外交部长进行国际旅行,尽管出于履行公务职责的目的有时需要他或她这样做。"①

国际法院列举了现任或前任外交部长不享有豁免的四种情况:①根据国际法他们在本国内不享有豁免;②本国放弃了豁免权;③前任外交部长,在其担任公职以前或以后所犯下的罪行,或在其担任公职期间以私人身份所犯下的罪行;④在国际刑事审判机构中审判,如前南国际刑庭、卢旺达国际刑庭以及国际刑事法院。②

从国际法院对"逮捕令案"的正式判决看,国际法院不承认比利时行使的普遍管辖权。但是,法官之间对该案的判决存在严重分歧。有相当一部分法官认为普遍管辖权理论发展迅速,比利时的指控是可以得到支持的。③ 这部分法官几乎一致认为在近年的发展趋势下,同海盗罪一样,普遍管辖权是能够适用于战争罪、反人类罪等罪行的。有几位法官发表的联合意见提出,虽然对于这些罪行还未建立普遍的国家实践,但同样也无法证明存在实施普遍管辖是违反国际法的法律确信。而且,逐渐增多的关于严惩国际罪行的多边

---

① Arrest Warrant, para. 54—55.
② 参见刘大群:《论国际刑法中的普遍管辖权》,载朱利江主编:《北大国际法与比较法评论》(第4卷第2辑),北京大学出版社2005年版,第23页。
③ Alexander Orakhelashvili, "International Decision: Arrest Warrant of 11 April 2000", *The American Journal Int'l Law*, 2002, p.681. 转引自武玉挺:《"刚果诉比利时案"及普遍管辖权初论——国际法院判决与比利时国内实践分析》,载朱利江主编:《北大国际法与比较法评论》(第3卷第1辑),北京大学出版社2005年版,第176—177页。

条约在起草过程中有意肯定了国内法庭对国际罪行的普遍管辖权。因此,在不存在对普遍管辖的禁止性规则以及国际舆论日益倾向惩治危害国际社会的罪行的背景下,比利时的指控并不违反国际法。女法官文格特(比利时籍)积极主张普遍管辖权的适用,认为整个判决是在错误的前提下作出的,对判决的所有问题都投了反对票,而且以很长的篇幅阐述了反对意见。文格特法官论证比利时使用其国内法指控刚果外交部长犯下的战争罪和反人类罪的权利是绝对的,国际法不仅允许甚至应当鼓励这种做法;而同时,其逮捕令是基于战争罪和反人类罪这样的罪行发布的,这决定了豁免权的无效,法院却疏于从平衡现代国际刑法的各种价值角度来考虑这个问题。她认为国际法院丧失了一次极好的机会来推进国际刑法规则的发展。

国际法院的正式判决虽然未支持比利时的普遍管辖权,但从相当一部分法官对国家的普遍管辖权积极支持的态度以及普遍管辖原则的发展趋势看,在不久的将来,普遍管辖权有获得国际法院确认的可能。

（二）关于普遍管辖原则的国内立法和实践

1.国内立法

据统计,世界上有 109 个国家以某种立法形式对具体的侵犯人权的行为规定了普遍管辖权。其中,大多数国家将普遍管辖权局限于严重违反《日内瓦公约》的行为和酷刑罪。72 个国家采纳了最普通的立法模式,如将接受普遍管辖权的具体罪名加以确定。这些国家包括加拿大(罪名广泛),法国、意大利和美国(酷刑罪),德国和俄罗斯(灭绝种族罪),英国(严重违反《日内瓦公约》的行为和酷刑罪)。另一种最普通的立法模式是根据国际条约的具体授权或要求规定普遍管辖权。采用这种模式的国家有 44 个,包括法国、德国、意大利、日本和俄罗斯。只有 13 个国家对所有国际犯罪规定了普遍管辖权。[①]

《罗马规约》通过之后,一些国家制定的执行《罗马规约》的立法中包含了普遍管辖权原则。例如,加拿大 2000 年 6 月 29 日通过了《危害人类罪和战争罪法》,确立了加拿大法院对灭绝种族罪、危害人类罪和战争罪的普遍管辖权;比利时在批准《罗马规约》之前就修订了立法,规定了相似的管辖权,并不要求被告人出现在其领域内。2002 年 6 月 30 日生效的《违反国际法的罪行法典》包含了普遍管辖原则;荷兰于 2002 年批准的《国际治罪法》规定法院对该法中的犯罪具有普遍管辖权。此外,有些国家为执行《罗马规约》提交的法案也包含了普遍管辖原则。

在普遍管辖权立法方面,欧洲国家一直居世界前列,其中比利时的立法最具有突破性和代表性。1993 年,比利时通过了《关于惩治严重违反 1949 年 8 月 12 日日内瓦公约及其 1977 年 6 月 8 日第一和第二附加议定书的罪行的法案》,1999 年将该法修订为《关于惩治严重违反国际人道主义法的行为的法案》。该法第 7 条规定:"比利时法院有权审理本法所规定的犯罪行为,而不论这些行为在何处发生。"[②]据此,比利时法院对一切有关战争罪、危害人类罪和灭绝种族罪的案件都具有管辖权。

这两部法律出台后,即自 1993 年开始,超过五百件有关国际罪行的诉讼涌向了比利时布鲁塞尔法院,其中相当一部分来自位于其

---

① Yves Beigbeder, *International Justice against Impunity*: *Progress and New Challenges*, Boston/Leiden: Martinus Nijhoff Publishers, 2005, p.53.

② 刘大群:《论国际刑法中的普遍管辖权》,载朱利江主编:《北大国际法与比较法评论》(第 4 卷第 2 辑),北京大学出版社 2005 年版,第 27 页。

他国家的非比利时公民。① 2001 年 6 月 8 日,比利时布鲁塞尔的重罪法院根据 1993 年的法律,对 4 名卢旺达人在卢旺达实施的战争罪作出了判决。② 2001 年 6 月,以色列总理沙龙被指控在 1982 年任国防部长期间,命令杀害了在萨布拉和察悌里的巴勒斯坦难民,犯下了战争罪、灭绝种族罪和危害人类罪。比利时法院在此案中行使了普遍管辖权。此案引起了巨大的外交风波,沙龙本人和以色列政府出面干预,要求比利时法院撤销此案。为了防止皮诺切特事件在比利时重演,沙龙取消了对比利时的国事访问。③ 在 2001 年和 2002 年被指控实施了危害人类罪和灭绝种族罪的其他人包括:象牙海岸的总统格班戈伯(Laurent Gbagbo)及其前任罗伯特·古艾(Robert Güei)和内政部长,伊拉克总统萨达姆·侯赛因(Saddam Hussein),古巴总统卡斯特罗(Fidel Castro),巴勒斯坦的阿拉法特(Yasser Arafat),伊朗总统拉夫桑贾尼(Ali Akbar Hashemi Rafsanjani),乍得前总统哈布雷(Hissene Habré),智利前总统皮诺切特(Augusto Pinochet)和毛里

---

① 参见武玉挺:《"刚果诉比利时案"及普遍管辖权初论——国际法院判决与比利时国内实践分析》,载朱利江主编:《北大国际法与比较法评论》(第 3 卷第 1 辑),北京大学出版社 2005 年版,第 179 页。

② 在 1994 年卢旺达大屠杀后,很多卢旺达人逃往国外。卢旺达曾是比利时的殖民地,逃亡到比利时的就有该案的 4 个被告,在避难过程中被比利时抓获。这 4 名被告中,39 岁的万桑·内滋马那,是原卢旺达布塔雷大学的物理教授,曾经在比利时鲁纹天主教大学留学,大屠杀后到比利时避难,1995 年被指控在大屠杀中开列了遭清洗的图西族教师名单,造成至少 9 人被害;51 岁的阿尔封斯·里卡尼罗,前政府部长,大屠杀时是一家火柴厂的老板,被指控写信煽动工人对图西族人进行种族清洗。另两名女被告是卢旺达一所修道院的负责人,被指控将修道院内躲藏了数百名图西族人的车库浇汽油点燃,并将生存者交给了胡图族民兵,有人控告她们造成数千人被害。参见武玉挺:《"刚果诉比利时案"及普遍管辖权初论——国际法院判决与比利时国内实践分析》,载朱利江主编:《北大国际法与比较法评论》(第 3 卷第 1 辑),北京大学出版社 2005 年版,第 180 页。

③ 参见刘大群:《论国际刑法中的普遍管辖权》,载朱利江主编:《北大国际法与比较法评论》(第 4 卷第 2 辑),北京大学出版社 2005 年版,第 28 页。

塔尼亚前总统塔亚（Maaouya Ould Sid'Ahmed Taya）。在 2003 年 3 月和 6 月,美国政治军事领导人因 1991 年海湾战争、2003 年伊拉克战争和阿富汗战争受到指控,包括布什（George W.Bush）总统、国防部长拉姆斯菲尔德（Donald Rumsfeld）、国务卿鲍威尔（Colin Powell）、弗兰克斯（Tommy Franks）将军和英国首相布莱尔（Tony Blair）。2003 年 5 月 13 日,拉姆斯菲尔德提出,如果不废止该法案,他将反对为位于比利时的北约组织做任何新投资,并考虑将北约总部迁出比利时。①

美国施加的压力和威胁、以色列的抗议和难以招架的、潮水般涌来的诉讼,迫使比利时政府和议会撤销了 1993 年和 1999 年的法律。2003 年 8 月 1 日比利时议会通过了一部严格限制比利时法院管辖权的新法律。比利时法院从此以后仅对涉及被告是比利时人或其主要住所在比利时,或被害人是比利时人或犯罪发生时其在比利时居住三年以上,或国际条约要求比利时对该案行使管辖权的国际犯罪具有管辖权。由此可见,新法律和 1993 年及 1999 年法律不同的是,要求案件和比利时具有一定的联系。但是,如果国际条约或习惯法有规定时,联邦检察官可以起诉与比利时没有联系的案件。对发生在比利时境外和被告不是比利时人的犯罪,政府可以将其提交国际刑事法院或接受国际刑事法院管辖权的国家的法院,或甚至不接受该管辖权但有公正的司法制度和民主制度的国家。被邀请到比利时的外国领导人、外交人员和武装部队成员的合法豁免权将受到尊重。此后,除卢旺达人灭绝种族罪和对乍得前独裁者哈布雷的诉讼等少量案件外,其他所有案件均被撤销。

---

① Yves Beigbeder, *International Justice against Impunity：Progress and New Challenges*, Boston/Leiden：Martinus Nijhoff Publishers,2005,p.54.

比利时普遍管辖权立法本身是理想的,但在实施过程中荆棘丛生、障碍重重,最终只制裁了一些弱国的犯罪人,而对起诉大国领导人的大量案件却无能为力,甚至最后因经不住大国的威胁,废止了世界上最理想的普遍管辖权立法,其新立法已退回到原有的状态。

综上所述,在四项刑事管辖原则中,属地管辖原则、属人管辖原则和保护管辖原则都与主权国家有直接联系,唯有普遍管辖原则不是基于联系因素,其存在的合理依据是犯罪的性质。对某些严重危害了国际社会整体利益的犯罪行为,如果仅依据直接联系因素,仅根据前三项原则由有关国家行使管辖权,则犯罪人很有可能逃脱制裁,而普遍管辖原则突破了前三项原则的藩篱,能够为有效惩罚和防止犯罪另辟蹊径,是比较理想的管辖原则。但从比利时普遍管辖权立法由激进到倒退的过程以及不成功的实践看,国家主权、政治、经济、外交等原因都是普遍管辖原则发展的障碍。要克服这些障碍,顺利推行普遍管辖权,使普遍管辖原则获得主权国家的普遍承认,还需要走一段路程。

第二节　国际刑事法院管辖权的补充性原则

国际刑事法院的设立,引起了国际刑事法院和国家法院之间的适当关系问题。要解决这个问题,就不得不解决国际刑事法院管辖权的性质问题。关于国际刑事法院管辖权的性质问题,在理论上存在不同的主张。

一、关于国际刑事法院管辖权性质的各种主张

关于国际刑事法院管辖权的性质问题,在理论上存在以下几种主张:[①]

第一,强制管辖权。强制管辖权又称排他管辖权,是指国际刑事法院对特定的罪行具有绝对的排他性的管辖权,而任何国家不得对属于国际刑事法院职权范围内的被告人和国际罪行主张和行使管辖权。

第二,优先管辖权。优先管辖权是指在国际刑事法院和有关国家的国内法院都对特定的犯罪嫌疑人或特定的国际罪行有管辖权的情况下,国际刑事法院可以不经有关国家事先同意就可以行使管辖权;或者在发生管辖权冲突的情况下,国际刑事法院的管辖权优先于国家国内法院的管辖权,国内法院因此放弃或不再主张行使管辖权。

第三,平行管辖权。平行管辖权是指国际刑事法院和国家的国内法院一样,根据国际法所承认的管辖权的一般原则和有关国际公约的规定,对特定的犯罪人实施的任何特定的国际罪行具有同样的管辖权,国家有权选择由谁来行使管辖权。

第四,复审管辖权。复审管辖权是指国际刑事法院只是在必要时,对国内法院就特定犯罪嫌疑人和特定国际罪行作出的判决进行复审,而其本身并不对特定的犯罪嫌疑人和其所犯下的特定国际罪行直接进行审判。

第五,补充管辖权。补充管辖权是指国际刑事法院只是在有关

[①] 下文关于国际刑事法院管辖权性质的各种主张的阐述,引自张旭主编:《国际刑法——现状与展望》,清华大学出版社 2005 年版,第 191—192 页;高燕平:《国际刑事法院》,世界知识出版社 1999 年版,第 89—91 页。

国家的国内审判机构和程序不存在、不能有效履行职责和其他特殊情况下,才可以对特定的犯罪嫌疑人和特定的国际罪行行使管辖权。

如果国际刑事法院能拥有强制管辖权,就能保证其权威地位,能有效打击国际犯罪,看似理想,但强制管辖权超越了国家主权,无法得到国家的普遍支持;如果该法院能像前南刑庭和卢旺达刑庭那样,拥有优先管辖权,也比较理想,但优先管辖权和强制管辖权一样,也有侵犯国家主权之嫌,也不会得到足够的支持;如果该法院拥有复审管辖权,就会被有些人斥责为国家法院的上诉法院,亦不会获得广泛支持;如果该法院能够和主权国家一样,对特定犯罪具有同样的管辖权,看似该法院能够和主权国家平等行使管辖权,但在这种情况下,国家有权选择由谁行使管辖权,国家一般不会将对特定犯罪的管辖权让予该法院,该法院会因此形同虚设;如果该法院只拥有补充性管辖权,就意味着一方面将国家主权放在了首要地位,另一方面能够弥补国家不愿意或不能够行使管辖权时造成罪犯逍遥法外的缺漏。可见,补充性管辖权既能满足国家维护主权的愿望,又能比较有效地打击国际犯罪,是国际社会在现阶段的最佳选择。

二、国际刑事法院管辖权的补充性原则

根据国家主权原则,国家有权对发生在本国领域内的犯罪行使属地管辖权,有权对本国国民在本国领域外实施的犯罪行使属人管辖权。这两项权力是主权国家固有的排他的权力,一般情况下,国家不会放弃这两项权力,甚至当发生在本国领域内的犯罪或本国国民实施的犯罪严重影响了整个国际社会的利益时,国家也宁愿由自己行使管辖权,而不愿由一个国际司法机构这样做。如果国家能够有效地对国际犯罪行使管辖权,就无须借助于其他手段。但在现实社

会中,有的国家也许不愿意或不能够对国际犯罪行使管辖权,在国家与犯罪的联系有限的情况下尤其如此。因此,国际社会需要排除国家行使排他管辖权的固有观念,需要建立常设性国际刑事法院来防止严重国际犯罪逃脱法网。在《罗马规约》的起草过程中,一些国家希望建立一个强有力的国际刑事法院;另一些国家则强烈反对建立一个影响其主权的国际司法机构。两派国家经过激烈的斗争,最后达成的妥协方案就是确定国际刑事法院管辖权的补充性原则。

《罗马规约》序言第 6 段和第 10 段分别规定了国家法院对国际犯罪的管辖义务、优先管辖权及国际刑事法院的补充管辖权,从而确立了法院管辖权的补充性原则。继序言之后,《罗马规约》第 1 条规定,法院有权就《罗马规约》所提到的、受到国际关注的最严重犯罪对个人行使其管辖权,并对国家刑事管辖权起补充作用。该条重申和加强了补充性原则。

补充性原则体现了国家管辖权与国际刑事法院管辖权之间的关系。在什么情况下由国家行使优先管辖权? 在什么情况下由法院行使补充管辖权? 在国家优先管辖权与法院补充管辖权之间发生冲突时,如何处理?《罗马规约》第 5—8 条、第 12—15 条、第 17—20 条、第 82 条等实体规则及程序规则确定了补充性体制的具体框架及实施途径,这些规定可以回答上述问题。

国际刑法本身包含了名目繁多的国际犯罪,但根据《罗马规约》第 5—8 条,法院只对灭绝种族罪、危害人类罪、战争罪和侵略罪这四类核心犯罪具有管辖权。这意味着将大部分国际犯罪留给国家去管辖,法院只在国家不愿意或不能够对这几类犯罪行使优先管辖权时,才行使补充性管辖权,以填补这些犯罪得不到管辖的空缺,以达到"决心使上述犯罪的罪犯不再逍遥法外"的目的。第 5—8 条的规定从实体上体现了补充性原则。鉴于补充性原则主要体现在《罗马规约》的程序性规定中,本书着重从程序性规定入手,阐述补充性原则。

《罗马规约》的程序性规定主要通过以下几方面来体现补充性原则:

(一) 案件的可受理性问题

《罗马规约》第 17 条规定了案件的可受理性问题。依据该条,法院有义务也有权力解决该问题。

1.不可受理性问题。为了体现补充性原则,《罗马规约》第 17 条直接对法院和拥有管辖权的国家之间的管辖权限作了划分,法院的检察官和各法庭必须遵守第 17 条规定的可受理性标准。根据第 17 条的规定,若案件被确定为不可受理,法院就不能行使管辖权。这些"可受理性"标准,为主权国家在其国内法院起诉这些案件提供了一道保护屏障,可将法院阻挡于屏障之外。

根据第 17 条第 1 款,有下列情形之一,法院应断定案件不可受理:①对案件具有管辖权的国家正在对案件进行调查或起诉,除非该国不愿意或不能够切实进行调查或起诉;②对案件具有管辖权的国家已经对该案进行调查,而且该国已决定不对有关的人进行起诉,除非作出这项决定是由于该国不愿意或不能够切实进行起诉;③有关的人已经由于作为控告理由的行为受到审判,根据第 20 条第 3 款,本法院不得进行审判;④案件缺乏足够的严重程度,法院无采取进一步行动的充分理由。若法院根据该四项标准断定案件不可受理,法院就应当尊重国家的优先管辖权,不能越俎代庖。①

---

① 《罗马规约》第 17 条体现的国际刑事法院的补充管辖权和前南刑庭与卢旺达刑庭的优先管辖权迥异。以塔迪奇案为例,在该案中,德国已启动了刑事诉讼程序,愿意并有能力追究塔迪奇的刑事责任,但前南刑庭凭借自己享有优先管辖权,要求德国将该案移交给它来审理,德国遂将该案移交前南刑庭。而国际刑事法院仅具有补充性管辖权,如果遇到此种情形,根据第 17 条,案件为不可受理,除非具备可受理的情形。

2.可受理性问题。第 17 条第 1 款一方面规定,如果有管辖权的国家正在调查或起诉法院也有管辖权的案件,或该国已经对该案作了调查,并决定不对有关的人进行起诉,或已对有关人进行了审判,或案件缺乏足够的严重性,法院不能再行调查或起诉;另一方面又规定,如果法院能够证明国家法院不愿意或不能够切实地追究犯罪时,就可断定案件可以受理,由自己行使管辖权。

第 17 条第 1 款为法院断定案件的可受理性规定了标准,即对案件有管辖权的国家"不愿意(unwilling)或不能够(unable)切实(genuinely)进行调查或起诉"时,法院才能断定案件可以受理。第 17 条第 2 款和第 3 款分别对"不愿意"与"不能够"做了进一步界定。

(1)"不愿意"的标准。依据第 17 条第 2 款,为了确定某一案件中是否有不愿意的问题,法院应根据国际法承认的正当程序原则,酌情考虑是否存在下列一种或多种情况:其一,已经或正在进行的诉讼程序,或一国所作出的决定,是为了包庇有关的人,使其免负第 5 条所述的本法院管辖权内的犯罪的刑事责任;其二,诉讼程序发生不当延误,而根据实际情况,这种延误不符合将有关的人绳之以法的目的;其三,已经或正在进行的诉讼程序,没有以独立或公正的方式进行,而根据实际情况,采用的方式不符合将有关的人绳之以法的目的。

由于"不愿意"一词主观性强,在《罗马规约》的磋商过程中,各代表团对如何界定该词的含义,争议很大。争议的难题集中于断定"不愿意"标准的主观性或客观性程度问题,以便排除包含主观因素的词语。但是,断定"不愿意"的权力属于法院,主观性仍然被保留了下来。最后,起草者达成了妥协方案,为了有助于对"不愿意"作出断定,增加了"切实地"(genuinely)一词。该词得到了一些代表团的有力支持,他们认为较之于国际法委员会在《罗马规约草案》中使用的"有效地"(effectively)或"认真地"(diligently),该词的含义更为客观。另一些代表团则认为"切实地"甚至比其他词语更含糊。然而,该词却作为"最不客观的词语"被通过了。①

有学者认为,"切实地"一词在适用上会产生两个有争议的问题:"切实地"是指有关国家的动机(motives)不真诚(如含糊其辞或貌似坦诚,duplicitous or disingenuous)的情形,还是指国家真正(really)不能够或不愿意起诉的情形? 有人认为,根据国际法委员会使用"有效地"和"认真地"两词的目的和《罗马规约》起草者使用"切实地"的意图,通过对第 17 条的分析,可以推断"切实地"是指国家真正不愿意或不能够进行诉讼程序。②

关于可受理性问题,不仅在谈判中是最有争议的问题之一,而且在实践中也是很难把握的问题。第 17 条第 2 款中的"包庇"一词本身是一个宽泛的概念,它本身包含了另外两个标准,即"不当迟延"与"不独立和不公正"。但《罗马规约》的起草者却为法院规定了三个相互独立的标准。有人批评《罗马规约》关于断定可受理性的标准太高,会使法院长期卷入复杂的管辖权问题中,造成讼累。③ 但有学者认为,虽然要断定正在进行调查或起诉的国家是否具有包庇某人的目的,并不容易,但也不是不可能。实际上,在有人指控发生《罗马规约》规定的犯罪的任何特定情势中,将会有大批行为人。法院可以根据调查或起诉这些人的虚假诉讼的事实进行推断。在一国进行的诉讼程序明显背离正常的法律程序时,法院完全可以怀疑其

---

① Mohamed M.El Zeidy,"The Principle of Complementarity:A New Machinery to Implement International Criminal Law", *Michigan Journal of International Law*, Vol. 23, 2002, pp. 899-900.

② Mohamed M.El Zeidy,"The Principle of Complementarity:A New Machinery to Implement International Criminal Law",*Michigan Journal of International Law*,Vol.23,2002,p.900.

③ John T.Holmes,"Complementarity:National Courts Versus the ICC",in Olympia Bekou and Robert Cryer(eds.),*The International Criminal Court*, Aldershot/Burlington:Dartmouth/Ashgate Publishing Company,2004,p.267.

行为的合法性。例如,超越正常的刑事(或民事或军事)诉讼程序,任命与被告人在政治上有亲密关系的一名特殊调查员的行为,就是一个背离正常程序的决定性因素。将案件转移到秘密法庭进行审判也是可考虑的因素。① 笔者认为,前南斯拉夫的例子可以借鉴。在出现严重违反国际人道法暴行后的前南斯拉夫境内,部分国家的法院与新出现的继承国法院在继续发挥作用,但不能对犯罪进行有效的指控,这些法院进行的任何诉讼程序都企图包庇犯罪人,使其免负刑事责任。这种情况完全属于"不愿意"指控的情况。除"包庇"外,"不愿意"的第二个标准是"不(正)当迟延"(unjustified delay),即诉讼程序发生不当迟延,不符合将被告绳之以法的目的。起初这个标准为"不适当迟延"(undue delay),但有人认为这个标准的适用门槛太低,最后修改为"不(正)当迟延"。"不正当"(unjustified)较之于"不适当"(undue),门槛更高。"不正当"一词意味着在法院断定案件可受理前,国家有解释任何迟延的权利。否则,法院不考虑有关国家的意见或合理化建议,就会作出"不适当迟延"的认定。② 笔者认为,诉讼程序的延误,通常既有主观原因也有客观原因。如果诉讼程序延误归于不可克服的客观原因,属于正当迟延;如果迟延是为了让被告人逃脱审判,是恶意行为,属于不正当迟延。一国的主观恶意不易判断,但主观恶意可通过行为外在化。各国通常依据案件的大小及难易程度设置了合理的诉讼期间,如果一国对《罗马规约》中犯罪的处理明显超过了类似情况下,难易程度相当的案件的诉讼期间,就可认为该国的诉讼程序发生不当延误,具有包庇罪犯使其逃避刑事

---

① John T.Holmes, "Complementarity:National Courts Versus the ICC", in Olympia Bekou and Robert Cryer(eds.), *The International Criminal Court*, Aldershot/Burlington:Dartmouth/Ashgate Publishing Company,2004,p.267.

② Mohamed M.El Zeidy, "The Principle of Complementarity:A New Machinery to Implement International Criminal Law", *Michigan Journal of International Law*, Vol.23,2002,pp.900-901.

责任的目的。"不愿意"的第三个标准是一国的诉讼程序不具有独立性和公正性。如果法院能够断定诉讼程序"没有以独立或公正的方式进行",而采用的方式"不符合将有关的人绳之以法的目的",案件就可以受理。第三个标准和前面两个标准是重叠的,"包庇"与"不当延误"的目的是为了包庇被告,使其免受审判、免受惩罚,这本身就是不独立不公正的。

《罗马规约》的谈判者为了使可受理性标准尽可能具有客观性,不但将含义相互重叠的标准划分为三个方面,而且在最后的谈判中又增加了"本法院应根据国际法承认的正当程序原则"这样一段话,①以更进一步增强三个标准的客观性。但仍然有人认为,由于《罗马规约》没有界定这段话的含义,检察官在满足可受理性的客观标准问题上将会有广泛的自由裁量权。②

（2）"不能够"的标准。根据第 17 条第 3 款,为了确定某一案件中是否有不能够的问题,法院应当考虑,一国是否由于本国司法系统完全瓦解,或实际上瓦解或者不存在,因而无法拘捕被告人或取得必要的证据和证言,或在其他方面不能进行本国的诉讼程序。在谈判中,一些代表认为,一国的司法系统完全或实际上瓦解或不存在这两个标准会限制法院采取行动的能力,又增加了"或者在其他方面不能进行本国的诉讼程序"这段话。其中的"其他方面"可以涵盖前两个标准之外的因素。例如,一国缺乏有关的立法,或者一国拘捕了被告人并拥有必要的证据,但没有合格的起诉人员提起有效指控,就是"在其他方面不能进行本国的诉讼程序"。

和界定"不愿意"相比,界定"不能够"的争议较少,主要是因为

---

① 《罗马规约》第 17 条第 2 款。

② Mohamed M.El Zeidy,"The Principle of Complementarity：A New Machinery to Implement International Criminal Law"，*Michigan Journal of International Law*，Vol.23，2002，p.902.

"不能够"本身是一个更加客观的、由事实决定的概念。一国"不能够"履行义务,是因为该国的司法管辖存在缺陷,这种缺陷是客观存在的事实,容易判断。例如,在卢旺达,大屠杀后司法系统基本瓦解,无法对犯罪人进行有效的调查和起诉,就属于"不能够"的情形。

　　除了论及可受理性问题外,还有人提出了与补充性原则密切相关的"大赦(amnesty)、特赦(pardon)、假释(parole)"问题。① 该问题在筹备委员会上提出,在罗马会议上讨论过,但最终未规定在《罗马规约》中。因为,在磋商中,一些代表团担忧法院会因此介入一国的行政(假释)或政治决策(大赦、特赦)程序;另一些代表团认为这个提议没有必要,因为可受理性条款为法院审查恶意大赦或特赦案件提供了足够的余地。因此,在《罗马规约草案》的最后文件中未做规定。有人认为《罗马规约》中未包括特赦和大赦条款,是补充性体制潜在的最大缺陷。这种缺漏为一国对某人调查、起诉、定罪、判刑之后,很快又将其赦免,提供了机会。② 对国际犯罪实施赦免的示例在现实中屡见不鲜。例如,在 20 世纪 70 年代前期,美国某法院对在越

---

① 我国在理论上将赦免分为大赦与特赦。大赦是指由国家最高权力机关或国家元首以命令方式宣告,对某一时期内的特定罪犯或一般罪犯予以赦免的制度。包括:(1)未提起诉讼的,不再提起;(2)已提起诉讼而未判刑的,不再判刑;(3)已经判刑的,不予执行;(4)刑罚正在执行的,不再执行;(5)刑罚已经执行完毕的,视为无前科。我国现行法律没有规定大赦制度。特赦是指由国家最高权力机关或国家元首以命令方式宣告,对已被判刑的特定罪犯赦免其刑罚的全部或一部分的制度。不同于大赦:(1)大赦不但可以赦免罪犯的刑,而且可以赦免罪犯的罪,特赦则只能赦免罪犯的刑;(2)大赦的效力及于特定犯罪或一般犯罪中的一切罪犯,特赦的效力只及于特定的罪犯;(3)大赦既可行于判决之后,也可行于判决之前,特赦则只可行于判决确定之后。在中国,决定特赦的权限属于全国人大常委会。中国从 1959 年到 1975 年实行了七次特赦,其对象,除第一次为战争罪犯、反革命罪犯和普通刑事罪犯外,其余六次都是战争罪犯,均以确实已经改恶从善为前提。参见《辞海》,上海辞书出版社 1989 年版,第 710、1633 页。

② Mohamed M.El Zeidy,"The Principle of Complementarity:A New Machinery to Implement International Criminal Law",*Michigan Journal of International Law*,Vol.23,2002,p.972.

南的马莱(My Lai)村屠杀了数以百计平民的坎雷(William Calley)，作了战争罪判决，并判处终身监禁。但是，仅在短期拘禁之后，时任美国总统的理查德·尼克松介入了此案，并特赦了他。[1] 另外，智利前总统皮诺切特的案件以及国际刑事法院目前正在处理的乌干达圣灵抵抗军案件也是涉及赦免的典型例证。有学者同样认为，不规定赦免问题会对法院的有效运作造成负面影响。另外，这会使人们怀疑《罗马规约》本身的有效性，是极其危险的。[2]

　　笔者认为，对于恶意赦免，可以根据《罗马规约》序言及第 17 条进行解释。序言第 6 段规定，各国有义务对犯有国际罪行的人行使管辖权。如果大赦发生于调查起诉前，可以依第 17 条第 2 款扩大解释为"不愿意"进行诉讼程序；如果大赦发生于调查开始后的任何时候，皆可按照该款的字面意思进行解释。特赦可以结合第 20 条第 3 款和第 17 条第 2 款进行解释。无论是发生在诉讼前或诉讼中的任何阶段的恶意大赦，还是判决确定后的恶意大赦或特赦，实质上都属于包庇行为，不符合将犯罪人绳之以法的目的。只有这样解释，才符合《罗马规约》的宗旨与目的。[3] 不过，对此问题能做最权威解释者，当属国际刑事法院。《罗马规约》的空白为该法院赋予了自由裁量权，该法院自己可以通过断定案件是否可以受理或是否继续进行诉讼来解决赦免带来的问题。

(二)检察官自行调查程序

　　根据《罗马规约》第 13 条关于法院管辖权启动机制的规定，法

---

①　Mohamed M.El Zeidy,"The Principle of Complementarity：A New Machinery to Implement International Criminal Law", *Michigan Journal of International Law*, Vol.23, 2002, p.944.

②　Mohamed M.El Zeidy,"The Principle of Complementarity：A New Machinery to Implement International Criminal Law", *Michigan Journal of International Law*, Vol.23, 2002, p.972.

③　《罗马规约》序言第 4 段和第 5 段。

院检察官开始调查一项犯罪是法院管辖权的启动方式之一。根据《罗马规约》第 15 条第 1、2 款的规定,在收到显示法院管辖权内的犯罪发生的资料时,检察官可以开始调查有关情势。检察官应当分析所收到的资料的严肃性。为此目的,检察官可以要求国家、联合国机构、政府间组织或非政府组织,或检察官认为适当的其他可靠来源提供进一步资料,并可以在本法院所在地接受书面或口头证言。

检察官在获得资料后,正式开始调查前,应根据第 53 条充分考虑是否存在调查的合理根据,即在调查前,必须首先考虑下列因素:①是否有人已经实施或正在实施法院管辖权内的犯罪;②根据第 17 条,该案件是否为可予受理或将可予受理;③考虑到犯罪的严重程度和被害人的利益,是否仍有实质理由认为调查无助于实现公正。[1] 通过考虑,会得出两种结果:其一,有合理根据。如果检察官认为有进行调查的合理根据,应当请求预审分庭授权调查,并提交任何辅助材料。[2] 预审分庭在审查请求和辅助材料后,如果认为有合理根据,并认为法院对该案有管辖权,应授权开始调查。这并不妨碍法院其后就案件的管辖权和可受理性问题作出断定。[3] 预审分庭授权调查的决定能否上诉,《罗马规约》未做规定。如果预审分庭认为无合理根据,会拒绝授权调查,检察官不能开始调查,但如果检察官以后发现了新的事实或证据,可以就同一情势再次提出请求。[4] 其二,无合理根据。对获得的资料审查后,如果检察官认为无合理根据进行调查,就应当通知提供资料者。如果有新的事实或证据,检察官可以重新考虑是否开始调查。[5]

---

[1] 《罗马规约》第 53 条第 1 款。
[2] 《罗马规约》第 15 条第 3 款。
[3] 《罗马规约》第 15 条第 4 款。
[4] 《罗马规约》第 15 条第 5 款。
[5] 《罗马规约》第 15 条第 6 款。

一般情况下,国家检察官如果掌握了犯罪线索,就可以开始调查。但在《罗马规约》规定的体制下,国际刑事法院检察官为了断定是否有合理根据进行调查,有义务凭借有限的权力认真收集和分析涉及犯罪的资料,以断定是否满足第 53 条规定的条件。如果条件全部得以满足,检察官就应当请求预审分庭授权调查。只有得到授权,方可开始调查。可见,《罗马规约》在赋予检察官自行调查权的同时,又赋予预审分庭在其调查前的审查权和授权调查的权力,以此限制检察官的权力,以防止检察官对案件施加政治影响,终极目的是体现国家的优先管辖权和法院对国家管辖权的补充作用。

(三)可受理性问题的初步裁定程序

在检察官依据第 15 条获得预审庭的授权或国家依第 13、14 条向他提交情势后,①就应当按照第 18 条采取行动。第 18 条是在美国提案的基础上形成的。在筹备委员会 1998 年 3 月至 4 月的会议上,美国代表团提出一项草案:标题是初步裁定,目的是为了保证有关的国家知悉检察官正在进行的调查。它规定如果一国正在进行相同的调查,检察官有义务等候,除非该事项根据公约的补充性原则是可以受理的;如果适用补充性原则的例外规则,则允许检察官审查一国调查的进展情况和请求裁定重新开始调查。由于美国的草案提得太晚,来不及在筹备委员会上讨论,于是筹备委员会将该草案作为规约草案的第 16 条提交罗马大会讨论。② 经过讨论,最终出台了第 18 条。根据该条,检察官根据国家提交的情势认为有合理根据开始调

---

① 《罗马规约》第 18 条不适用于安理会提交情势的情况。因为,如果安理会要向国际刑事法院提交情势,就必须以通过正式决议的方式作出。安理会决议是众所周知的,不需要检察官通知有关国家。

② 参见李世光、刘大群、凌岩主编:《国际刑事法院罗马规约评释》(上册),北京大学出版社 2006 年版,第 224 页。

查时,或根据预审庭的授权开始调查时,应通报所有缔约国,及通报根据所得到的资料考虑,通常对有关犯罪行使管辖权的国家。① 在收到通报后的 1 个月内,有关国家可以通知法院,对于可能构成法院管辖权内的犯罪,而且与通报所提供的资料有关的犯罪行为,该国正在或已经对本国国民或在其管辖权内的其他人进行调查。对此,检察官可以根据该国的要求,决定等候该国对有关人的调查,也可以向预审庭请求授权调查。如果得到授权,国家可以上诉;如果得不到授权,检察官可以上诉。② 在未得到预审庭的授权时,检察官应等候国家对有关人的调查。③ 虽然检察官应等候一国的调查,但在决定等候之日起 6 个月后,或在由于该国不愿意或不能够切实进行调查,情况发生重大变化的任何时候,可以由检察官复议。④ 若有关国家在收到通报后 1 个月内未做回应,检察官可以调查。

第 18 条是实施第 17 条所述的补充性原则的第一个环节,是在第 19 条关于对法院的管辖权和案件的可受理性提出质疑程序之前的一道程序。依据第 18 条,在检察官接到国家提交的情势后,认为有合理根据并决定开始调查时,或者得到预审庭的授权开始调查时,检察官有义务通知有关国家,以便让有关国家在检察官调查开始前参与评估法院对案件可受理性的断定问题。这个程序将国家的意愿放在了首位,体现了补充性原则对国家主权的尊重。

正因为第 18 条为实施补充性原则增加了一个环节,所以有人担忧不愿意切实采取行动的国家会利用第 18 条及随后的质疑程序拖

---

① 《罗马规约》第 18 条第 1 款。
② 《罗马规约》第 18 条第 4 款和第 82 条。
③ 《罗马规约》第 18 条第 1 款。
④ 《罗马规约》第 18 条第 3 款。

延诉讼,因而威胁检察官保全证据的能力。①

（四）对法院管辖权和案件可受理性的质疑程序

《罗马规约》第19条规定了对法院管辖权和案件可受理性的质疑程序。质疑程序是继第15条检察官自行调查程序、第18条初步裁定程序之后实施补充性原则的又一道程序。第19条的基本内容可概括为:①法院管辖权和案件可受理性问题的裁决者为法院。法院应确定对收到的任何案件具有管辖权。法院可以根据第17条自行断定案件的可受理性。②提出质疑的主体。下列主体可以根据第17条所述理由,②对法院的管辖权和案件的可受理性提出质疑:③其一,被告人或根据第58条已对其发出逮捕证或出庭传票的人;其二,对案件具有管辖权的国家,④以正在或已经调查或起诉该案件为由

---

① John T.Holmes, "Complementarity: National Courts Versus the ICC", in Olympia Bekou and Robert Cryer (eds.), *The International Criminal Court*, Aldershot/Burlington: Dartmouth/Ashgate Publishing Company, 2004, p.273.

② 依第19条第2款第2项,质疑的理由仅限于第17条第2款第1、2项所述的理由,排除了第17条中有关的人已受审判的情形和案件严重性的标准,但第19条第4款又包括了已受审判的情形。这样,案件的严重性标准在第19条中未体现。

③ 第19条第9款规定:"提出质疑不影响检察官在此以前采取的任何行动,或本法院在此以前发出的任何命令或逮捕证的有效性。"

④ 有学者认为,既然所有国家根据国际法可以对国际刑事法院管辖权内的犯罪行使普遍管辖权,那么第19条第2款第2项很可能仅指在国内法中规定本国法院对该案有管辖权的那些国家。国家管辖权的依据可以是属地原则、保护原则、犯罪嫌疑人或被害人国籍原则或普遍性原则。但有学者主张对此应作更严格解释。理由为,如果将补充性原则适用于任何可能有管辖权依据的每一个国家,将会阻却有效指控大量案件。的确,任何国家都有可能利用普遍管辖原则,向国内法院提起诉讼,因而妨碍法院的工作。因此,将补充性原则仅适用于与犯罪行为或被告人有直接联系的国家,似乎更有说服力。另有人认为,这样理解合情合理,符合《罗马规约》的精神和目的。Mohamed M.El Zeidy, "The Principle of Complementarity: A New Machinery to Implement International Criminal Law", *Michigan Journal of International Law*, Vol.23, 2002, p.917.

提出质疑;其三,根据第 12 条需要其接受法院管辖权的国家。① 这些质疑不受启动机制的限制,在安理会提交情势的情况下,也可以提出质疑。③受理质疑与上诉的机构。在确认指控前,对法院管辖权和案件可受理性的质疑,应提交预审庭;在指控确认后法院还未组成或指定审判分庭前,应向院长会议提交;确认指控后,应提交审判分庭。② 对法院就管辖权和可受理性问题作出的裁定,所有当事方都可依第 82 条提起上诉。④检察官的权力。根据第 18 条第 5 款,检察官在法院对国家提出的可受理性质疑作出决定前,应中止调查,③但检察官可以请求法院对管辖权与可受理性问题作出裁定。在作出裁定前,可以请求法院授权采取调查措施,以保全证据,或防止有关的人潜逃(第 18 条第 6 款、第 19 条第 8 款第 1 项)。检察官在确信发现的新事实否定原来认定案件不可受理的依据时,可以请求最后作出不可受理裁定的分庭复议该裁定。⑤对国家及被告人的限制。其一,国家应尽早提出质疑;其二,质疑应在审判前或审判开始时提出,除非有特殊情况并经法院允许,可在审判后提出;其三,每一方只能提出一次质疑,除非有特殊情况并经法院允许,可多次提出质疑;其四,审判开始时,或经法院同意,在审判开始后对某一案件的可受理性的质疑,只可以以"一事不再理"为由提出。④

---

① 这里的"国家"是指非缔约国。在缔约国提交情势和检察官自行开始调查时,如果犯罪地国和犯罪嫌疑人国籍国均不是缔约国,法院要对该情势进行管辖,就必须得到该非缔约国之一声明接受法院的管辖权。非缔约国不会对法院受理该情势提出质疑,但对于检察官经过调查后提出的具体案件,法院是否有管辖权或是否可以受理,有权提出质疑。如果该国国民已受到指控或审判,该国也可以就案件的可受理性提出质疑。

② 《罗马规约》第 61 条第 11 款和《程序与证据规则》第 60 条。

③ 如果国家质疑的是法院的管辖权而非可受理性问题,检察官无须暂停调查。因为第 17 条只涉及可受理性问题,不涉及管辖权问题。

④ 《罗马规约》第 19 条第 4 款、第 17 条第 1 款第 3 项、第 20 条第 3 款。

根据第 19 条，法院是法院管辖权和案件可受理性的唯一裁断人，但各当事方对此裁断有权质疑。质疑程序与第 15、18 条程序的目的相同，都属于保护国家主权的壁垒。但多主体的多重质疑无疑会拖延法院的工作时间，降低法院的工作效率。

（五）一事不再理

国际刑事法庭（院）的管辖权与一事不再理原则的关系十分密切。依据《前南刑庭规约》第 10 条和《卢旺达刑庭规约》第 9 条，尽管前南刑庭和卢旺达刑庭与国内法院有并行管辖权，但前南刑庭和卢旺达刑庭优于国内法院，有权在并行管辖权中优先行使管辖权。因此，根据一事不再理原则，已经受到前南刑庭或卢旺达刑庭审讯过的任何人，就不应在将来再受到国内法院的审判。与前南刑庭和卢旺达刑庭的优先管辖权不同，国际刑事法院不享有优先管辖权，只享有补充性管辖权。补充性原则赋予国家优先管辖权，国家有足够的机会优先审理案件。根据《罗马规约》第 20 条第 3 款的规定，已经受到国内法院审判的任何人，就不应再受到国际刑事法院的审判，除非国内法院在审判中存在包庇、不独立或不公正的情形。国际刑事法院与前南刑庭和卢旺达刑庭的不同做法，体现了补充性原则尊重国家主权的一面。

关于一事不再理原则的论述，详见第二章第一节。

（六）国际司法合作

《罗马规约》序言、第九编以及散现于《罗马规约》其他规定中的条款，都规定了国家与国际刑事法院的合作体制。国际刑事法院几乎在审理案件的方方面面都严重依赖于国家的合作，其合作体制将补充性原则体现得淋漓尽致。关于国际刑事法院的合作体制，在本书第五章有较为详细的论述。

综上所述,补充性原则是在《罗马规约》磋商中,支持建立强有力的法院和强调维护国家主权的两派国家经过激烈斗争后的一种妥协方案。补充性原则意味着对《罗马规约》第5条所述犯罪,国家具有优先管辖权,法院对国家管辖权起补充作用,在国家不愿意或不能够切实行使管辖权时,由法院填补漏洞。第17条体现了补充性原则的实质内容,对法院而言,第5条所述犯罪不可受理是原则,可以受理是例外。如果检察官要主张这个"例外",必须先拥有大量的事实与证据,以证明有关国家对案件不愿意或不能够切实调查或起诉。由于案件本身的复杂性及国际合作方面的障碍,要完成这项工作并非易事。以第15、18、19条为主的程序性规定,为检察官的工作设置了纷繁复杂的程序障碍。从理论上讲,这些规定会加重检察官的负荷,拖延诉讼时间,降低办案效率,影响法院整体的工作效能,最终会阻却法院对正义利益的追求。另外,《罗马规约》中补充性条款的一些内容在理解上存在分歧。在实践中,这些条款的解释和适用权属于法院。法院的解释必然会受到不同法系、不同价值观念的直接影响。无论如何,对《罗马规约》的解释决不能偏离《罗马规约》的宗旨与目的,不能动摇法院存在的基础。

第三节　国际刑事法院管辖权的效力范围

国际刑事法院管辖权的效力范围包括属时管辖、属地管辖、属人管辖和属物管辖四个方面。

一、属时管辖

根据《罗马规约》第 11 条（属时管辖权）的规定，国际刑事法院仅对《罗马规约》生效后实施的犯罪具有管辖权；对于在《罗马规约》生效后成为缔约国的国家，法院只能对在《罗马规约》对该国生效后实施的犯罪行使管辖权，除非该国已根据第 12 条第 3 款提交声明。据此，法院在属时管辖权方面，必须遵守不溯及既往的原则。根据《罗马规约》第 126 条的规定，法院行使管辖权的时间起始点包括两种情形：

第一，对于在第 60 份批准书、接受书、核准书或加入书交存联合国秘书长之前就批准、接受、核准、加入的国家，法院管辖权的效力始于《罗马规约》生效之日，即 2002 年 7 月 1 日。换言之，法院只能对 2002 年 7 月 1 日以后实施的法院管辖权内的犯罪行使管辖权。

第二，对于在第 60 份批准书、接受书、核准书或加入书交存后批准、接受、核准或加入《罗马规约》的每一个国家，《罗马规约》应在该国交存其批准书、接受书、核准书或加入书之日起 60 天后的第一个月份的第一天对该国生效，法院管辖权的效力也始于《罗马规约》对该国生效之日，除非该国已根据第 12 条第 3 款提交声明，表示在《罗马规约》对其生效以前就接受法院的管辖权。① 另外，国际刑事法院

———————

① 乌干达政府于 2003 年 12 月 16 日将有关乌干达北部地区的情势提交国际刑事法院检察官，是该法院成立以来提交情势的第一个缔约国。《罗马规约》第 60 份批准书的交存日期是 2002 年 4 月 11 日，乌干达交存批准书的日期是 2002 年 6 月 14 日，属于第 60 份批准书交存联合国秘书长之后交存批准书的国家，因而《罗马规约》对该国生效的日期应当是 2002 年 9 月 1 日，该法院对乌干达情势的管辖权效力也应始于 2002 年 9 月 1 日，对此前的犯罪无管辖权，除非乌干达就此前的犯罪提交声明，表示愿意接受法院的管辖权。乌干达政府于 2004 年 2 月 27 日向法院书记官长提交了接受管辖权的声明，将法院的属时管辖权溯及 2002 年 7 月 1 日。据此，法院对乌干达案件管辖权的时间效力应始于 2002 年 7 月 1 日。即便如此，圣灵抵抗军自 1986 年以来实施的绝大部分犯罪仍然被排除于国际刑事法院管辖权之外。

管辖权的时间效力还要受到《罗马规约》第 124 条(过渡条款)的限制。根据该条的规定,一国成为《罗马规约》缔约国时可以声明,在《罗马规约》对该国生效后 7 年内,如果其国民被指控实施一项犯罪,或有人被指控在其境内实施一项犯罪,该国不接受国际刑事法院对第 8 条所述一类犯罪的管辖权。即对于战争罪,在该国成为缔约国后至少 7 年内,法院不得行使管辖权。不过,缔约国根据本条所做的声明,只能排除法院对检察官或缔约国提交的案件的管辖,对于安理会提交的案件,缔约国的声明不能阻止法院行使管辖权。①

从《罗马规约》第 11 条和第 24 条的规定看,在溯及力问题上采用从旧兼从轻的原则。根据第 24 条的规定,个人不对《罗马规约》生效以前的行为负《罗马规约》规定的刑事责任;如果在最终判决以前,适用于某一案件的法律发生改变时,应当适用对被调查、被起诉、或被定罪的人较为有利的法律。《罗马规约》在溯及力问题上与大多数国家国内法的规定基本相同。较之于以前的国际刑事法庭章程,《罗马规约》不支持溯及既往的审判。纽伦堡法庭、东京法庭、前南刑庭和卢旺达刑庭等法庭的审判都属于溯及既往的审判。② 当然,这四个特设法庭的做法是有道理的,因为它们都是为了解决成立之前发生的严重犯罪而设立的。如果它们不能溯及既往,就没有设立的必要。《罗马规约》在溯及既往问题上的变化,一方面体现了国家不愿意追究本国官员历史罪行的愿望;另一方面体现了国际刑法在维护人权方面的进步。

---

① 《罗马规约》第 12 条第 2 款和第 13 条第 2 款。

② 例如,设立于 1993 年 5 月的前南国际刑庭有权"起诉应对 1991 年以来前南斯拉夫境内所犯的严重违反国际人道主义法行为负责的人"。设立于 1994 年 11 月的卢旺达国际刑庭有权"起诉应对 1994 年 1 月 1 日至 1994 年 12 月 31 日期间在卢旺达境内的种族灭绝和其他严重违反国际人道主义法行为负责者和为邻国境内种族灭绝和其他这类违法行为负责的卢旺达公民"。

二、属地管辖

四大特设法庭的属地管辖范围具有特定性和固定性,纽伦堡法庭仅管辖轴心国战犯在欧洲实施的战争犯罪,东京法庭仅管辖日本战犯在远东地区实施的战争犯罪,前南刑庭只管辖发生在前南斯拉夫境内的犯罪,卢旺达刑庭只管辖卢旺达境内发生的犯罪以及卢旺达国民在邻国境内实施的犯罪。但国际刑事法院的地域管辖范围具有不确定性,国家对《罗马规约》的加入、退出以及非缔约国接受法院管辖权的声明都会影响法院的地域效力范围。

从微观的角度看,国际刑事法院管辖权的地域效力范围取决于其管辖权的启动方式。在安理会根据《罗马规约》第 13 条第 2 款的规定向法院提交情势的情况下,法院管辖权的效力范围几乎及于世界上每一个国家,不论有关国家是否为《罗马规约》缔约国或接受法院管辖权的国家。安理会提交情势属于《联合国宪章》第 39 条规定的维持或恢复国际和平及安全的措施。《联合国宪章》第 25 条要求联合国所有会员国接受并履行安理会的决议。《联合国宪章》第 49 条要求联合国会员国通力合作,彼此协助,以执行安理会所决定的办法。因此,在安理会提交情势的情形下,法院管辖权的效力范围最为广泛。在缔约国提交情势或检察官自行调查一项犯罪的情况下,只有犯罪地国或被告人国籍国是缔约国或接受了法院管辖权的国家时,法院才可以行使管辖权。在这种情况下,法院管辖权的范围比较狭窄,主要局限于缔约国,也有可能延伸至非缔约国,因为只要一国同意接受法院的管辖权,不论犯罪行为是否发生在同意国境内或被告人是否为同意国国民,法院都具有管辖权。①

---

① 《罗马规约》第 4 条第 2 款和第 12 条第 2 款。

三、属人管辖

根据《罗马规约》第 25 条的规定,法院只对自然人具有管辖权,对法人和其他组织不具有管辖权。从自然人的刑事责任年龄看,根据《罗马规约》第 26 条的规定,法院只对实施被控告犯罪时年满 18 周岁的人具有管辖权。

四、属物管辖

根据《罗马规约》第 5 条的规定,法院对灭绝种族罪、危害人类罪、战争罪和侵略罪具有管辖权。但根据该条第 2 款的规定,在依照《罗马规约》第 121 条和第 123 条制定条款,界定侵略罪的定义,及规定法院对这一犯罪行使管辖权的条件后,法院可对侵略罪行使管辖权。经过对侵略罪定义的长期酝酿之后,终于在 2010 年 5 月 31 日至 6 月 11 日期间举行的《罗马规约》审查会议上通过了关于侵略罪的修正案。据此,将来在各种条件具备的前提下,国际刑事法院可以对侵略罪行使管辖权。

第四节　国际刑事法院行使管辖权的先决条件

国际刑事法院行使管辖权的先决条件是必须取得国家的明示同意。国家一旦成为《罗马规约》缔约国,就意味着接受了法院的管辖权,但是接受了法院的管辖权并不意味着法院就能真正行使管辖权。

只有缔约国或接受法院管辖权的其他国家同时又是犯罪地国或被告人国籍国时,法院才能行使管辖权。另外,在某些情况下,法院对未接受其管辖权的非缔约国国民具有管辖权。

一、国际刑事法院行使管辖权的先决条件

在缔约国提交情势和检察官自行调查一项犯罪时,国际刑事法院管辖权的行使必须满足行使管辖权的先决条件。

法院行使管辖权的先决条件是必须取得国家的明示同意,即国家以某种方式明确表示接受法院的管辖权。《罗马规约》第 12 条(行使管辖权的先决条件)规定:"(一)一国成为本规约缔约国,即接受本法院对第五条所述犯罪的管辖权。(二)对于第十三条第 1 项或第 3 项的情况,如果下列一个或多个国家是本规约缔约国或依照第三款接受了本法院管辖权,本法院即可以行使管辖权:1.有关行为在其境内发生的国家;如果犯罪发生在船舶或飞行器上,该船舶或飞行器的注册国;2.犯罪被告人的国籍国。(三)如果根据第二款的规定,需要得到一个非本规约缔约国的国家接受本法院的管辖权,该国可以向书记官长提交声明,接受本法院对有关犯罪行使管辖权。该接受国应依照本规约第九编规定,不拖延并无例外地与本法院合作。"

根据《罗马规约》第 12 条第 1 款的规定,当一国成为《罗马规约》缔约国时,就意味着接受了法院对第 5 条所述犯罪的管辖权。换言之,只要一国成为缔约国,当发生的犯罪关涉该国时,法院就自动享有管辖权,无须该国再作出接受法院管辖权的任何意思表示。亦即,一国加入《罗马规约》的行为会产生两种法律后果:既可成为法院的成员国,又可成为法院管辖权的接受国。这种"一步到位"的做

法和传统做法完全不同,①体现了国际组织法在接受管辖权方面的巨大进步。

　　根据《罗马规约》第 12 条第 1、2 款的规定,虽然一国一旦成为《罗马规约》的缔约国,就自动接受了法院的管辖权,但是,国家对法院管辖权的接受和法院对管辖权的真正行使是两回事,只有缔约国或接受了法院管辖权的国家同时又是犯罪地国(如果犯罪发生在船舶或飞行器上,该船舶或飞行器的注册国为犯罪地国。下同)或被告人国籍国时,法院才能行使管辖权,其他利害关系国,如被害人的国籍国或犯罪嫌疑人的拘留国,即使是缔约国或接受了法院管辖权的国家,法院也不能行使管辖权。该规定不一定合理,只是各国在罗马会议上达成的妥协而已。在罗马会议上,德国提出了国际刑事法院应当享有普遍管辖权的议案。根据该提案,国际刑事法院对任何犯罪人都具有管辖权,甚至在与缔约国没有管辖权联系时也如此。如果犯罪嫌疑人不在缔约国领土内,唯一的挑战是抓获该犯罪人的问题。德国对其主张再三解释道,既然国际法承认各缔约国的国内法院可以对灭绝种族罪、危害人类罪和战争罪行使普遍管辖权,那么为什么它们不能将这项管辖权授予一个国际机构,以便让集体去做任何人都不能反对它们有权单独做的事情呢?② 德国的提案获得了一些国家和绝大多数非政府组织的强烈支持,但遭到了一些国家的

---

① 在传统上,一国成为设立某一法院(法庭)的组织文件的缔约国并不意味着该国同时接受了该组织的管辖权。在通常情况下,一国在成为法院成员国后,需要再作出接受其管辖权的意思表示,法院才能行使管辖权。例如,根据《国际法院规约》第 36 条的规定,国家成为《国际法院规约》当事国,并不意味着国家也同时接受了国际法院的管辖权。国家还需另外通过特别协议、条约的争端解决条款和自愿接受强制管辖权等三种方式接受国际法院的诉讼管辖权。

② William A.Schabas, "International Criminal Court:The Secret of Its Success", in Olympia Bekou and Robert Cryer(eds.), *The International Criminal Court*, Aldershot/Burlington: Dartmouth/Ashgate Publishing Company,2004,p.72.

反对。韩国提出,《罗马规约》缔约国如果是犯罪行为地国、被告人国籍国、被害人国籍国或犯罪嫌疑人拘留国时,国际刑事法院就具有管辖权。较之于德国,韩国的提案限制了管辖权的范围,但仍不乏宽泛,同样获得了广泛的支持。① 虽然韩国的提案在辩论中获得了显而易见的广泛支持,但是其提案中的两个选择,即犯罪嫌疑人拘留国和被害人国籍国的囊括,创造了一个潜在的广泛的近似于普遍管辖权的联系。这引起了共同意向集团国家之外的代表团的激烈反对。各方最后达成了妥协方案。因此,法院行使管辖权的先决条件仅限于犯罪行为地国和被告人国籍国。② 这样,国际刑事法院的管辖权远比国家对同样犯罪的管辖权狭窄。例如,如果发生了国际刑事法院管辖权内的犯罪,并且,甲国为犯罪地国,乙国为被告人国籍国,丙国为被害人国籍国,丁国为嫌疑人拘留国,则这些国家及对该犯罪具有普遍管辖权的其他国家都可以行使管辖权。但对国际刑事法院而言,只有在甲国或乙国为《罗马规约》缔约国或就该犯罪接受了该法院管辖权的国家时,才可行使补充管辖权,丙国和丁国即使是《罗马规约》缔约国或就该犯罪接受了该法院管辖权的国家,该法院也无权行使管辖权。

根据第 12 条第 3 款的规定,如果作为犯罪地国或被告人国籍国的非缔约国向法院提交声明,表示愿意就法院管辖权内的特定犯罪接受法院的管辖,法院就可以行使管辖权。③

---

① Philippe Kirsch and John T. Holmes, "The Birth of the International Criminal Court: The 1998 Rome Conference", in Olympia Bekou and Robert Cryer (eds.), *The International Criminal Court*, Aldershot/Burlington: Dartmouth/Ashgate Publishing Company, 2004, p.27.

② Philippe Kirsch and John T. Holmes, "The Birth of the International Criminal Court: The 1998 Rome Conference", in Olympia Bekou and Robert Cryer (eds.), *The International Criminal Court*, Aldershot/Burlington: Dartmouth/Ashgate Publishing Company, 2004, p.32.

③ 科特迪瓦共和国曾根据《罗马规约》第 12 条第 3 款向国际刑事法院提交声明,表示就 2002 年 9 月发生在其领土内的罪行愿意接受该法院的管辖。科特迪瓦于 1998 年 11 月 30 日签署了《罗马规约》,但未批准。

国际刑事法院行使管辖权的先决条件可视不同情况做进一步分析:其一,犯罪行为地国和被告人国籍国为同一个国家的情况。如果该国为缔约国时,国际刑事法院可以行使管辖权;如果该国为非缔约国时,只有得到该国的同意,国际刑事法院才可以行使管辖权。其二,犯罪行为地国和被告人国籍国不是同一国家的情况。如果犯罪行为地国和被告人国籍国皆为缔约国时,国际刑事法院当然有管辖权;如果犯罪行为地国为缔约国而被告人国籍国为非缔约国时,不论该非缔约国是否同意,国际刑事法院都可以行使管辖权;如果犯罪行为地国为非缔约国而被告人国籍国为缔约国时,不论该非缔约国是否同意,国际刑事法院都可以行使管辖权;如果犯罪行为地国和被告人国籍国都为非缔约国并且都不愿意接受国际刑事法院的管辖权时,则国际刑事法院无权管辖。①

在安理会提交情势的情况下,法院的管辖权不受先决条件的限制,即使犯罪地国或被告人国籍国都不是《罗马规约》缔约国,也要接受法院的管辖权。因为安理会根据《联合国宪章》第七章提交情势的决定,联合国会员国都有义务遵守。

通过以上分析,可以得知,《罗马规约》第 12 条的规定产生的问题是:其一,如果犯罪地国和被告人国籍国都不愿意接受国际刑事法院的管辖权,也不愿意对罪犯采取措施,则罪犯仍然会逍遥法外,除非在安理会根据《联合国宪章》第七章向国际刑事法院提交情势的情况下,安理会愿意采取措施。其二,无论被害人国籍国或犯罪嫌疑人拘留国是否为《罗马规约》缔约国,若它们对罪犯不采取措施,罪犯仍然会逍遥法外。

---

① 例如,伊拉克和美国都是非《罗马规约》缔约国,都不愿意接受国际刑事法院的管辖,因此,国际刑事法院无权对美国在伊拉克境内实施的战争罪行使管辖权。

二、国际刑事法院管辖权对非缔约国的延展

国际刑事法院在特定情况下有权对关涉非缔约国的案件行使管辖权。根据《罗马规约》的规定,在下列情况下,该法院对关涉非缔约国的案件可以行使管辖权:其一,非缔约国国民在缔约国领域内实施了该法院管辖范围内的任何犯罪;①其二,缔约国国民在非缔约国领域内实施了该法院管辖权内的任何犯罪;②其三,非缔约国就有关犯罪接受了该法院管辖权,如果其国民实施了该犯罪或其他非缔约国国民在其领域内实施了该犯罪;③其四,安理会根据《联合国宪章》第七章向检察官提交情势。④ 在这四种情形中,都存在非缔约国不愿意接受国际刑事法院管辖但仍有不得不接受其管辖的可能性的情况。因此,反对国际刑事法院的国家认为,《罗马规约》第 12 条违背了《条约法公约》的基本原则。事实上,在前三种情形下,国际刑事法院的管辖权都是以愿意接受法院管辖权的国家的属地管辖权或属人管辖权为依据的,对此类案件原本应由有关国家行使属地管辖权或属人管辖权,但是有关国家以明示的方式,同意国际刑事法院行使补充性管辖权,这是有关国家为了维护国际社会的整体利益、让渡其主权的行为,是行使主权的另一种方式。在第四种情形下,安理会提交情势的依据是《联合国宪章》第七章,安理会的决定对任何国家都有强制力,不需要得到有关国家的同意。是故,国际刑事法院在以上任何一种情形下行使管辖权,都未违背国际法。

---

① 《罗马规约》第 12 条第 2 款。
② 《罗马规约》第 12 条第 2 款。
③ 《罗马规约》第 12 条第 3 款。
④ 《罗马规约》第 13 条第 2 款。

第五节 国际刑事法院管辖权的启动机制

国际刑事法院的管辖权必须借助于启动机制才能得以行使,启动机制是法院这台机器得以运转的动力,是开启法院诉讼程序的关键环节。《罗马规约》第 13 条规定了法院管辖权的启动机制。法院的管辖权可通过三种方式启动:其一,缔约国向法院提交情势;其二,安理会根据《联合国宪章》第七章向法院提交情势;其三,检察官依职权开始调查一项犯罪。

一、缔约国向国际刑事法院提交情势

根据《罗马规约》第 13 条第 1 款,缔约国可以向法院提交情势,以启动法院的管辖权。法院是根据《罗马规约》成立的,是一项国际条约的产物,缔约国有权向法院提交情势是符合逻辑的。

国际法委员会于 1994 年起草的《罗马规约草案》,基于启动法院管辖权的目的,将犯罪区分为灭绝种族罪与其他犯罪两部分。如果既是《罗马规约》缔约国又是《防止和惩治灭绝种族罪公约》缔约国的国家对灭绝种族罪向法院提出申诉(complaint),则法院对该罪具有管辖权,法院没有必要寻求其他缔约国的同意。因此,法院对灭绝种族罪享有国际法委员会所指的固有管辖权。对灭绝种族罪之外的其他犯罪,法院不能行使管辖权,除非犯罪嫌疑人拘留国和犯罪发生地国已经接受法院对有关犯罪的管辖权。根据所谓的选入制(opt-in system),只有国家为此目的接受了法院管辖权,才会产生效

力,法院才能行使管辖权。因此,一国成为《罗马规约》缔约国的唯一事实,并不意味着该国自动授予法院管辖权,一国还需在成为缔约国时或之后发表一份接受管辖权的特别声明。① 简言之,在缔约国向法院提交事项方面,《罗马规约草案》允许缔约国对具体犯罪提出申诉。可以对灭绝种族罪提出申诉的只限于那些同时是《罗马规约》与《防止和惩治灭绝种族罪公约》缔约国的国家,对其他犯罪有权提出申诉的国家限于接受法院对那些犯罪有管辖权的国家。

在1995年的设立国际刑事法院特设委员会上,一些代表团要求扩大有权提出申诉的国家类型,其中的部分代表团认为所有缔约国都应当有权提出申诉;另一些代表团则要求限制有权提出申诉的国家类型,以防止滥诉。例如,一些代表团认为,应当只允许国家集团而不是单个国家提出申诉,或只由与案件有直接利害关系的国家提出申诉。②

在1996年的设立国际刑事法院筹备委员会上,大多数代表团支持法院对所有与《罗马规约》缔约国有关的核心犯罪具有固有管辖权,但仍有不少代表团继续支持国际法委员会为缔约国设计"选入"制方案。

在1997年的筹备委员会上,逐渐不再使用"固有管辖权"一词。因为在这种情况下,是只有缔约国可以提交事项还是非缔约国也可以提交事项,不够明确。同时,英国和德国提议由缔约国赋予法院"自动管辖权"。据此,既然一国一旦接受了《罗马规约》就等于自动

---

① Elizabeth Wilmshurst,"Jurisdiction of the Court", in Roy S. Lee (ed.), *The International Criminal Court: The Making of the Rome Statutes: Issues, Negotiations, Results*, The Hague/London/Boston: Kluwer Law International,1999,p.128.

② Elizabeth Wilmshurst,"Jurisdiction of the Court", in Roy S. Lee (ed.), *The International Criminal Court: The Making of the Rome Statutes: Issues, Negotiations, Results*, The Hague/London/Boston: Kluwer Law International,1999,p.130.

赋予法院管辖权,就没有必要采取"选入"方式。① 最后,在罗马会议上,经过激烈的争论,产生了《罗马规约》第 12 条。至此,只有该条规定的缔约国才有权向法院提交"情势"(situation)。②

二、联合国安理会向国际刑事法院提交情势

根据第 13 条第 2 款的规定,如果安理会根据《联合国宪章》第七章行事,向检察官提交情势,法院对第 5 条所述犯罪可以行使管辖权。这一点实质上是法院与安理会的关系问题。下文将从法院与安理会关系的角度出发,论述安理会向法院提交情势的权力。

(一)国际刑事法院和安理会的关系

《罗马规约》重申了《联合国宪章》的宗旨和原则;规定了联合国对国际刑事法院的经费支持;国际刑事法院对整个国际社会关注的最严重犯罪的管辖,是维持国际和平与安全的另一种手段。从这些方面看,国际刑事法院和安理会的关系具有兼容性。但毋庸置疑的是,安理会是一个政治机构,而国际刑事法院是一个纯粹的司法机构,安理会在行使《罗马规约》规定的司法参与权时,会导致其与国际刑事法院之间冲突的发生。

---

① Elizabeth Wilmshurst, "Jurisdiction of the Court", in Roy S. Lee (ed.), *The International Criminal Court: The Making of the Rome Statutes: Issues, Negotiations, Results*, The Hague/London/Boston: Kluwer Law International, 1999, p.132.

② 最初,国际法委员会的《罗马规约草案》中规定,缔约国向法院提出的是"申诉"(complaint),后来,在罗马会议上,改用"情势"(situation)。"情势"只是指某一地区的一种冲突的状况,而不是针对某一特定嫌疑人的具体案件。提交情势时,不能将某一特定的人作为被告,而是检察官接到情势后,经过调查和认真分析,才可以决定是否起诉某人。

1.国际刑事法院和安理会的兼容关系

根据《联合国宪章》序言及第1条的规定,维持国际和平与安全是联合国的宗旨之一。《联合国宪章》第24条第1款规定:"为保证联合国行动迅速有效起见,各会员国将维持国际和平及安全之主要责任,授予安全理事会,并同意安全理事会于履行此项责任下之职务时,即系代表各会员国。"为了保证安理会能够有效履行维持国际和平与安全的主要责任,《联合国宪章》第34条和第39条分别赋予了安理会情势调查权和对侵略行为的断定权。在和平解决国际争端方面,第34条规定:"安全理事会得调查任何争端或可能引起国际摩擦或惹起争端之任何情势,以断定该项争端或情势之继续存在是否足以危及国际和平与安全之维持。"在维持和平与制止侵略方面,根据第39条的规定,安理会应断定任何和平之威胁、和平之破坏或侵略行为之是否存在,并应作成建议或抉择依《联合国宪章》第41条及第42条规定的办法,以维持或恢复国际和平及安全。为了有效恢复国际和平与安全,依第41条,安理会有权建议或决定对实施上述行为的国家采取武力以外的办法,如全部或局部停止经济关系、交通和通讯,断绝外交关系等;根据第42条,安理会如认为第41条所规定的办法为不足或已证明为不足时,得采取必要之空海陆军行动,以维持或恢复国际和平与安全。此项行动得包括联合国会员国之空海陆军示威、封锁及其他必要的军事举动。

根据上述条款,安理会在维持国际和平与安全方面拥有以下权力:对任何争端及可能引起争端的任何情势的调查权;对威胁、破坏和平或侵略行为的断定权;针对上述情势采取非武力或武力措施的权力。

《罗马规约》的相关条款是对《联合国宪章》上述相关规定的重申与回应。

第一,《罗马规约》序言的规定。《罗马规约》序言第 3 段规定:"认识到这种严重犯罪危及世界和平、安全与福祉。"该段与《联合国宪章》维持国际和平与安全的宗旨和目的完全一致。第 7 段规定:"重申《联合国宪章》的宗旨和原则,特别是各国不得以武力相威胁或使用武力,或以与联合国宗旨不符的任何其他方法,侵犯任何国家的领土完整或政治独立。"第 8 段规定:"强调本规约的任何规定不得解释为允许任何缔约国插手他国内政中的武装冲突。"《罗马规约》在重申《联合国宪章》基本原则的同时,①特别强调了各国不得以武力相威胁、不得侵犯任何国家的领土完整或政治独立原则,以及不干涉内政原则。由此可见,"《联合国宪章》和《国际刑事法院规约》共同指向同一目标"。②

第二,《罗马规约》第 5 条的规定和安理会职责的目标一致。根据第 5 条第 1 款的规定,法院的管辖权限于整个国际社会关注的最严重犯罪。法院根据《罗马规约》,对灭绝种族罪、危害人类罪、战争罪和侵略罪具有管辖权。这些最严重罪行严重危及世界和平、安全与福祉,由法院对其行使管辖权,通过起诉和惩罚这些罪行,达到维持国际和平与安全的目的,这和安理会维持国际和平与安全的主要责任的目标一致。

第三,《罗马规约》第 5 条第 2 款、第 13 条第 2 款及第 16 条的规定直接体现了《联合国宪章》的相关规定。这些条款是法院筹建过

---

① 《联合国宪章》第 2 条确立了国家主权平等、善意履行宪章义务、和平解决国际争端、禁止以武力相威胁或使用武力、集体协助、保证非会员国遵守上述原则及不干涉内政等七项原则。

② Morten Bergsmo, "Occasional Remarks on Certain State Concerns about the Jurisdictional Reach of the International Criminal Court, and Their Possible Implications for the Relationship between the Court and the Security Council", in Olympia Bekou and Robert Cryer (eds.), *the International Criminal Court*, Aldershot/Burlington: Dartmouth/Ashgate Publishing Company, 2004, p.363.

程中国际社会不同政治力量对比关系的表现,支持安理会参与法院司法活动的势力占了上风。因此,《罗马规约》规定了安理会的司法参与权。如果安理会能以合法适当的方式参与法院的司法活动,法院就可以成为安理会履行维持国际和平与安全的主要职责的手段之一。

第四,从理论上讲,安理会依照《罗马规约》及《联合国宪章》对法院司法活动的适当参与在一定程度上有助于法院的有效运作。其一,《罗马规约》缔约国之间的合作体制比较脆弱,法院没有自己的执法手段,必须依靠缔约国才能进行调查、拘捕、搜集证据、询问证人和执行查封没收等诉讼活动。如果缔约国配合不到位,诉讼就不能正常进行。在安理会提交情势的情况下,法院的诉讼活动更易得到联合国会员国的配合,有助于法院功能的发挥。因为,安理会在联合国机关体系中拥有最大的权力,安理会作出的决定对全体会员国有法律拘束力,全体会员国务必遵守。其二,一般情况下,法院的领域管辖权局限于接受法院管辖权的国家。在法院成立之初,接受法院管辖权的国家比较少,安理会根据《联合国宪章》第七章提交的情势,可能是联合国会员国境内发生的威胁国际和平与安全的任何情势,这将大大拓宽法院领域管辖权的范围。其三,法院的运作需要巨额的活动经费。根据《罗马规约》第 115 条的规定,法院和缔约国大会,包括其主席团和附属机构所需经费,除了由缔约国摊款外,还由联合国经大会核准提供经费,尤其是安理会提交情势所涉及的费用。安理会不会看着由自己通过提交情势参与的国际司法活动,由于缺乏经费而变得无效。在这种情况下,法院的无效就是安理会的无效。因此,安理会的司法参与能为法院的有效运作提供物质资源。其四,安理会还拥有与情势提交权相关的执行权。在安理会提交情势的情况下,如果《罗马规约》缔约国未按该规约的规定行事,不执行国际刑事法院的合作请求,致使该法院无法行使《罗马规约》规定的职能和权力,该法院可以在认定存在这一情况后将此事项提交安理会。① 在安理会提交情势的情况下,如果非《罗马规约》缔约国没有根据已同国际刑事法院达成的安排或协议执行该法院的合作请求,该法院可以将此事通知安理会。② 安理会接到提交或通知后,有权根据《联合国宪章》的规定,采取适当的执行措施。

上述《罗马规约》的有关条款是对国际刑事法院与安理会兼容协作关系的一般性规定。2004 年 10 月 4 日签署的《联合国与国际刑事法院关系协定》对二者之间的关系作了进一步规定。该协定序言规定:"希望与联合国建立一种互利关系,以便联合国和国际刑事法院履行各自的责任"。该协定还规定:"为了方便有效履行各自的责任,双方将根据该协定和按照《联合国宪章》和《罗马规约》的规定,酌情在彼此之间密切合作,并就共同关心的事项咨询对方意见。"具体而言,二者之间的合作内容主要包括:安理会向法院提交情势,法院对该情势予以处理;相互交换信息和提供资料;在调查和执行方面相互合作;就共同关心的事项相互咨询意见。

尽管《罗马规约》与《联合国宪章》在维持国际和平与安全方面的目标一致,法院与安理会的关系在一定范围内具有兼容性和互补性,但是安理会是一个政治机构,其权力来源于《联合国宪章》,其核心任务是维持国际和平与安全,处理的主要是国家之间的争端;而法院是一个纯粹的司法机构,其权力来源于《罗马规约》,其核心任务是依据一系列严格的法律原则和法律程序,追究个人的刑事责任。二者在许多方面颇有差异,二者之间的冲突问题一直是各有关国家

① 《罗马规约》第 87 条第 7 款。
② 《罗马规约》第 87 条第 5 款第 2 项。

深切关注的问题。

2.国际刑事法院与安理会的冲突关系

《罗马规约》第5条第2款、第13条、第16条分别规定了安理会对侵略罪的先定权、情势提交权、推迟调查起诉权。这些规定具有两面性,一方面是对《联合国宪章》关于安理会政治地位与责任条款的回应;另一方面,正是这种回应,直接导致了法院与安理会发生冲突的可能。

(1)安理会对侵略行为的先定权

在《罗马规约》起草过程中,对侵略罪的讨论主要涉及两个问题:一是关于侵略罪的定义问题;二是法院与安理会的关系问题。法院与安理会的关系问题,也就是法院对侵略罪行使管辖权的先决条件问题。国际法委员会起草的《罗马规约草案》第23条第2款规定:除非安理会已断定有关国家实施了作为申诉理由的侵略行为,否则法院不得处理侵略行为或与侵略行为直接有关的申诉。在后来的筹备委员会上,对该项规定有两种不同的观点,一种观点根据《联合国宪章》赋予安理会维持国际和平及安全的主要责任,支持安理会对侵略行为的先定权。另一种观点认为,如果安理会的许可是法院行使管辖权的先决条件,那么将会使司法制度政治化。有人指出,这将意味着在实践中安理会常任理事国从不会因侵略行为遭到指控,因为它们对任何非程序性决议都享有否决权。① 安理会有着独特的否决权制度,②《联合国宪章》第27条第3项是关于"实质性事项"的表

① Lionel Yee,"The International Criminal Court and The Security Council:Articles 13(b)and 16",in Roy S.Lee(ed.),*The International Criminal Court:The Making of Rome Statute:Issues,Negotiations,Results*,The Hague/London/Boston:Kluwer Law International,1999,p.144.

② 安理会的否决权制度主要体现在《联合国宪章》第23条、第27条、第108—110条。根据第23条的规定,安理会以联合国十五会员国组成之。中、法、俄、英、美为安理会常

决规则,此项规则包括两个条件:其一,在 15 个理事国中,需要 9 个以上的多数票赞成;其二,在 5 个常任理事国中,没有任何一个投反对票。只有当这两个条件同时具备时,有关实质性事项的决议才能通过。若有一个常任理事国投反对票,即使其他 14 票都是赞成票,该决议也无法通过。① 正因为安理会常任理事国有着如此巨大的权力,在法院筹建过程中,对安理会在侵略罪问题上的作用,争论非常激烈。五个常任理事国始终坚持安理会的判定是法院管辖侵略罪的先决条件,而且这一内容应当作为侵略定义不可或缺的一部分。②

《罗马规约》第 5 条关于侵略罪的规定是不同力量较量的结果。该条规定,法院对侵略罪具有管辖权,但又规定只有在界定了侵略罪的定义及法院对该罪行使管辖权的条件后,法院才能对该罪行使管辖权,并且明确规定这一条款应符合《联合国宪章》的有关规定。其中"有关规定"主要指向《联合国宪章》第 39 条。第 39 条规定:"安全理事会应断定任何和平之威胁、和平之破坏或侵略行为之是否存在……"据此,安理会对侵略行为有独断权。根据《联合国宪章》第103 条的规定,其他任何组织,包括国际刑事法院,不能再享有这项权力。③ 这意味着首先由安理会断定有关国家已经实施了侵略行为,法院才能以侵略罪追究个人的刑事责任。这样,安理会在侵略行

任理事国。大会应选举其他十会员国为安理会非常任理事国。非常任理事国任期定为 2 年。安理会每一理事国应有代表 1 人。第 27 条规定:"一、安全理事会每一理事国应有一个投票权。二、安全理事会关于程序事项之决议,应以九理事国之可决票表决之。三、安全理事会对于其他一切事项之决议,应以九理事国之可决票包括全体常任理事国之同意票表决之……"第 108—110 条规定:常任理事国对于《联合国宪章》的生效及《联合国宪章》生效后的修正案的生效,均享有否决权。

① 关于安理会的否决权制度的详尽剖析,可参见梁西:《国际困境:联合国安理会的改革问题——从日、德、印、巴争当常任理事国说起》,《法学评论》2005 年第 1 期。
② 参见赵秉志主编:《国际刑事法院专论》,人民法院出版社 2003 年版,第 326 页。
③ 《联合国宪章》第 103 条规定:"联合国会员国在本宪章下之义务与其依任何其他国际协定所负之义务有冲突时,其在本宪章下之义务应居优先。"

为认定上的特权,会引起政治权力和司法权力的冲突。

（2）安理会的情势提交权

该问题来源于《罗马规约草案》第 23 条第 1 款的规定。依据该款的规定,安理会有权根据《联合国宪章》第七章将某事件提交国际刑事法院。经过对该款的讨论,产生了《罗马规约》第 13 条第 2 款。依该条的规定,安理会有权根据《联合国宪章》第七章行事,向国际刑事法院检察官提交显示一项或多项犯罪已经发生的情势,检察官可以据此开始调查,并由法院对有关犯罪行使管辖权。安理会的情势提交权对于安理会成员国尤其是安理会常任理事国是非常有利的,这些国家可以通过阻止安理会向检察官提交涉及本国国民的情势的方式,避免法院对本国国民行使管辖权。

对安理会是否应当享有情势提交权,在法院筹建过程中争议极大。一些代表团认为,应当为安理会规定启动法院诉讼程序的权力,这样,安理会在将来就不再需要创建如同前南斯拉夫国际刑事法庭和卢旺达国际刑事法庭那样的临时法庭。[①] 然而,有不少代表团提出各种理由,反对赋予安理会启动诉讼程序的任何权力。一些代表团认为,如果赋予安理会启动诉讼程序权,将会使法院的运作服从于一个政治机构的决定,因而会动摇法院的独立性与可信度。另一些代表团认为,这种特定的"启动权"仅用于针对除常任理事国之外的国家,是不公平的,因为安理会常任理事国可以利用其否决权阻止安理会提交侵害其利益的情势。[②] 在反对者中,一些国家,尤其是印

---

① Lionel Yee,"The International Criminal Court and The Security Council:Articles 13(b) and 16",in Roy S.Lee(ed.),*The International Criminal Court:The Making of Rome Statute:Issues,Negotiations,Results*,The Hague/London/Boston:Kluwer Law International,1999,p.146.

② Lionel Yee,"The International Criminal Court and The Security Council:Articles 13(b) and 16",in Roy S.Lee(ed.),*The International Criminal Court:The Making of Rome Statutes:Issues,Negotiations,Results*,The Hague/London/Boston:Kluwer Law International,1999,pp.146-147.

度,态度最为强硬。印度坚决反对在《罗马规约》中为安理会的权力留有空间,认为在《联合国宪章》中,安理会的司法参与无法律依据,对安理会的妥协有损于法院的非政治性。印度于 1998 年 7 月 18 日凌晨在罗马会议的最后一次全体会议上仍然坚持认为:目前安理会的提交权没有必要。安理会之所以设立临时法庭,是因为对前南斯拉夫境内和卢旺达境内发生的骇人罪行,当时没有司法机构加以审判。但如今既然要建立国际刑事法院,缔约国就有权向其提交案件。在此种情况下,则无须安理会提交案件,除非因为下述两种假设赋予安理会这种权力。首先,安理会提交权的权限要大于其他提交者的权限,但这种做法显然是影响司法的一种企图;其次,这意味着安理会的某些成员不打算加入法院,不愿意履行《罗马规约》规定的义务,而只愿享有提交案件的权利,这同样是不可接受的。① 经过反复磋商之后,大多数代表团支持安理会享有启动法院诉讼程序的权力。

在支持安理会享有情势提交权的代表团中,就安理会应当提交"事件"(matters)还是"案件"(cases)抑或"情势"(situations),存在分歧。许多代表团认为,安理会仅有权向法院提交一般事件或情势而不是具体案件,其目的是保护法院独立行使管辖权。② 最后,提交给罗马会议的文本中包括两个选择:一是较为狭窄的概念"事件"(matter);二是较为宽泛的概念"情势"(situation)。主张采用"事件"

---

① Morten Bergsmo,"Occasional Remarks on Certain States Concerns about the Jurisdictional Reach of the International Criminal Court,and Their Possible Implications for the Relationship between the Court and the Security Council",in Olympia Bekou and Robert Cryer (eds.),*The International Criminal Court*,Aldershot:Dartmouth Publishing Company,2004,p.365.

② Lionel Yee,"The International Criminal Court and The Security Council:Articals13(b)and 16",in Roy S.Lee(ed.),*The International Criminal Court:The Making of Rome Statutes:Issues,Negotiations,Results*,The Hague/London/Boston:Kluwer Law International,1999,p.147.

的代表团认为,在法院能够主张管辖权之前,安理会提交的事件应当具体一些;而选择"情势"的代表团则认为,由安理会提交"事件"太具体,会影响法院独立行使职能。① 根据罗马会议上最后产生的《罗马规约》第 13 条第 2 款,安理会向法院提交的是"情势"而不是"事件"。

《罗马规约》最终认可了安理会根据《联合国宪章》第七章行事的权力,安理会有权向法院提交情势。有不少人对此表示担忧。担忧者认为,既然安理会有权启动法院的管辖权,那么,只要安理会的否决权制度不变,常任理事国的作用仍然很关键。这样,由安理会提交情势会在司法中造成双重标准,安理会在某些情况下会将情势提交法院,但在另一些情况下则永远不会,或者以其他方式影响司法公正。有人认为,安理会怎么可能将发生于五大常任理事国及其亲密盟友境内的情势提交给法院呢? 这种不同标准不是基于主要受害团体的种族或宗教,而是基于正在发生的暴行距离五大常任理事国的利益范围中心有多远。② 此种担忧已经在关于提交达尔富尔情势的安理会第 1593(2005)号决议中得到验证。为了换取美国不投否决票,该决议依照美国的意志,在国家之间执行赤裸裸的双重标准,严重破坏了法院的独立性和公正性。

(3)调查、起诉推迟权

《罗马规约草案》第 23 条第 3 款规定:在安理会根据《联合国宪

---

① Lionel Yee, "The International Criminal Court and The Security Council: Articals13(b) and 16", in Roy S.Lee(ed.), *The International Criminal Court: The Making of Rome Statutes: Issues, Negotiations, Results*, The Hague/London/Boston: Kluwer Law International, 1999, p.148.

② Morten Bergsmo, "Occasional Remarks on Certain State Concerns about the Jurisdictional Reach of the International Criminal Court, and Their Possible Implications for the Relationship between the Court and the Security Council", in Olympia Bekou and Robert Cryer (eds.), *the International Criminal Court*, Aldershot: Dartmouth Publishing Company, 2004, p.383.

章》第七章的规定正在处理和平之威胁或和平之破坏或侵略行为的情况下,法院不得依《罗马规约》提出起诉,除非安理会另有规定。这意味着安理会任何一个常任理事国可以单方面利用《联合国宪章》第27条下的否决权反对启动法院诉讼程序的提议,因而阻止诉讼程序的开始。该方案遭到了许多代表团的反对。他们认为安理会作为一个政治机构,会干涉法院的独立性。如果安理会仅将一个情势列入议事日程并无限期地考虑,就会剥夺法院的管辖权。新加坡最后提出了妥协方案。该方案建议,除非安理会通过一项正式决议阻止法院诉讼程序的进行,否则诉讼程序可以进行。① 加拿大建议在该方案的基础上增加时间限制,安理会中止法院诉讼程序的期限为12个月。如果安理会需要顺延12个月,每次必须以另行通过正式决议的方式作出决定。② 哥斯达黎加进一步建议,如果安理会要推迟法院的调查或起诉工作,必须要有"正式和具体的决定"。③ 这些方案经过罗马会议的最后讨论,形成了《罗马规约》第16条。根据该条的规定,在法院检察官依照缔约国提交的情势或者根据自己掌握的犯罪资料开始或准备开始调查或起诉的情况下,如果安理会通过决议要求法院在以后的12个月内中止或不得开始对特定情势进行调查或起诉,则法院应当遵守。如果需要,安理会还可以根据同

---

① Lionel Yee,"The International Criminal Court and The Security Council:Articles 13(b)and 16",in Roy S.Lee(ed.),*The International Criminal Court:The Making of Rome Statute:Issues*,*Negotiations*,*Results*,The Hague/London/Boston:Kluwer Law International,1999, p.150.

② Lionel Yee,"The International Criminal Court and The Security Council:Articles 13(b)and 16",in Roy S.Lee(ed.),*The International Criminal Court:The Making of Rome Statute:Issues*,*Negotiations*,*Results*,The Hague/London/Boston:Kluwer Law International,1999, p.151.

③ Mohamed M.El Zeidy,"The Principle of Complementarity:A New Machinery to Implement International Criminal Law",*Michigan Journal of International Law*,Vol.23,2002,p.963.

样条件延长该项要求,时间也是 12 个月。

从第 16 条的形成过程看,可以总结出以下几点:其一,对安理会在法院诉讼程序中适当角色的定位,更多地考虑了政治因素而不是法律依据。其二,在和平要求和正义要求发生冲突时,安理会的推迟权有决定性作用。其三,第 16 条为安理会影响一个司法机构的运作提供了前所未有的机会。在实践中,这会给法院功能的适当发挥造成法律障碍。① 第 16 条为政治干预司法,为非缔约国尤其是作为安理会常任理事国的非缔约国对抗法院管辖权提供了依据。根据第 16 条的规定,安理会向法院提出推迟调查起诉的要求,必须以安理会根据《联合国宪章》第七章作出决议的方式提出。在这种情况下,按照安理会的表决制度,至少需要包括五个常任理事国在内的九个理事国的可决票才能通过决议。要想阻止大国以免通过推迟调查起诉的决议而干预法院的司法活动,从理论上讲是可行的,根据安理会的表决制度,甚至五个常任理事国联合起来也不能阻止法院的诉讼程序,因为即使某一项决议获得了五大国的一致同意,但若至少有七个非常任理事国反对或弃权,使赞成票无法获得九票的多数时,该项决议照样不能通过。只有这种非常任理事国的“集体否决权”才能对抗五常主要是美国的特权,这在某种程度上也许能够阻止安理会通过推迟法院调查或起诉的决议,但在强权政治存在的现实国际社会里,很少出现这种情况,故第 16 条极易受到政治势力的利用。《罗马规约》生效后不久,在不存在利用第 16 条的条件,即不是为了维持或恢复国际和平与安全的情况下,美国为了维护其海外军人的利益,以退出维和行动相威胁,要求安理会通过维护美国人利益的决议,安

---

① Mohamed M.El Zeidy,"The Principle of Complementarity:A New Machinery to Implement International Criminal Law",*Michigan Journal of International Law*,Vol.23,2002,p.963.

理会其他成员国为了保住维和行动,向美国作出了妥协,分别于2002 年 7 月 12 日和 2003 年 6 月 12 日接连通过了第 1422 号和第 1487 号两项推迟决议,剥夺了国际刑事法院的司法权。后来,在安理会 2005 年 3 月 31 日通过的第 1593 号决议中,又体现了美国强权政治的影响。该决议只提及了第 16 条,但其内容完全背离了第 16 条的精神,不但严格限制了国际刑事法院的管辖权,而且还剥夺了其他国家的管辖权。① 美国利用第 16 条对抗国际刑事法院管辖权的行为,是政治对司法的最直接干预。

综上所述,虽然国际刑事法院和安理会的关系具有兼容性,但安理会是一个政治机构,而国际刑事法院是一个纯粹的司法机构。司法机构应当具有独立性、公正性、公平性和有效性,但由于联合国及其安理会在国际关系中的特殊地位和作用、国际政治格局、国际政治力量的对比关系等因素的影响,安理会获得了侵略罪的先定权、情势提交权、调查起诉的推迟权等参与司法的权力,遂为政治干预司法开了方便之门。政治干预司法,和法治理念背道而驰,但在当今世界的政治格局中,欲使国际刑事法院完全脱离政治,并非指日可待之事。因此,在今后相当长的时期内,如何平衡国际和平利益与司法权力之间的关系,如何既能确保安理会在维持或恢复国际和平与安全方面的重要作用,又能尽量保证国际刑事法院的司法独立性不受到严重挑战,是国际刑事法院与安理会的关系中最重要的问题。

三、国际刑事法院检察官自行调查犯罪

由于该问题涉及国际检察官的地位问题,因此,应从检察官地位

---

① 上述决议的相关内容详见本书第五章。

的全貌入手,探讨检察官启动法院管辖权的方式问题。

（一）国际刑事法院检察官的地位

国际刑事法院检察官的地位问题是《罗马规约》谈判中最有争议的问题之一。最终出台的《罗马规约》在赋予检察官权力的同时,又对检察官权力的行使设置了严格的制约机制。这一做法一方面体现了国家在检察官地位问题上的妥协;另一方面体现了国家通过约束检察官的权力以防其滥用权力的愿望。但对检察官过于严格地束缚会影响检察官的办案效率,最终会影响法院整体的运行效能和法院在国际社会的威信。

1.《罗马规约》谈判过程中对检察官角色定位的争论

无论是在国内刑事诉讼中还是在国际刑事诉讼中,检察官都起着关键作用。欧洲理事会部长委员会强调:"对刑事司法系统的整体效率负主要责任的是检察官,而不是法官。"[1]在国内法中,检察官不但有权独立调查案件,而且有权根据事实、证据和法律对案件进行分析、筛选、过滤,而后决定是否起诉以及对何案何人以何罪起诉,进而对法院的审判活动施加实质性影响。一言以蔽之,检察官对刑事案件的命运有相当大的裁量权和决定权。检察官在刑事诉讼中的中心作用也受到了《罗马规约》绝大多数谈判者的重视。

《罗马规约》谈判中关于检察官地位的争议实质上是对检察官权力范围大小的争议,其中最突出的问题是检察官是否有自行调查权的问题。

根据《罗马规约草案》,只有《罗马规约》缔约国和安理会可以启

---

[1]　Allison Marston Danner, "Enhancing the Legitimacy and Accountability of Prosecutorial Discretion at the International Criminal Court", *American Journal of International Law*, Vol.97, 2003, p.512.

动国际刑事法院的管辖权,对检察官的自行调查权未做规定。① 主要理由是,如果检察官拥有独立权,就有可能基于政治动机启动诉讼程序或进行无足轻重的诉讼。国际法委员会在评论《罗马规约草案》时讲道:"在国际法体系发展的现阶段,赋予检察官独立调查权,即所谓的自行调查权(proprio motu powers),是不可行的。"②

在谈判之初,一些代表团就强调,需要赋予检察官自行启动法院管辖权的权力。在1995年特设委员会举行的讨论中,许多代表团认为国际法委员会起草的《罗马规约草案》对检察官的作用限制太严,并提出应当赋予检察官自行启动诉讼程序的权力,检察官不仅可以根据政府和安理会提供的资料启动诉讼程序,而且可以根据其他来源,包括个人(尤其是受害者)和非政府组织提供的资料启动诉讼程序。③ 在筹备委员会的讨论中,支持检察官享有启动法院管辖权权力的代表团越来越多。非政府组织强烈支持赋予检察官自行调查权,并认为这是作为一个独立可信的法院的基本特征。④ 非政府组织认为,如果将法院管辖权的启动权仅限于国家或安理会,将会导致法院政治化。它们还认为,在历史上国家不愿意利用人权保障机制中现有的国家申诉程序,使人联想到国家同样不愿意遭受因向法院

①　Peggy E.Rancilio,"From Nuremberg to Rome:Establishing an International Criminal Court and the Need for U.S.Participation",*University of Detroit Mercy Law Review*,Vol.78,2001,p.281.

②　Allison Marston Danner,"Enhancing the Legitimacy and Accountability of Prosecutorial Discretion at the International Criminal Court",*American Journal of international Law*,Vol.97,2003,p.513.

③　Silvia A.Fernandez de Gurmendi,"The Role of International Prosecutor",in Roy S.Lee (ed.),*The International Criminal Court:the Making of the Rome Statute:Issues Negotiations Results*,The Hague/London/Boston:Kluwer Law International,1999,pp.176—177.

④　Silvia A.Fernandez de Gurmendi,"The Role of International Prosecutor",in Roy S.Lee (ed.),*The International Criminal Court:the Making of the Rome Statute:Issues Negotiations Results*,The Hague/London/Boston:Kluwer Law International,1999,p.177.

提交案件而带来的政治损失。① 支持建立有效、公正的法院的共同
意向国家将设立独立检察官视为它们所坚持的主要原则的一部分。
在 1996 年的筹备委员会上，一些政府表示：国际法的发展还没有达
到整个国际社会准备赋予检察官自行发起刑事调查的阶段。它们认
为，如果法院还不能获得普遍接受的话，赋予检察官这样一个角色是
不现实的。②

　　在罗马会议上，对该问题仍然存在争议。一些国家(包括美国、
中国和其他国家)坚持认为，只有在国家和安理会提交案件后，检察
官才能进行调查和起诉。③ 美国提出，法院体制需要由国家和安理
会提供一个"滤网"(screen)，来筛选哪些案件值得由法院审判，哪些
案件不值得审判。另外，美国认为，如果安理会根据《联合国宪章》
第七章赋予的权力正在考虑一个案件时，检察官无权调查该案件。
既然安理会的任何一个成员国都有权在安理会的议事日程中采取措
施，那么，根据这个建议，美国就能够剥夺法院对任何案件的管辖权。
美国的立场遭到了反对。代表们认为，让法院正式服从于一些政治
机构，尤其是安理会，不符合法院的目的。④ 另一些国家(即所谓的
共同意向国家集团)则支持建立一个拥有自行调查起诉权的独立检

① Allison Marston Danner, "Enhancing the Legitimacy and Accountability of Prosecutorial Discretion at the International Criminal Court", *American Journal of International Law*, Vol.97, 2003, p.514.

② Silvia A.Fernandez de Gurmendi, "The Role of International Prosecutor", in Roy S.Lee (ed.), *The International Criminal Court: the Making of the Rome Statute: Issues Negotiations Results*, The Hague/London/Boston: Kluwer Law International, 1999, p.177.

③ Antonio Cassese, "The Statute of the International Criminal Court: Some Preliminary Reflections", in Olympia Bekou and Robert Cryer(eds.), *The International Criminal Court*, Aldershot/Burlington: Ashgate/Dartmouth Publishing Company, 2004, p.58.

④ Allison Marston Danner, "Enhancing the Legitimacy and Accountability of Prosecutorial Discretion at the International Criminal Court", *American Journal of International Law*, Vol.97, 2003, p.514.

察官的法院。① 这种分歧实际上是强调主权的国家和渴望在国际社会实现法治的国家之间的分歧。两派观点最后达成了妥协,检察官对案件有自行调查权,但要受到严格限制。

在确定了检察官的地位后,对检察官的身份问题,国家面临两种选择:①纽伦堡模式。依此模式,检察官是已经开始调查和起诉案件的国家的官员,因而由该国任命,并由该国完全控制;②前南斯拉夫国际刑庭和卢旺达国际刑庭模式。依此模式,检察官是一个完全独立的机构。最终后者有幸被采纳。检察官作为一个独立和公正的机构,有权依职权对案件进行调查和起诉,尽管检察官的权力要受到很多限制。②

2.国际刑事法院检察官的权力

根据《罗马规约》的规定,国际刑事法院检察官主要有以下权力:①特权与豁免权。根据第48条,检察官、副检察官在执行法院职务时,或在其涉及法院的职务方面,应享有外交使团团长所享有的同样特权与豁免,而且在其任期结束后,应继续享有豁免,与其执行公务有关的言论、文书和行为,不受任何形式的法律诉讼。②启动法院管辖权的权力(第13条)。③开始调查的决定权(第53条)。④收集和审查证据的权力。⑤讯问和询问权。根据第54条第3款第2项,检察官可以要求被调查的人、被害人和证人到庭,并有权讯问被调查人或询问被害人和证人。⑥请求合作的权力。根据第54条第3款第3项,检察官可以请求任何国家合作,或请求政府间组织或安排依照各自的职权和(或)任务规定给予合作。根据第54条第3款

① Antonio Cassese, "The Statute of the International Criminal Court: Some Preliminary Reflections", in Olympia Bekou and Robert Cryer(eds.), The International Criminal Court, Aldershot/Burlington: Ashgate/ Dartmouth Publishing Company, 2004, p.58.

② Antonio Cassese, "The Statute of the International Criminal Court: Some Preliminary Reflections", in Olympia Bekou and Robert Cryer(eds.), The International Criminal Court, Aldershot: Dartmouth Publishing Company, 2004, p.58.

第4项,检察官可以达成有利于国家、政府间组织或个人提供合作的必要安排或协议,但这种安排或协议不得与《罗马规约》相抵触。第15条第2款也包含了请求合作的权力。⑦有采取必要的保护措施的权力。检察官有权采取必要措施,或要求采取必要措施,以确保资料的机密性、保护人员或保全证据(第54条第3款第6项)。另外,根据第18条第6款、第19条第8款第1项和第56条第1款的规定,检察官也有采取措施保全证据的权力。⑧请求预审分庭发出逮捕证或出庭传票的权力。根据第57条和第58条,检察官如果认为有必要逮捕或传唤犯罪嫌疑人,有权请求预审分庭依照法定条件对需要逮捕的犯罪嫌疑人发出逮捕证,对需要传唤到庭的犯罪嫌疑人发出出庭传票。⑨有请求法院就法院管辖权或案件的可受理性问题作出裁定的权力(第19条第3款)。⑩起诉决定权和起诉权。根据第53条第2款,检察官进行调查后,要断定是否有进行起诉的充分根据。如果有充分根据,就可以作出起诉决定;如果无充分根据,遂决定不起诉。⑪复议权。根据第54条第4款,如果有了新的事实或资料,检察官有权对自己已作出的调查决定和不调查决定以及起诉决定和不起诉决定进行复议。⑫上诉权。这里的"上诉权"分为三种情况:其一,根据第18条第4款,对预审分庭针对第18条第2、3款作出的拒绝授权检察官调查的裁定,检察官可以根据第82条向上诉分庭提起上诉;其二,根据第19条第6款和第82条第1款第1项,对于法院就法院管辖权或案件的可受理性问题作出的裁判,检察官可以依照第82条向上诉分庭提起上诉;其三,根据第82条第2款的规定,预审分庭根据第57条第3款第4项作出的裁判,经预审分庭的同意,检察官可以提起上诉。

3.对国际刑事法院检察官权力的制约

根据《罗马规约》的规定,检察官在行使权力的同时,又要受到国内检察官所没有的种种制约。

（1）缔约国大会对检察官权力的制约。缔约国大会对检察官权力的制约主要体现在对检察官和副检察官的选举和免职方面。

第一，选举方面。候选人必须具有高尚的品格、卓越的专业能力和语文能力（第42条第3款）。检察官由缔约国大会成员进行无记名投票，以绝对多数选出；副检察官以同样方式，从检察官提出的候选人名单中选出（第42条第4款）。

第二，免职。根据第46条的规定，检察官因法定事由需要免职时，关于检察官的免职决定，由缔约国大会进行无记名投票，以绝对多数作出。关于副检察官的免职决定，根据检察官的建议由缔约国大会进行无记名投票，由缔约国绝对多数作出。检察官的产生和免职，完全由缔约国大会控制。缔约国大会对检察官行使职权无疑有牵制作用。

（2）国家对检察官权力的制约。国家对检察官权力的制约主要体现在三方面：

第一，初步裁定程序。第18条规定初步裁定程序的用意在于在诉讼程序的早期，给国家一个介入诉讼的机会，目的是体现补充性原则尊重国家主权的一面。但是，该程序的弊端是，国家很有可能利用过早参与诉讼的机会拖延诉讼，从而约束检察官调查取证的能力，甚至借此剥夺法院行使管辖案件的机会。

第二，质疑程序。第19条规定了有关主体对法院管辖权和案件可受理性的质疑程序。依照该程序，对案件有管辖权的国家，以及根据第12条接受法院管辖权的国家，可以根据第17条所述理由，对法院的管辖权和案件的可受理性问题提出质疑。和第18条的规定不同，这些质疑不受启动机制的限制，安理会提交情势引起的法院管辖权和案件可受理性问题，也可以受到质疑。

根据第 18 条第 5 款,在法院对国家提出的可受理性质疑作出决定前,检察官应中止调查。质疑程序能够中断检察官的调查或起诉工作,这是对检察官基本权力强有力的制约。

第三,国际合作和司法协助方面。尽管法院对《罗马规约》第 5 条所述犯罪具有管辖权,但法院没有自己的警察,没有直接在国家领域内采取进行刑事诉讼所必需的强制措施的权力。法院就像一个"没有四肢的巨人","它需要靠假肢行走和工作",[1]"而这些假肢就是国家当局"。[2] 如果得不到国家的合作,法院将不能发挥其功能。法院几乎只能通过国内司法系统的协助才能得以运转。法院薄弱的执法能力,使得法院在整个诉讼中都严重依赖于国家的密切合作。否则,面对案件,法院将会一筹莫展。国家不合作是对检察官权力致命的制约。

(3)法院本身对检察官权力的制约。法院的预审分庭可在多方面对检察官的权力进行制约,主要体现在以下几方面:

第一,检察官根据第 13 条第 3 款和第 15 条自行调查时,必须接受预审分庭的司法审查。检察官对所收到的资料进行分析后,如果认为有开始调查的合理根据,必须请求预审分庭授权调查。得到授权后,才能开始调查。否则,无权开始调查。

第二,在特定情况下,预审分庭对检察官不调查、不起诉决定有复核权。[3]

第三,检察官认为需要逮捕或传唤犯罪嫌疑人时,必须请求预审分庭发出逮捕证或出庭传票(第 57 条、58 条)。

---

[1] Olympia Bekou and Robert Cryer(eds.),*The International Criminal Court*,Burlington:Ashgate Publishing Company,2004,p.18.

[2] Robert Cryer,*Prosecuting International Crimes:Selectivity and International Criminal Law Regime*,Cambridge:Cambridge University Press,2005,p.17.

[3] 《罗马规约》第 53 条第 3 款。

第四,在某人被移交或自行到法院出庭后,预审分庭可举行听讯,以确认检察官准备提请审判的指控(第61条第1款)。

第五,预审分庭可以对检察官提交的各项指控进行听讯,以确认证据是否充足(第61条第7款)。

预审分庭对检察官权力的制约,尤其是对检察官自行调查的司法审查,对检察官行使权力具有决定性的牵制作用。

(4)安理会对检察官权力的制约。根据第16条,在检察官依据缔约国提交的情势或者根据自己掌握的犯罪资料开始或准备开始调查或起诉的情况下,如果安理会通过决议,要求法院在以后的12个月内中止或不得开始对特定情势或案件调查或起诉,则检察官必须遵守。如果需要,安理会还可以根据同样条件延长该项请求,期限也是12个月,并且请求的次数不受限制。

虽然安理会推迟法院调查或起诉的决议,是根据《联合国宪章》第七章,以维持或恢复国际和平与安全的名义作出的,但在实践中,安理会可能会不当推迟检察官的任何调查或起诉工作,而且,这种决议不难通过,任何一个安理会常任理事国只要能取得其他任何八个理事国的同意票并且没有一个否决票时,就能促成安理会通过它所期望的决议。第16条赋予了安理会这样一个政治机构对检察官司法权的制约权。安理会违法利用第16条制约检察官权力的决议在本文多处均有提及,在此不予赘述。

综上所述,《罗马规约》一方面赋予检察官不少权力,另一方面又为检察官行使权力设置了重重壁垒。在刑事司法系统中,检察官处于中心位置,其调查、起诉工作对追究刑事犯罪的成功和效率起着决定性作用。《罗马规约》设置的控制机制无疑会束缚检察官的手脚。加之,检察官处理的都是最严重的国际犯罪,即核心犯罪,这些犯罪极具政治敏感性及法律复杂性。这样,检察官能否迅速有效地处理案件,只能等待实践的检验。如果检察官的工作效率不佳,调查起诉犯罪不力,就会影响整个法院的工作效率和法院在国际社会的威信。

（二）检察官启动法院诉讼程序的权力

根据第13条第3款,检察官自行调查犯罪也是启动法院管辖权的方式之一。检察官行使自行调查权的程序问题,在本章第二节第二个问题"国际刑事法院管辖权的补充性原则"中已做了阐述,在此不再重复。

综上所述,检察官在行使自行调查权的同时,必须接受《罗马规约》的种种限制,调查工作才能合法开展。

第六节　国际刑事法院正在审理的相关案件及法律分析

自2002年7月至2006年2月,国际刑事法院检察官办公室至少收到了来自103个国家的个人和团体的1732份来文(communications)。其中,60%来自于美国、英国、法国和德国等4个国家。这些来文包括世界各地区139个国家内被指控犯罪的报告。此外,检察官收到了三个缔约国即乌干达、民主刚果共和国和中非共和国提交的发生在其各自领域内的情势。并且检察官也收到了安理会提交的苏丹达尔富尔情势。①

---

① The Office of the Prosecutor,"Update on Communications Received by the Office of the Prosecutor of the ICC", available at http://www. icc-cpi. int/library/organs/opt/OPT_Update_on_Communications_10_February_2006.pdf(visited on 5 November 2007).

　　为了断定这些来文是否提供了可能采取进一步行动的根据,检察官办公室对所有来文都作了初步审查。经过初步审查,认定80%的来文反映的情况显然不属于法院管辖的范围。

　　检察官办公室将初步审查的来文分为以下几类:

　　第一,属时管辖。5%的来文涉及的事件发生在2002年7月1日之前,不属于法院属时管辖权的范围。

　　第二,属物管辖。24%的来文涉及的指控显然不属于法院属物管辖权的范围:灭绝种族罪、危害人类罪和战争罪。这些来文涉及的问题包括:包含要求政治避难的移民问题;医疗事故;有关社会保障和抚恤金的申诉;有关劳工法尤其是不当解雇的问题。这部分来文还涉及侵略问题。

　　第三,属人或属地管辖。13%的来文指控的犯罪显然不属于法院属人或属地管辖权的范围。法院仅对发生在缔约国境内的犯罪或由缔约国国民实施的犯罪或联合国安理会提交的犯罪具有管辖权。

　　第四,存在明显缺陷的来文。38%的来文本质上存在明显缺陷,因为它们要么在多重管辖权依据上举棋不定,要么未提供可资分析的基础。例如,来文所提出的总共谋指控中没有特定的详细案情;对于本地或本国政治提出的关注缺乏针对性;或者未能提供经得起分析的事实。[①]

　　截至目前,国际刑事法院受理了涉及7个情势中的16个案件。其中,缔约国向法院的提交的3个情势是:乌干达总统于2003年12月16日向法院检察官提交的有关圣灵抵抗军的情势;民主刚果共和国于2004年4月16日正式向法院提交的国内发生武装冲突的情

---

① The Office of the Prosecutor, "Update on Communications Received by the Office of the Prosecutor of the ICC", available at http://www. icc-cpi. int/library/organs/opt/OPT_ Update_on_Communications_10_February_2006.pdf(visited on 5 November 2007).

势;中非共和国于 2004 年 12 月向法院提交的情势。安理会向法院提交的 2 个情势是:安理会于 2005 年 3 月 31 日通过第 1593 号决议首次向法院提交的达尔富尔情势;安理会于 2011 年 2 月 26 日向法院提交的关于阿拉伯利比亚民众国的情势。此外,第二预审分庭于 2010 年 3 月 31 日授权检察官办公室开始自行调查肯尼亚情势;第三预审分庭于 2011 年 10 月 3 日应检察官的请求,授权其开始自行调查科特迪瓦情势。①

同时,检察官办公室还在对另外 8 个情势进行初步审查,它们来自阿富汗、哥伦比亚、格鲁吉亚、洪都拉斯、尼日利亚、韩国、几内亚和巴勒斯坦。

关于民主刚果共和国的情势,起诉到各相关法庭的案件包括 5 个:检察官诉托马斯·卢班加·迪亚罗案(The Prosecutor v. Thomas Lubanga Dyilo)、检察官诉博斯科·恩塔干达案(The Prosecutor v. Bosco Ntaganda)、检察官诉热尔曼·加丹加与马蒂厄·恩乔洛·楚伊案(The Prosecutor v. Germain Katanga and Mathieu Ngudjolo Chui)、检察官诉卡利克斯特·巴鲁什马纳案(The Prosecutor v. Callixte Mbarushimana)、检察官诉西尔韦斯特·穆达丘姆拉案(The Prosecutor v. Sylvestre Mudacumura)。被告人 Thomas Lubanga Dyilo、Germain Katanga、Mathieu Ngudjolo Chui 和嫌疑人 Callixte Mbarushimana 目前被国际刑事法院羁押,而嫌疑人 Bosco Ntaganda 仍然逍遥法外。

2004 年 6 月 21 日,国际刑事法院检察官开始对整个刚果(金)情势进行调查。2006 年 1 月 13 日检察官向预审分庭发出逮捕令(Warrant of Arrest)申请,申请逮捕鲁班加。

---

① International Criminal Court, available at http://en. wikipedia. org/wiki/International_Criminal_Court(visited on 20 September 2012).

卢班加是成立于 2000 年 9 月的"刚果爱国者联盟"(Union des Patriotes Congolais,UPC)的创始人和首领,也曾在 2002 年 9 月担任这一组织的军事分支"刚果爱国解放组织"(Forces Patriotiques pour la Libération du Congo,FPLC)的总指挥官,任职至少到 2003 年底。①

UPC/FPLC 活跃在刚果(金)东部的伊图里地区。从 1999 年夏天开始,在伊图里地区因为土地和自然资源的分配而产生的纠纷逐步升级。武装冲突从 2002 年 9 月持续到 2003 年 12 月,冲突中不同武装团体和邻国都有参与,其中就包括 UPC/FPLC。②

在 2002 年,UPC/FPLC 控制了布尼亚(Bunia,伊图里地区的首府)和伊图里的部分城镇。而卢班加就像国际刑事法院检察官所描述的那样,成为这个地区的"神"(a God in Ituri)。③

2006 年 2 月 10 日,第一预审分庭对 Thomas Lubanga Dyilo 签发了逮捕令。2006 年 3 月 16 日,他被移交给海牙。

2006 年 3 月 20 日,国际刑事法院第一预审分庭开始审理 Thomas Lubanga Dyilo 案。该案是该法院成立以来审理的第一个案件。当天庭审的主要任务是确定犯罪嫌疑人身份,告知指控内容和告知权利。庭审时间很短,只有 30 分钟,但是它揭开了国际法律史上的新篇章。④

2006 年 11 月 9 日法院举行了成立以来的第一次预审,就刚果民主共和国东北部伊图里(Ituri)地区武装团体"刚果爱国者联盟"(U-

---

① 财新网(2012 年 5 月 31 日):《国际刑事法院第一案》,http://special.caixin.com/ 2012-05-31/100395859_1.html(2012 年 9 月 30 日访问)。

② 财新网(2012 年 5 月 31 日):《国际刑事法院第一案》,http://special.caixin.com/ 2012-05-31/100395859_1.html(2012 年 9 月 30 日访问)。

③ 财新网(2012 年 5 月 31 日):《国际刑事法院第一案》,http://special.caixin.com/ 2012-05-31/100395859_1.html(2012 年 9 月 30 日访问)。

④ 参见岳礼玲:《国际刑事法院首次开庭审案》,《法制日报》2006 年 3 月 27 日。

nion des Patriotes Conglais)领导人托马斯·卢班加·迪亚罗(Thomas Lubanga Dyilo)被诉征召和使用儿童兵案进行听证。①

预审分庭最后确认有实质的理由相信,从 2002 年至 2003 年 12 月,UPC/FPLC 的指挥官在伊图里的几个地方强行招募儿童入伍,这些儿童中有一些当时还不满 15 岁。其他一些 15 岁以下的孩子"自愿"加入或由他们的父母交给 UPC/FPLC。在被招募以后,这些儿童参加了 FPLC 的训练营并在那里接受高强度的军事训练。当他们的军事训练结束后,儿童们一般会得到军队制服、枪支和弹药。FPLC 指挥官然后让他们在前线进行战斗,他们中的一些在战斗中失去了自己的生命。②

预审分庭还认为,有实质的理由相信,通过他作为 UPC 首领和 FPLC 总指挥官的地位,卢班加对 UPC/FPLC 的政策和做法有事实上的控制,这其中包括登记和征召年龄 15 岁以下的儿童,并且利用他们积极参与敌对行动。基于此,预审分庭最后确定,有实质的理由相信卢班加犯下了检察官所指控的国际罪行,从而在 2007 年将案件移交审判分庭进行审判。③

2009 年 1 月审判分庭第一次开庭,检察官和被告双方的律师以及被害人代表均作了开庭陈述。之后的审判,控辩双方均传唤了大量的证人,提交了大量的证据。到庭审结束时,控方传唤了 36 名证人,包括 3 名专家证人,提交了 368 项证据;辩方传唤了 24 名证人,提交了 992 项证据。同时,审判分庭传唤了 4 名专家证人。一共有

---

① 联合国电台(2007 年 2 月 6 日):《从卢邦哥案看国际刑事法院审理程序》,http://www.un.org/radio/ch/story.asp? News ID=2950(2007 年 10 月 9 访问)。

② 财新网(2012 年 5 月 31 日):《国际刑事法院第一案》,http://special.caixin.com/2012-05-31/100395859_1.html(2012 年 9 月 30 日访问)。

③ 财新网(2012 年 5 月 31 日):《国际刑事法院第一案》,http://special.caixin.com/2012-05-31/100395859_1.html(2012 年 9 月 30 日访问)。

129 名被害人参加了诉讼,3 名被害人出庭表达了自己的意见,被害人还提交了 13 项证据。到 2012 年 3 月 14 日判决以前,审判分庭一共开庭 204 天,作出了 275 个书面决定、命令以及 347 个口头决定。①

2012 年 3 月 14 日国际刑事法院认定托马斯·卢班加·迪亚罗犯有战争罪,具体是指:征募不满 15 岁的儿童兵,让他们参加"刚果爱国解放力量"(Patriotic Force for the Liberation of Congo,FPLC),利用他们积极参加自 2002 年 9 月 1 日至 2003 年 8 月 13 日期间的武装冲突。2012 年 7 月 10 日,第一审判分庭判处托马斯·卢班加·迪亚罗 14 年监禁。先前羁押的时间将从该刑期中抵扣。目前,他仍被羁押在海牙拘留中心。②

第一预审分庭于 2007 年 7 月 2 日和 7 月 6 日分别对 Germain Katanga 和 Mathieu Ngudjolo Chui 签发了逮捕令。他们涉嫌通过其他人共同实施了战争罪和危害人类罪。就战争罪而言,具体包括:使不满 15 岁的儿童积极参加敌对行动(《罗马规约》第 8 条第 2 款第 2 项第 26 目);指令攻击平民人口本身或未直接参加敌对行动的个别平民(《罗马规约》第 8 条第 2 款第 2 项第 1 目);故意杀害(《罗马规约》第 8 条第 2 款第 1 项第 1 目);毁坏财产(《罗马规约》第 8 条第 2 款第 2 项第 13 目);抢劫(《罗马规约》第 8 条第 2 款第 2 项第 22 目);性奴役(《罗马规约》第 8 条第 2 款第 2 项第 22 目);强奸(《罗马规约》第 8 条第 2 款第 2 项第 22 目)。就危害人类罪而言,具体包括:谋杀(《罗马规约》第 7 条第 1 款第 1 项);强奸(《罗马规约》第 7

---

① 财新网(2012 年 5 月 31 日):《国际刑事法院第一案》,http://special.caixin.com/2012-05-31/100395859_1.html(2012 年 9 月 30 日访问)。

② The Prosecutor v. Thomas Lubanga Dyilo(ICC-01/04-01/06),available at http://www.icc-cpi.int/Menus/ICC/Situations+and+Cases/(visited on 20 September 2012).

条第 1 款第 7 项）;性奴役(《罗马规约》第 7 条第 1 款第 7 项)。①

2006 年 8 月 22 日,第一预审分庭对 Bosco Ntaganda 签发了第一份逮捕令。2012 年 7 月 13 日,第二预审分庭签发了第二份逮捕令,但迄今仍未被逮捕归案。他涉嫌触犯了战争罪和危害人类罪,共 10 项罪目,具体包括:①7 项战争罪:征募不满 15 岁的儿童兵;征募不满 15 岁的儿童兵,使他们积极参加敌对行动,谋杀,攻击平民人口,强奸,性奴役,抢劫等;②3 项危害人类罪:谋杀;强奸和性奴役;迫害。②

2010 年 9 月 28 日,第一预审分庭对 Callixte Mbarushimana 签发了逮捕令。2010 年 10 月 11 日,Callixte Mbarushimana 被法国当局逮捕。2011 年 1 月 25 日,被移交海牙。2011 年 12 月 23 日,被国际刑事法院释放。他涉嫌触犯了危害人类罪和战争罪,共 13 项罪目,具体包括:①5 项危害人类罪:谋杀;酷刑;强奸;不人道行为;迫害。②8 项战争罪:攻击平民人口;谋杀;伤残肢体;酷刑;强奸;不人道待遇;毁坏财产;抢劫。③

2012 年 7 月 13 日,第二预审分庭对 Sylvestre Mudacumura 签发了逮捕令,但迄今为止,未被逮捕归案。Sylvestre Mudacumura 涉嫌触犯了 9 项战争罪,具体包括:攻击平民;谋杀;伤残肢体;虐待;强奸;酷刑;毁坏财产;抢劫;损害人格尊严。④

---

① The Prosecutor v.Germain Katanga and Mathieu Ngudjolo Chui(ICC‐01/04‐01/07),available at http://www. icc‐cpi. int/Menus/ICC/Situations + and + Cases/(visited on 20 September 2012).

② The Prosecutor v.Bosco Ntaganda(ICC‐01/04‐02/06),available at http://www.icc‐cpi. int/Menus/ICC/Situations+and+Cases/(visited on 20 September 2012).

③ The Prosecutor v.Callixte Mbarushimana(ICC‐01/04‐01/10),available at http://www. icc‐cpi.int/Menus/ICC/Situations+and+Cases/(visited on 20 September 2012).

④ The Prosecutor v.Sylvestre Mudacumura(ICC‐01/04‐01/12),available at http://www. icc‐cpi.int/Menus/ICC/Situations+and+Cases/(visited on 20 September 2012).

关于中非共和国的情势,由中非共和国政府于 2004 年 12 月提交国际刑事法院。国际刑事法院检察官于 2007 年 5 月开始调查。涉及中非共和国情势的案件,只有检察官诉让-皮埃尔·本巴·贡博(The Prosecutor v. Jean-Pierre Bemba Gombo)一案。在该案中,检察官指控贡博触犯了 5 项罪名,具体包括:①2 项危害人类罪:谋杀(《罗马规约》第 7 条第 1 款第 1 项);强奸(《罗马规约》第 7 条第 1 款第 7 项)。②3 项战争罪:谋杀(《罗马规约》第 8 条第 2 款第 3 项第 1 目);强奸(《罗马规约》第 8 条第 2 款第 5 项第 6 目);抢劫(《罗马规约》第 8 条第 2 款第 5 项第 5 目)。① 2008 年 5 月 23 日,国际刑事法院对贡博签发了逮捕令。2008 年 5 月 24 日,贡博被比利时当局逮捕。2008 年 7 月 4 日,贡博首次到第三预审分庭出庭。2009 年 6 月 15 日,第三预审分庭确认了该指控。2010 年 11 月 22 日,该案进入审判阶段。②

关于肯尼亚共和国的情势,由国际刑事法院第二预审分庭于 2010 年 3 月 31 日授权检察官办公室开始自行调查。涉及肯尼亚情势的案件包括:检察官诉威廉姆·沙莫伊·鲁塔、亨利·克皮鲁·科斯基和岳华·阿哈比·宋案(The Prosecutor v. William Samoei Ruto, Henry Kiprono Kosgey and Joshua Arap Sang)、检察官诉弗朗西·卡西米·穆斯瓦、乌西姆·穆盖·肯尼亚塔、穆罕默德·侯赛因·阿里案(The Prosecutor v. Francis Kirimi Muthaura, Uhuru Muigai Kenyatta and Mohammed Hussein Ali)。

2011 年 3 月 8 日,国际刑事法院对 William Samoei Ruto、Henry

---

① The Prosecutor v. Jean-Pierre Bemba Gombo (ICC – 01/05 – 01/08), available at http://www.icc-cpi.int/Menus/ICC/Situations+and+Cases/(visited on 20 September 2012).

② The Prosecutor v. Jean-Pierre Bemba Gombo (ICC – 01/05 – 01/08), available at http://www.icc-cpi.int/Menus/ICC/Situations+and+Cases/(visited on 20 September 2012).

Kiprono Kosgey、Joshua Arap Sang 签发了出庭传票。2011 年 4 月 7
日,该三人首次出庭。2011 年 9 月 1 日至 8 日,国际刑事法院举行了
指控确认听证。2012 年 1 月 23 日,该法院作出了关于确认指控的决
定。按照计划,将于 2013 年 4 月 10 日对 William Samoei Ruto、Joshua
Arap Sang 进行审判。国际刑事法院指控该三人实施了危害人类罪,
即谋杀(《罗马规约》第 7 条第 1 款第 1 项)、驱逐出境或强行迁移人
口(《罗马规约》第 7 条第 1 款第 4 项)、迫害(《罗马规约》第 7 条第 1
款第 8 项)。第二预审分庭没有确认针对 Kosgey 的指控。①

2011 年 3 月 8 日,国际刑事法院对 Francis Kirimi Muthaura、
Uhuru Muigai Kenyatta、Mohammed Hussein Ali 签发了出庭传票。
2011 年 4 月 8 日,该三人首次出庭。2011 年 9 月 21 日至 10 月 5 日,
国际刑事法院举行了指控确认听证。2012 年 1 月 23 日,该法院作出
了关于确认指控的决定。按照计划,将于 2013 年 4 月 10 日对
Francis Kirimi Muthaura、Uhuru Muigai Kenyatta 进行审判。国际刑事
法院指控该三人实施了危害人类罪,即谋杀(《罗马规约》第 7 条第 1
款第 1 项)、驱逐出境或强行迁移人口(《罗马规约》第 7 条第 1 款第
4 项)、强奸(《罗马规约》第 7 条第 1 款第 7 项)、迫害(《罗马规约》
第 7 条第 1 款第 8 项)、不人道行为(《罗马规约》第 7 条第 1 款第 11
项)。第二预审分庭没有确认针对 Ali 的指控。②

关于利比亚情势,安理会理事国于 2011 年 2 月 26 日全体一致
通过第 1970(2011)号决议,决定将 2011 年 2 月 15 日以来阿拉伯利

---

① The Prosecutor v. William Samoei Ruto, Henry Kiprono Kosgey and Joshua Arap Sang
(ICC - 01/09 - 01/11), available at http://www. icc - cpi. int/Menus/ICC/Situations +
and+Cases/(visited on 20 September 2012).

② The Prosecutor v. Francis Kirimi Muthaura, Uhuru Muigai Kenyatta and Mohammed Hussein
Ali (ICC - 01/09 - 02/11), available at http://www.icc-cpi. int/Menus/ICC/Situations +
and+Cases/(visited on 20 September 2012).

比亚民众国的局势问题提交国际刑事法院检察官。"请检察官在本决议通过后两个月内并在其后每六个月向安全理事会报告根据本决议采取的行动。"

2011 年 5 月 16 日,国际刑事法院检察官路易斯·莫雷诺—奥坎波正式提出申请,要求对利比亚领导人卡扎菲等 3 人发出逮捕令,并表示检察官办公室已经为此"收集到可靠证据"。①

涉及利比亚情势的案件是检察官诉卡扎菲和赛努西一案(The Prosecutor v.Saif Al-Islam Gaddsfi and Abdul lah Al-Senussi)。2011 年 6 月 27 日,国际刑事法院对卡扎菲和赛努西签发了逮捕令。在该案中,检察官指控卡扎菲和赛努西触犯了两项危害人类罪,即谋杀(《罗马规约》第 7 条第 1 款第 1 项)、迫害(《罗马规约》第 7 条第 1 款第 8 项)。因为卡扎菲已经死亡,国际刑事法院于 2011 年 11 月 22 日撤销了有关卡扎菲的案件。②

关于科特迪瓦的情势,是第一个非国际刑事法院《罗马规约》缔约国向该法院提交的情势。科特迪瓦政府根据国际刑事法院《罗马规约》第 12 条第 3 款之规定,于 2010 年 12 月 14 日发表声明,表示接受国际刑事法院的管辖权。科特迪瓦现任总统瓦塔拉以国内司法体系资源和力量不足为由,请求国际刑事法院介入调查。国际刑事法院于 2011 年 10 月任命首席检察官奥坎波着手调查。2011 年 10 月 25 日,检察官向预审分庭申请签发逮捕令。2011 年 11 月 23 日,国际刑事法院第三预审分庭对科特迪瓦前总统巴博签发了逮捕令。2011 年 11 月 29 日,科特迪瓦司法部门向巴博通告逮捕令,并执行移

---

① 国际在线网(2011 年 5 月 20 日):《国际刑事法院寻求对卡扎菲发出逮捕令》,http://gb.cri.cn/27824/2011/05/20/5311s3253944.htm(2012 年 9 月 30 日访问)。

② The Prosecutor v.Saif Al-Islam Gaddsfi and Abdul lah Al-Senussi(ICC-01/11-01/11),available at http://www.icc-cpi.int/Menus/ICC/Situations+and+Cases/(visited on 20 September 2012).

交程序。2011 年 11 月 29 日晚,巴博乘直升机从科特迪瓦北部城市科霍戈出发,由共和军士兵护送前往荷兰。2011 年 11 月 30 日凌晨 4 时左右抵达鹿特丹——海牙机场,随后被送往约 20 公里以外的隶属于国际刑事法院的拘留所。巴博目前仍被羁押。2011 年 12 月 5 日,巴博首次出庭。

国际刑事法院指控巴博触犯了 4 项危害人类罪,即在科特迪瓦大选之后的 2010 年 12 月至 2011 年 4 月 12 日期间的冲突中实施了谋杀、强奸和其他性暴力、迫害、其他不人道行为。[①]

在法院收到的所有情势中,乌干达情势是第一个由缔约国提交的情势,达尔富尔情势是安理会首次提交的情势。本节拟以乌干达案件和达尔富尔案件为例,对缔约国和安理会向国际刑事法院提交情势的法律问题进行分析。

一、乌干达向国际刑事法院提交的有关圣灵抵抗军的情势及法律分析

(一)乌干达情势的背景

乌干达目前的冲突已持续 17 年,在这期间,乌干达北部地区的平民屡屡遭到攻击。在总统穆塞维尼 1986 年执政后不久,紧张局势

---

① The Prosecutor v. Laurent Gbagbo ICC－02/11－01/11),available at http://www.icc-cpi. int/Menus/ICC/Situations+and+Cases/(visited on 20 September 2012).巴博 1945 年 5 月 31 日出生于科特迪瓦,先后获得阿比让大学历史学士学位和巴黎第七大学博士学位。他曾任中学历史和地理教师、非洲历史、艺术和考古研究院研究员,出版多部著作。20 世纪 80 年代后投身政坛。在 2000 年总统大选中,以 59% 的选票当选总统。2010 年 11 月底科特迪瓦总统选举后,巴博和前总理瓦塔拉分别宣布获胜,科特迪瓦出现"一国两主"的局面。两大阵营随后发生大规模武装冲突,持续 4 个多月,约 3000 人在冲突中丧生,72 人失踪,520 人遭到任意逮捕和拘禁,超过 100 万人流离失所,发生了 100 多例强奸案件。2011 年 4 月 11 日,巴博被支持瓦塔拉的武装人员逮捕。

便出现了,来自前乌干达人民民主军的几个小派别组成了叛乱组织"圣灵抵抗军"(Lord's Resistance Army,LRA)。1988 年,约瑟夫·科尼成为圣灵抵抗军的首领。

"圣灵抵抗军"除了狂热地反对总统穆塞维尼外,没有明确的政治目标。该组织在被政府军击败后,遂以苏丹南部为基地,不断骚扰乌干达北部地区。2002 年 3 月,苏丹政府同意乌干达军队进入苏丹境内清剿"叛乱分子"。行动结束后,"圣灵抵抗军"军事力量被削弱,被迫躲藏在乌干达北部地区,他们在那里愈加猖狂,烧杀奸淫,无恶不作。

据人权观察报告,圣灵抵抗军实施了大规模侵犯乌干达平民的行为,包括绑架儿童、杀害、酷刑、强奸和性攻击、强迫劳动及残伤肢体等。[1] "圣灵抵抗军"尤其以绑架儿童逼迫他们成为娃娃兵而臭名昭著。据基特冈姆市家长协会估计,自 1986 年至今 17 年来,至少有 1.4 万名乌干达儿童被"圣灵抵抗军"绑架,有 8000 名儿童或者逃跑、或者被残忍杀害,而且在目前的"圣灵抵抗军"中,大约还剩下 6000 多名儿童。[2] 被绑架来的儿童被迫攻击、杀害平民和绑架其他儿童。不服从命令的儿童经常遭到被强迫杀害他们的其他儿童的杀害。[3] 此外,绑架的女孩或被科尼挑中做小妾,或被他用来"奖赏"手下的"勇敢战士"。

据统计,自 2002 年 7 月至 2004 年 6 月,圣灵抵抗军至少实施谋

---

[1] Yves Beigbeder, *International Justice against Impunity*: *Progress and New Challenges*, Boston/Leiden: Martinus Nijhoff Publishers, 2005, p.174.

[2] 华夏经纬网(2003 年 6 月 27 日):《"血雨腥风"笼罩乌干达》, http://www.huaxia.com/200373/00035853.htm/(2007 年 10 月 31 日访问)。

[3] Yves Beigbeder, *International Justice against Impunity*: *Progress and New Challenges*, Boston/Leiden: Martinus Nijhoff Publishers, 2005, p.174.

杀案 2200 起、绑架案 3200 起,实施攻击 850 多次。① 据乌干达官方统计,"圣灵抵抗军"近 20 年的叛乱在乌干达北部地区造成上万人死亡,140 多万人流离失所。② 除了侵犯平民的人身权利外,圣灵抵抗军还肆意抢劫和毁坏财物。在武装冲突期间,圣灵抵抗军至少烧毁了 1946 座房屋和 1600 座仓库,至少抢劫了 1327 处住宅、116 个村庄和 307 个商店。③

联合国官员 Jan Egeland 曾将乌干达北部的情势称之为"当今世界上被严重遗忘和忽略的人道危机"。④

(二)乌干达案件的进展

乌干达于 1999 年 3 月 17 日签署了《罗马规约》,于 2002 年 6 月 14 日交存了《罗马规约》批准书,因而是《罗马规约》缔约国。2003 年 12 月 16 日乌干达政府将关于乌干达北部的情势提交国际刑事法院检察官。2004 年 2 月 27 日乌干达政府向书记官长提交了接受法院管辖权的声明,将法院的属时管辖权溯及 2002 年 7 月 1 日。

2004 年 7 月 5 日,国际刑事法院院长会议将乌干达情势分配给第二预审分庭。检察官对掌握的资料根据《罗马规约》作了全面分

① Background information on the situation in Uganda(14 October 2005),http://www.icc-cpi. int/libruary/cases/ICC-20051410-056-1_English.pdf(visited on 1 November 2007).

② 新华网(2007 年 4 月 17 日):《乌干达"圣灵抵抗军"要求国际刑事法庭撤销控告》,http://news.xinhuanet.com/world/2007-04/17/content_5985540.htm(2007 年 10 月 24 日访问)。

③ Background information on the situation in Uganda (14 October 2005), available at http://www.icc-cpi.int/libruary/cases/ICC-20051410-056-1_English.pdf(visited on 1 November 2007).

④ Office of the Prosecutor,Statement by the Chief Prosecutor on Uganda Arrest Warrants(The Hague,14 October 2005), available at http://www.icc-cpi.int/libruary/organs/opt/spee-ches/LMO_200510.14_English.pdf(visited on 1 November 2007).

析后,于 2004 年 7 月 28 日决定开始调查乌干达情势。经过 9 个月的调查后,检察官于 2005 年 5 月 6 日请求第二预审庭为圣灵抵抗军 5 名高级首领①颁发逮捕令。2005 年 10 月 14 日,国际刑事法院向乌干达、苏丹和刚果民主共和国政府发出了逮捕圣灵抵抗军 5 名首领的逮捕令。这是法院成立以来颁发的首批逮捕令。② 法院在逮捕令中罗列了他们所实施的危害人类罪和战争罪中的几十项罪名。对约瑟夫·科尼等前 4 名首领指控的罪名为《罗马规约》第 5 条、第 7 条和第 8 条规定的危害人类罪和战争罪。其中,约瑟夫·科尼涉嫌触犯 33 项罪目,具体包括:①12 项危害人类罪:谋杀(第 7 条第 1 款第 1 项);奴役(第 7 条第 1 款第 3 项);性奴役(第 7 条第 1 款第 7 项);强奸(第 7 条第 1 款第 7 项);对人体或身心健康造成严重伤害的不人道行为(第 7 条第 1 款第 11 项)等。②21 项战争罪:谋杀(第 8 条第 2 款第 3 项第 1 目);虐待平民(第 8 条第 2 款第 3 项第 1 目);故意指令攻击平民人口(第 8 条第 2 款第 5 项第 1 目);抢劫(第 8 条第 2 款第 5 项第 5 目);强奸(第 8 条第 2 款第 5 项第 6 目);强迫征募儿童兵(第 8 条第 2 款第 5 项第 7 目)等。文森特·奥蒂涉嫌触犯 32 项罪目,具体包括:①11 项危害人类罪:谋杀(第 7 条第 1 款第 1 项);对人体或身心健康造成严重伤害的不人道行为(第 7 条第 1 款第 11 项)等。②21 项战争罪:强奸(第 8 条第 2 款第 5 项第 6 目);故意指令攻击平民人口(第 8 条第 2 款第 5 项第 1 目);强迫征募儿童兵(第 8 条第 2 款第 5 项第 7 目);虐待平民(第 8 条第 2 款第 3 项第 1 目);抢劫(第 8 条第 2 款第 5 项第 5 目);谋杀(第 8 条第 2 款第

---

① 该 5 名高级首领是 Joseph Kony, Vincent Otti, Okot Odhiambo, Dominic Ongwen, Lukwiya.
② Office of the Prosecutor, Statement by the Chief Prosecutor on Uganda Arrest Warrants(The Hague, 14 October 2005), available at http://www.icc-cpi.int/libruary/organs/opt/speeches/LMO_200510. 14_English.pdf(visited on 1 November 2007).

3项第1目)等。Okot Odhiambo 涉嫌触犯10项罪目,具体包括:①2项危害人类罪:谋杀(第7条第1款第1项);奴役(第7条第1款第3项)。②8项战争罪:谋杀(第8条第2款第3项第1目);故意指令攻击平民人口(第8条第2款第5项第1目);抢劫(第8条第2款第5项第5目);强迫征募儿童兵(第8条第2款第5项第7目)等。Dominic Ongwen 涉嫌触犯7项罪目,具体包括:①3项危害人类罪:谋杀(第7条第1款第1项);奴役(第7条第1款第3项);对人体或身心健康造成严重伤害的不人道行为(第7条第1款第11项)。②4项战争罪:谋杀(第8条第2款第3项第1目);虐待平民(第8条第2款第3项第1目);故意指令攻击平民人口(第8条第2款第5项第1目);抢劫(第8条第2款第5项第5目)。因第5名首领 Raska Lukwiya 于2006年8月12日死亡,第二预审分庭于2007年7月11日作出决定,终止针对 Raska Lukwiya 的诉讼程序。[①]

2006年6月1日,国际刑警组织为国际刑事法院发出了首批红色通缉令,通缉逮捕这5名首领。国际刑警组织向184个会员国转发的红色通缉令要求各相关国家发现受通缉的人后将其逮捕并拘留。[②]

2006年7月4日,乌干达总统穆塞维尼在会见联合国秘书长特使沃尔特·卡林时称,如果反政府武装组织"圣灵抵抗军"头目约瑟夫·科尼积极响应由苏丹南部政府发起的和谈,并愿意结束在乌北部的叛乱,乌政府将大赦约瑟夫·科尼,并保证不将他移交给海牙国

---

① The Prosecutor v. Joseph Kony, Vincent Otti, Okot Odhiambo, Dominic Ongwen (ICC - 02/04 - 01/05), available at http://www. icc-cpi. int/Menus/ICC/Situations + and + Cases/(visited on 20 September 2012).

② 联合国电台(2006年6月1日):《国际刑警组织发出首批红色通缉令》,http://www. un. org/radio/ch/print_all. asp? NewDate = 6/1/2006(2007年11月1日访问)。

际刑事法院审判。① 但是,科尼已经以"双方地位应当平等"为由拒绝了总统的大赦。② 虽然乌干达政府同意大赦"圣灵抵抗军"头目,但国际刑事法院表示不会撤销对他们的指控。

2006 年 8 月 12 日,乌干达政府军在乌干达北部围剿行动中击毙了反政府武装"圣灵抵抗军"三号人物卢克维亚(Raska Lukwiya)。2006 年 8 月 14 日,国际刑事法院检察长奥坎波就收到乌干达"圣灵抵抗军"首领卢克维亚死讯的报告发表声明,表示愿意提供验尸协助。③

2007 年 4 月,"圣灵抵抗军"要求国际刑事法院撤销对其首领约瑟夫·科尼等 5 人的控告。"圣灵抵抗军"首领科尼和副手文森特·奥蒂认为,国际刑事法院的控告影响了乌干达的和平进程,必须撤销,但政府方面仍坚持原有立场,即"叛军必须先签署和平协议"。④

鉴于有证据证明卢克维亚已经死亡,第二预审庭"注意到《罗马规约》第 25 条第 1 款规定:'本法院根据本《规约》对自然人具有管辖权。'""考虑到刑事诉讼的目的在于确定个人的刑事责任,因此,该法庭不能对一个已经死亡的人行使管辖权"。遂于 2007 年 7 月

---

① 中国网(2006 年 7 月 4 日):《乌干达"非洲屠夫"将被特赦》,http://www.china.com. cn/chinese/junshi/1267289.htm(2007 年 10 月 31 日访问)。

② 浙江在线新闻网(2006 年 7 月 12 日):《绑架数万儿童自称能通灵 非洲屠夫拒绝政府特赦》,http://ent.zjol.com.cn/05/world/system/2006/07/12/007735110.stml(2007 年 10 月 31 日访问)。

③ 联合国网站新闻中心(2006 年 8 月 14 日):《国际刑事法院就圣灵抵抗军一被告之死发表声明》,http://www.un.org/chinese/News/fullstorynews.asp? newsID = 1(2007 年 10 月 31 日访问)。

④ 新华网(2007 年 4 月 17 日):《乌干达"圣灵抵抗军"要求国际刑事法庭撤销控告》,http://news.xinhuanet.com/world/2007 - 04/17/content_5985540.htm(2007 年 10 月 24 日访问)。

11 日决定"终止对拉斯卡·卢克维亚的诉讼"。①

2007 年 9 月 8 日,"圣灵抵抗军"二号人物文森特·奥蒂在接受当地电台专访时表示,如果国际刑事法庭不撤销对其首领约瑟夫·科尼等 4 人的指控,"圣灵抵抗军"就拒绝签署朱巴和平协议。奥蒂声称,国际刑事法庭对其 4 名首领的指控"是和谈面临的最主要障碍",只有国际刑事法庭撤销指控,"圣灵抵抗军"才会签署和平协议。②

(三)乌干达案件的法律分析

乌干达案件涉及以下主要法律问题:

1.国际刑事法院行使管辖权的先决条件

根据《罗马规约》第 12 条的规定,国际刑事法院行使管辖权的先决条件是犯罪地国或被告人国籍国是《罗马规约》缔约国或接受法院管辖权的国家。在乌干达案件中,乌干达既是犯罪地国,又是被告人国籍国,符合法院行使管辖权的先决条件。

2.国际刑事法院管辖权的启动方式

根据《罗马规约》第 13 条的规定,国际刑事法院管辖权可由缔约国、安理会或检察官启动。在乌干达案件中,作为缔约国的乌干达将国内情势提交给了法院,符合法院管辖权的启动机制。

① The Case of the Prosecutor v. Joseph Kony, Vincent Otti, Okot Odhiambo, Rask Lukwiya, Dominic Ongwen, No.ICC-02/04-01/05, Pre-Trial Chamber Ⅱ, Decision to Terminate the Proceedings Against Raska Lukwiya (11 July 2007), available at http://www.icc-cpi. int/library/cases/ICC-02-04-01-05-248_English.pdf(visited on 4 November 2007).

② 云南日报网(2007 年 9 月 9 日):《乌"圣灵抵抗军"要求国际刑事法庭撤销对其首领指控》,http://www.yndaily.com/htm/20070909/news_95_123487.html(2007 年 10 月 31 日访问)。

3.国际刑事法院管辖权的补充性原则

根据补充性原则,国家对其领域内发生的犯罪或其国民实施的犯罪优先行使管辖权,只有在国家不愿意或不能够行使管辖权时,国际刑事法院才能行使管辖权。《罗马规约》第 17 条对"不愿意"和"不能够"作了界定。对于某一案件是否存在"不愿意"的问题,国际刑事法院应根据国际法承认的正当程序原则,酌情考虑是否存在下列一种或多种情况:①已经或正在进行的诉讼程序,或一国所作出的决定,是为了包庇有关的人,使其免负第 5 条所述的本法院管辖权内的犯罪的刑事责任;②诉讼程序发生不当延误,而根据实际情况,这种延误不符合将有关的人绳之以法的目的;③已经或正在进行的诉讼程序,没有以独立或公正的方式进行,而根据实际情况,采用的方式不符合将有关的人绳之以法的目的。① 对于某一案件是否存在"不能够"的问题,国际刑事法院应考虑,一国是否由于本国司法系统完全瓦解,或实际上瓦解或者并不存在,因而无法拘捕被告人或取得必要的证据和证言,或在其他方面不能进行本国的诉讼程序。② 在乌干达案件中,不存在"不能够"的任何情形。因此,只能考虑有无"不愿意"的情形。按照第 17 条的字面意思理解,"不愿意"的标准只适用于有关国家对有关案件开始调查以后的情形,并不适用于调查前的情形。并且第 17 条第 2 款对"不愿意"的标准作了穷竭性列举,不存在任何弹性条款。在这种情况下,法院不能受理乌干达案件。③ 否则,就违背了《罗马规约》序言确定的补充性原则。依此原则,所有缔约国对调查和起诉国际刑事法院管辖权内的犯罪承担主

---

① 《罗马规约》第 17 条第 2 款。

② 《罗马规约》第 17 条第 3 款。

③ 如果对第 17 条做反面理解能够成立,则会得出不同的结论。既然国家对案件正在调查时,法院应断定案件不可受理,那么,就可依此推断出:国家没有进行调查时,案件是可以受理的。

要责任,有义务对这些犯罪行使刑事管辖权;所有缔约国应在国家一级采取措施并加强合作,以结束有罪不罚的现象,国际刑事法院是将犯罪人绳之以法的最后手段,只对国家的司法系统起补充作用。在乌干达案件中,乌干达不履行国家对国际犯罪行使管辖权的义务,直接将案件提交国际刑事法院,而该法院不考虑第 17 条的规定和缔约国的义务,只是在"乌干达政府对负有最大责任的那些人没有进行也不打算进行国内诉讼程序"的情况下,①就受理了该案。之所以出现这种情况,对乌干达政府而言,很可能是因政治顾虑、经济压力及司法难度等因素,不愿意处理棘手的案件,而选择将沉重的负担转嫁于国际刑事法院;对国际刑事法院而言,可能是因为处于初创阶段,此前无案件可以受理,遂受理了该案。这很可能为将来开创了不佳先例,在将来出现类似案件时,类似国家很可能不愿承担义务,而只愿将麻烦向法院一推了之。即使由此产生的法律问题能够进一步解决,但首当其冲的是法院在人力、物力和财力上将会因此承受更重的负担。

4.国际刑事法院的管辖权与赦免问题

由于在《罗马规约》谈判中对大赦、特赦和假释等问题未能达成妥协方案,所以,《罗马规约》对此没有规定。但是,国家对实施了国际刑事法院管辖权内犯罪的人给予大赦或特赦的示例不胜枚举。并且,在任何国家以求得和平与民族和解的名义实施赦免都是合法的。

---

① 国际刑事法院第二预审分庭在 2005 年 7 月 8 日为约瑟夫·科尼签发的逮捕令中指出:"注意到乌干达政府在 2004 年 5 月 28 日关于'管辖权的信函'中陈述道:乌干达政府不能够对已提交的情势中的那些犯罪逮捕……可能承担最大责任的人;国际刑事法院是调查和起诉对那些犯罪承担最大责任的人的最合适最有效的法院;乌干达政府没有进行也不打算进行国内的诉讼程序。"Pre-trial Chamber Ⅱ, Warrant of Arrest for Joseph Kony Issued on 8 July 2005 as Amended on 27 September 2005(27 September 2005), para. 37, available at http://www.icc-cpi.int/library/cases/ICC-02-04-01-05-53_English.pdf(visited on 5 November 2007).

大赦或特赦对程序问题与实体问题都有实质性影响,对程序有阻却作用,对刑罚有消灭功能。因此,赦免对国际刑事法院管辖权的影响在实践中是不可回避的。

该问题在理论上正处于争论中,本章第二节已有提及。赦免不但影响补充性原则,还影响司法合作等问题。对于恶意赦免,可以通过扩大解释第 17 条和第 20 条,视为"不愿意"切实行使管辖权,由国际刑事法院行使管辖权。而善意赦免能否阻却国际刑事法院行使管辖权,并无明确答案。再者,恶意赦免和善意赦免不易区分,因为赦免都是以合法名义作出的。在乌干达案件中,穆塞维尼于 2006 年 7 月 4 日表示,如果约瑟夫·科尼积极响应和平谈判,并愿意结束乌北部的叛乱,乌干达政府将大赦他,保证不将他移交国际刑事法院。从表面看,穆塞维尼的决定是出于维护和平利益,是合法的,不属于恶意赦免。对穆塞维尼的做法,国际刑事法院表示不会撤销对科尼的控告。国际刑事法院的做法实际上填补了《罗马规约》的空白,为该法院以后应对此类问题创造了先例。但大赦对该法院造成的实际障碍仍然难以逾越。如果大赦真正得以执行,乌干达政府就不可能将科尼移交国际刑事法院,而该法院又无权做缺席审判,惩治罪犯的愿望将成为泡影。即使能做缺席审判,如果国家不配合,无法控制被告人,刑罚无法执行,案件因此没有意义。

5.国家与国际刑事法院的司法合作义务

根据《罗马规约》第九编及其他相关规定,在国际刑事法院决定对有关案件开始调查并通知所有缔约国及对案件具有管辖权的国家后,缔约国和其他有义务与国际刑事法院合作的国家,在调查取证、查封扣押、传唤、逮捕、拘留和移交被告人方面应当与法院充分合作。但是,目前国际刑事法院关押的犯罪嫌疑人只有刚果(金)东北部伊图里地区的军阀卢邦哥,他是被国家逮捕后移交给法院的。法院早已向圣灵抵抗军首领发出了逮捕令,但有关国家至今未采取任何行动。在法院无警察权力的情况下,如果国家不提供司法协助,法院的审判活动将陷入瘫痪。甚至在安理会提交的达尔富尔案件中,对犯罪嫌疑人的逮捕令迄今仍未执行,更何况是无安理会参与的案件,其合作难度可想而知!

6.国际刑事法院管辖权内的犯罪和可适用的刑罚

根据《罗马规约》第 5 条的规定,在侵略罪的定义得以界定之前,国际刑事法院可以行使管辖权的犯罪为灭绝种族罪、危害人类罪和战争罪。在乌干达案件中,不存在灭绝种族的行为,涉嫌的犯罪为危害人类罪和战争罪。

在危害人类罪中,被指控的行为涉及下列具体罪目:①谋杀(第 7 条第 1 款第 1 项);②奴役(第 7 条第 1 款第 3 项);③强奸、性奴役等性暴力犯罪(第 7 条第 1 款第 7 项);④故意造成重大痛苦,或对人体或身心健康造成严重伤害的其他性质相同的不人道行为(第 7 条第 1 款第 11 项)。① 就战争罪而言,乌干达境内的冲突属于非国际性武装冲突,该冲突违反了适用于非国际性武装冲突的法规和惯例。因此,在乌干达案件中,被指控的战争罪包括下列具体罪目:①对生命和人身施以暴力,特别是各种谋杀、残伤肢体、虐待及酷刑(第 8 条第 2 款第 3 项第 1 目);②故意指令攻击平民人口本身或未直接参加敌对行动的个别平民(第 8 条第 2 款第 5 项第 1 目);③抢劫即使是突击攻下的城镇或地方(第 8 条第 2 款第 5 项第 5 目);④强奸、性奴役等性暴力犯罪(第 8 条第 2 款第 5 项第 6 目);⑤征募不满 15 岁的儿童加入武装部队或集团,或利用他们积极参加敌对行动(第 8 条第

---

① Warrant of Arrest for Joseph Kony Issued on 8 July 2005 as Amended on 27 September 2005 (27 September 2005), available at http://www.icc-cpi.int/library/cases/ICC - 02 - 04 - 01-05-53_English.pdf(visited on 5 November 2007).

2 款第 5 项第 7 目)。① 国际刑事法院可以根据《罗马规约》第 25 条第 3 款第 3 项对实施上述犯罪的人定罪处刑。

经过审判,如果罪名成立,犯罪人将有可能被判处无期徒刑或最高刑不超过 30 年的有期徒刑,同时可以并处罚金和没收财产。

二、联合国安理会向国际刑事法院提交的达尔富尔情势及法律分析

(一)达尔富尔情势的背景

苏丹是非洲面积最大的国家,国土面积约为 250 万平方公里,北邻埃及,东接红海、厄立特里亚和埃塞俄比亚,南毗乌干达、肯尼亚和刚果民主共和国,西壤中非共和国、乍得和阿拉伯利比亚民众国。苏丹人口估计为 3900 万,其中 32% 居住在城市,68% 居住在农村,游牧人口约占 7%。伊斯兰教为主要宗教,北部地区尤其如此,而基督教和传统拜物教在南部较为盛行。苏丹是一个拥有联邦制政府的共和国,实行多级行政管理,全国分为 26 个省(wilayaat),大约 120 个县(mahaliyaat)。②

苏丹是一个历史悠久的国家。公元前 8 世纪中叶起,北部努比亚人建立奴隶制国家。公元 7 世纪阿拉伯人迁入。16 世纪初建独立的伊斯兰王国。19 世纪 70 年代英国势力从埃及向境内扩张,1899 年起,英国利用英埃共管名义使苏丹沦为其殖民地。1951 年废除共管,1956 年 1 月 1 日宣告独立,成立苏丹共和国。

---

① Warrant of Arrest for Joseph Kony Issued on 8 July 2005 as Amended on 27 September 2005 (27 September 2005), available at http://www.icc-cpi.int/library/cases/ICC-02-04-01-05-53_English.pdf(visited on 5 November 2007).

② 摘自《达尔富尔问题国际调查委员会给秘书长的报告》,S/2005/60,第 40 段。

　　苏丹独立后,国家在军事专政和民主统治之间摇摆不定。在 49 年国民统治中,苏丹经历了 1956—1958 年、1965—1969 年和 1985—1989 年的 10 年民主时期。除此之外,苏丹实行军人专制统治。

　　1958 年 11 月,易卜拉欣·阿布德将军通过政变夺去了政权。阿布德支持推广阿拉伯语和传播伊斯兰教,这一主张引起了南部的抵抗。1962 年,南部动荡加剧。1963 年出现了武装反叛。政府在全国加大镇压行动。1969 年 5 月,加法尔·穆罕默德·尼迈里上校率领的一批军官夺去了政权。他们推行一党制社会主义思想,后来演变为政治伊斯兰教。在最后几年统治时期,尼迈里采取了几项使其紧握大权的措施。南部发现石油以后,尼迈里实行措施,确保将南部产油区归入北部,并取消了南部自治。1983 年 9 月,在全国伊斯兰阵线领导人哈桑·图拉比和穆斯林兄弟会的影响下,尼迈里开始推行伊斯兰教法统治。所有这些步骤都遭到了南部的强烈反应,并最终导致 1983 年爆发与南部的第二次战争。①

　　南北冲突自 1983 年爆发以来,在许多方面使苏丹遭受重创。这是非洲持续时间最长的冲突,引发了严重的侵犯人权行为和人道主义灾难。200 多万人在冲突中丧生,450 万人被迫逃离家园。②

　　达尔富尔位于苏丹西部,面积约 25 万平方公里。1994 年以来,达尔富尔在行政上划分为北达尔富尔州、南达尔富尔州和西达尔富尔州。③ 达尔富尔地区的居民主要由阿拉伯人和非洲黑人构成,约 600 万,其中约 60% 是农民,其余大多是牧民。在黑人居民中,富尔人是达尔富尔地区最古老、最主要的原住居民,其余主要的部落还有

----

① 摘自《达尔富尔问题国际调查委员会给秘书长的报告》,S/2005/60,第 44 段和第 45 段。
② 摘自《达尔富尔问题国际调查委员会给秘书长的报告》,S/2005/60,第 50 段。
③ 摘自《达尔富尔问题国际调查委员会给秘书长的报告》,S/2005/60,第 51 段。

扎加瓦人和马萨利特人。虽然该地区的居民属于不同的种族和不同的部落,但他们几乎都信仰伊斯兰教。①

自 20 世纪 80 年代以来,苏丹境内的生态不断恶化,达尔富尔地区的情况尤为严重。自然灾害对阿拉伯人和黑人部落之间的关系产生了严重影响,争夺资源的斗争使得他们之间原有的紧张关系更加恶化,最后演变为仇杀。在与阿拉伯人的冲突中,达尔富尔的两个黑人反叛组织"苏丹解放运动"(Sudan Liberation Movement,简称 SLM)和"正义与平等运动"(Justice and Equality Movement,简称 JEM)诞生。

2003 年 2 月,苏丹解放运动和正义与平等运动武力攻陷了北达尔富尔省首府法希尔,标志着战争正式爆发。其后,为了挽回军事进攻上的颓势,政府借助金戈威德(Janjaweed)民兵组织与叛军作战。②冲突各方不加分别地攻击平民,实施强奸,强迫其流离失所,以及实施各种暴力行为。武装冲突造成大量人员伤亡,许多村庄全部被摧毁和焚烧,近 200 万平民流离失所。③

达尔富尔地区的危机引起了国际社会的普遍关注。2004 年 7 月和 2005 年 5 月,联合国秘书长安南两次前往达尔富尔地区,以推动和平进程。安理会自 2004 年 6 月至 2005 年 3 月 31 日先后通过了关于苏丹问题的 9 项决议,以求尽快结束达尔富尔地区的冲突,但未取得实质性进展。

联合国安理会根据《联合国宪章》第七章于 2005 年 3 月 31 日通

---

① 参见刘仁文、周振杰:《达尔富尔案件的由来、进展及意义》(2007 年 10 月 3 日),http://blog.china.cn/spl/liurenwen/07261786769.shtml(2007 年 9 月 28 日访问)。

② 参见刘仁文、周振杰:《达尔富尔案件的由来、进展及意义》(2007 年 10 月 3 日),http://blog.china.cn/spl/liurenwen/07261786769.shtml(2007 年 9 月 28 日访问)。

③ 参见杨力军:《安理会向国际刑事法院移交达尔富尔情势的法律问题》,《环球法律评论》2006 年第 4 期。

过了第 1593 号决议,其序言第 5 段规定:"认定苏丹局势继续对国际和平与安全构成威胁。"正文第 1 段规定:"决定将 2002 年 7 月 1 日以来达尔富尔地区局势问题移交国际刑事法院检察官。"①第 1593 号决议的事实依据来自于一个国际调查委员会的报告。2005 年 1 月,由联合国秘书长安南任命的一个国际调查委员会向安南提交了一份报告,指控 51 名苏丹人在达尔富尔地区犯下战争罪和危害人类罪,其中既有政府军官员,也有亲政府游击队和反政府武装组织的成员。② 该委员会在该报告中强烈建议安理会立即根据国际刑事法院规约第 13 条第 2 款,将达尔富尔局势提交给国际刑事法院审理。安理会在接到报告后,经过权衡各方利益,以 11 票赞成、4 票(中国、美国、巴西和阿尔及利亚)弃权的表决结果通过了第 1593 号决议。

2005 年 4 月 3 日,苏丹政府正式宣布,"完全拒绝"安理会第 1593 号决议。苏丹政府当日发表声明说,安理会第 1593 号决议直接针对苏丹及其领导机构,缺乏客观公正的基础,侵犯了苏丹的国家主权,忽略了苏丹政府对和平稳定的看法以及为和平稳定所做的努力。苏丹政府同时强调,政府必须在地区和国际范围内,利用一切外交和法律手段使安理会第 1593 号决议破产。苏丹政府还宣布,苏丹司法部门将继续本着严厉、公正的原则,惩治被指控在达尔富尔地区犯罪的人员。③

2005 年 4 月 5 日,联合国秘书长安南在纽约联合国总部向国际刑事法院检察官移交了在达尔富尔犯下战争罪和危害人类罪的嫌疑人名单。

---

① 安理会第 1593(2005)号决议,S/RES/1593(2005)。

② http://www.hndaily.com.cn/new/php/20050405/51049.php.

③ 中国法院网(2005 年 4 月 4 日):《苏丹政府正式宣布拒绝安理会第 1593 号决议》,http://www.chinacourt.org/html/article/200504/04/156838.shtml(2007 年 10 月 25 日访问)。

（二）达尔富尔案件的进展

截至目前,国际刑事法院正在处理的涉及达尔富尔情势的案件共有 5 个:艾哈迈德·穆罕默德·哈伦和阿里·穆罕默德·阿卜杜—拉赫曼案［The Prosecutor v. Ahmad Muhammad Harun（"Ahmad Harun"）and Ali Muhammad Ali Abd-Al-Rahman（"Ali Kushayb"）］、检察官诉奥马尔·哈桑·艾哈迈德·巴希尔案（The Prosecutor v. Omar Hassan Ahmad Al Bashir）、检察官诉巴哈尔·伊德里斯·阿布·加尔达案（The Prosecutor v. Bahar Idriss Abu Garda）、检察官诉阿卜杜拉·班达·阿巴卡尔·努宁和萨利赫·穆罕默德·杰宝·贾穆斯案（The Prosecutor v. Abdallah Banda Abakaer Nourain and Saleh Mohammed Jerbo Jamus）、检察官诉阿卜杜勒·拉希姆·穆罕默德·侯赛因（The Prosecutor v. Abdel Raheem Muhammad Hussein）。[①]

国际刑事法院第一预审分庭已对哈伦、库沙布、巴希尔、侯赛因等 4 人签发了逮捕令,但迄今未被捉拿归案。

2005 年 4 月 21 日,院长会议作出决定,将苏丹达尔富尔情势分配给第一预审分庭。国际刑事法院检察官路易斯·莫雷诺·奥坎波（Luis Moreno-Ocampo）收到国际调查委员会的调查资料后,检察官办公室通过多种渠道来获得信息,搜集了数以千计的文献资料,并会见了 50 余名独立专家。[②] 对资料进行全面分析后,检察官于 2005 年 6 月 1 日通知第二预审分庭,将根据《罗马规约》与《程序和证据规则》第 104 条开始调查苏丹达尔富尔情势。检察官认为,根据已经掌握的信息,可以受理安理会提交的有关达尔富尔情势的案件,并于 5

①　Situations and Cases. International Criminal Court. http://www.icc-cpi.int/Menus/ICC/Situations+and+Cases（visited on 20 September 2012）.

②　中国网（2005 年 6 月 6 日）:《国际刑事法院启动对达尔富尔地区的调查》,http://www.iccchina.org/cn/infoview/artical-248.html（2007 年 9 月 28 日访问）。

日后宣布调查开始,同时声明调查将是公正和独立的,将集中对在达尔富尔地区的严重罪行负有责任的个人进行调查。① 2006 年 6 月 14 日和 12 月 14 日,检察官根据第 1593 号决议的要求,向安理会汇报了达尔富尔案件的进展情况和未来的调查计划。2006 年 8 月 25 日,书记官长任命来自利比亚的律师哈迪·沙鲁夫(Hadi Shalluf)为该案特别辩护人,要求其代表并保护被告方的利益。2007 年 2 月 2 日,为了保证当前程序的有效运行与调查的公正,国际刑事法院预审分庭任命阿库娃·库恩耶希亚(Akua Kuenyehia)为达尔富尔情势的独任法官,任期为 2007 年 2 月 5 日至 2 月 19 日。同年 3 月 7 日,经选举,预审分庭宣布阿库娃·库恩耶希亚为该庭首席法官,负责达尔富尔案件的预审工作。②

　　经过近两年的调查,莫雷诺·奥坎波于 2007 年 2 月 27 日依据《罗马规约》第 58 条第 7 款向第一预审分庭提出申请,请求该庭为艾哈迈德·哈伦(Ahmad Harun)和阿里·库沙布(Ali Kushayb)签发出庭传票或逮捕证。其中,艾哈迈德·哈伦是苏丹前内政部长,阿里·库沙布是受到政府支持的金戈威德民兵前指挥官。③ 奥坎波指出:

---

① 在国际刑事法院检察官决定对达尔富尔情势进行调查后不久,苏丹政府于 2005 年 6 月宣布成立了达尔富尔特别法庭,启动了本国的司法程序。苏丹司法部长于 6 月 13 日宣布将有 160 个犯罪嫌疑人因在达尔富尔东部地区犯有战争罪而在特别法庭受到审判。苏丹政府相信本国法庭有能力审判战争罪。根据联合国和国际刑事法院官员的说法,"国际刑事法院的调查将继续下去"。Judiciary Challenges ICC over Darfur Cases, available at www.allafrica com, June 24, 2005. 转引自杨力军:《安理会向国际刑事法院移交达尔富尔情势的法律问题》,《环球法律评论》2006 年第 4 期。
② 参见刘仁文、周振杰:《达尔富尔案件的由来、进展及意义》,http://blog.china.cn/spl/liurenwen/07261786769.shtml(2007 年 9 月 28 日访问)。
③ 国际刑事法院检察官告知第一预审分庭,根据司法调查委员会的说法,阿里·库沙布于 2006 年 11 月 28 日已被依据苏丹当局 2005 年 4 月签发的逮捕令逮捕。司法委员会表示,对阿里·库沙布只针对 5 个独立的事件进行调查。检察官认为苏丹当局正在调查的阿里·库沙布和他申请逮捕的嫌疑人是同一人,但苏丹当局正在调查的行

"基于检察官办公室收集的证据,我们认为艾哈迈德·哈伦和阿里·库沙布是对发生在达尔富尔的罪行的主要责任人之一,他们共同或与其他人一起行动,袭击了四个村庄和城镇的百姓。他们犯下的危害人类罪行和战争罪行包括强奸、谋杀、迫害、酷刑、摧毁财产、抢劫等等。"

2007年4月27日,国际刑事法院第一预审分庭正式向艾哈迈德·哈伦和阿里·库沙布发出逮捕令。对艾哈迈德·哈伦指控的罪名为《罗马规约》第5条、第7条和第8条规定的危害人类罪和战争罪,涉及42项罪目,具体包括:①20项危害人类罪:谋杀(第7条第1款第1项);迫害(第7条第1款第8项);强迫迁移人口(第7条第1款第4项);强奸(第7条第1款第7项);不人道行为(第7条第1款第11项);监禁或以其他方式严重剥夺人身自由(第7条第1款第5项);酷刑(第7条第1款第6项)等。②22项战争罪:谋杀(第8条第2款第3项第1目);攻击平民人口(第8条第2款第5项第1目);摧毁财产(第8条第2款第5项第12目);强奸(第8条第2款第5项第6目);抢劫(第8条第2款第5项第5目);损害个人尊严(第8条第2款第3项第2目)等。① 对阿里·库沙布指控的罪名为

为并不包括他向国际刑事法院申请逮捕所指的行为。检察官还指出,没有任何迹象表明国家就与达尔富尔情势有关的任何犯罪调查或起诉艾哈迈德·哈伦。预审分庭认为案件可以受理,受理该案的前提条件是国家的诉讼程序并未包括法院所指的人和行为。The Case of the Prosecutor v. Ahmad Muhammad Harun("Ahmad Harun")and Ali Muhammad Ali ABD-AL-Rahman("Ali Kushayb")(27 April 2007), No. ICC - 02/05-01/07, Pre-Trial Chamber Ⅰ, Decision on the Prosecution Application under Article 58(7) of the Statute, paras. 20 - 21, available at http://www.icc-cpi.int/library/cases/ICC-02-05-01-07-1-Corr_English.pdf(visited on 4 November 2007).联合国电台2007年12月5日报道,苏丹政府于同年9月以证据不足为由,将阿里·库沙布释放。

① Pre-trial:the prosecutor v. Ahmad Muhammad Harun("Ahmad Harun")and Ali Muhammad Ali Abd-AL-Rahman("Ali Kushayb")(ICC-02/05-01/07), available at http://www.icc-cpi.int/Menus/ICC/Situations+and+Cases(visited on 20 September 2012).

《罗马规约》第5条、第7条和第8条规定的危害人类罪和战争罪,涉及50项罪目,具体包括:①22项危害人类罪:谋杀(第7条第1款第1项);驱逐出境或强迫迁移人口(第7条第1款第4项);违反国际法基本原则,监禁或以其他方式严重剥夺人身自由(第7条第1款第5项);酷刑(第7条第1款第6项);迫害(第7条第1款第8项);对人体和身心健康造成严重伤害的不人道行为(第7条第1款第11项)等。②28项战争罪:对生命与人身施以暴力(第8条第2款第3项第1目);损害个人尊严,特别是侮辱性和有辱人格的待遇(第8条第2款第3项第2目);故意指令攻击平民人口本身或未直接参加敌对行动的个别平民(第8条第2款第5项第1目);抢劫(第8条第2款第5项第5目);强奸(第8条第2款第5项第6目);摧毁或没收敌对方的财产(第8条第2款第5项第12目)。①

2007年5月2日,奥坎波在接受联合国电台采访时表示:"如果这两个人在苏丹以外旅行,他们就会被逮捕。即使他们在苏丹境内,苏丹政府也应该逮捕他们,因为苏丹政府有法律责任,有可能做到。"②同日,苏丹司法部长穆尔迪宣布,苏丹政府拒绝国际刑事法院针对"涉嫌在达尔富尔地区犯有战争罪"的两名苏丹公民的逮捕令。穆尔迪说,苏丹拒绝国际刑事法院逮捕令的决定符合国际法。苏丹不是关于设立国际刑事法院的《罗马规约》的缔约国,所以该法院不享有审讯任何苏丹公民的权力。他还说,国际刑事法院的逮捕令具

---

① Pre-trial:the prosecutor v.Ahmad Muhammad Harun("Ahmad Harun")and Ali Muhammad Ali Abd-AL-Rahman("Ali Kushayb")(ICC－02/05－01/07), available at http://www.icc-cpi.int/Menus/ICC/Situations+and+Cases(visited on 20 September 2012).

② 联合国电台(2007年5月2日):《国际刑事法院向两名达尔富尔杀戮平民肇事者发出逮捕令》,http://www.un.org/radio/ch/story.asp? NewsID＝3517(2007年10月23日访问)。

有"政治印记",旨在向苏丹政府施加压力。① 2007 年 6 月 7 日,奥坎波向安理会汇报了国际刑事法院在调查两名被起诉的达尔富尔肇事者方面取得的进展,并呼吁苏丹政府立即将这两人逮捕归案。安理会当月轮值主席,比利时常驻联合国代表韦贝克(Johan Verbeke)指出:"我们确认苏丹政府有和国际刑事法院合作的法律义务,把两名被起诉者递解到海牙。苏丹的法律义务在安理会 1494 号决议第二个段落表达得很清楚。即使苏丹不是《罗马规约》的缔约国,但它是联合国会员国,安理会决议是有法律约束力的。"②

在检察官诉巴哈尔·伊德里斯·阿布·加尔达一案中,检察官指控阿布·加尔达共谋或间接共谋实施了 3 项战争罪:以谋杀的方式对生命实施暴力,无论实施还是企图实施(《罗马规约》第 8 条第 2 款第 3 项第 1 目);故意指令攻击维持和平行动所涉人员、设施、物资、单位或车辆(《罗马规约》第 8 条第 2 款第 5 项第 3 目);抢劫(《罗马规约》第 8 条第 2 款第 5 项第 5 目)。③ 第一预审分庭于 2009 年 5 月 7 日对阿布·加尔达签发传票。2009 年 5 月 18 日,阿布·加尔达自愿出庭。第一预审分庭于 2010 年 2 月 8 日举行了关于确认对阿布·加尔达的指控是否成立的听证会,最后决定不予确认该指控。阿布·加尔达未被羁押。④ 2010 年 4 月 23 日,第一预审分庭驳回了检察官对拒绝确认该指控裁定提出上诉的申请。如果将来有了

---

① 新华网(2007 年 5 月 3 日):《苏丹拒绝国际刑事法院逮捕令》,http://news.xinhuanet.com/world/2007/05/03/content-6054649.htm(2007 年 9 月 29 日访问)。

② 联合国电台(2007 年 6 月 7 日):《国际刑事法院呼吁苏丹立即逮捕被诉达尔富尔肇事者》,http://www.un.org/radio/ch/print_all.asp? NewsDate=6/7/2007(2007 年 10 月 25 日访问)。

③ The Prosecutor v. Bahar Idriss Abu Garda (ICC – 02/05 – 02/09), http://www.icc-cpi.int/Menus/ICC/Situations+and+Cases/(visited on 20 September 2012).

④ Satuations and Cases, The International Criminal Court, available at http://www.icc-cpi.int/Menus/ICC/Situations+and+Cases/(visited on 20 September 2012).

新证据,该决定不排除检察官继续请求该法庭确认其指控。

在检察官诉班达和贾穆斯一案中,检察官指控他们实施了3项战争罪:以谋杀的方式对生命实施暴力,无论实施还是企图实施(《罗马规约》第8条第2款第3项第1目);故意指令攻击维持和平行动所涉人员、设施、物资、单位或车辆(《罗马规约》第8条第2款第5项第3目);抢劫(《罗马规约》第8条第2款第5项第5目)。①第一预审分庭于2009年8月27日发出密封出庭传票。检察官诉称,两人都是2007年9月29日攻击哈斯卡尼塔军事小组驻地的共犯或间接共犯。该出庭传票分别于2010年6月15日和2010年6月17日启封。2010年6月17日,班达先生和杰宝先生自愿出庭。2010年12月8日,第一预审分庭举行了确认该指控的听证会。2011年3月7日,该法庭一致决定确认检察官对该二人关于战争罪的指控成立,并决定提交审判。

在检察官诉阿卜杜勒·拉希姆·穆罕默德·侯赛因一案中,检察官指控侯赛因间接共谋实施了13项犯罪,具体包括:①7项危害人类罪:迫害(第7条第1款第8项);谋杀(第7条第1款第1项);强行迁移(第7条第1款第4项);强奸(第7条第1款第7项);不人道行为(第7条第1款第11项);监禁或严重剥夺人身自由(第7条第1款第5项);酷刑(第7条第1款第6项)。②6项战争罪:谋杀(第8条第2款第3项第1目);指令攻击平民人口(第8条第2款第5项第1目);毁坏财产(第8条第2款第5项第12目);强奸(第8条第2款第5项第6目);抢劫(第8条第2款第5项第5目);损害

---

① The Prosecutor v. Abdallah Banda Abakaer Nourain and Saleh Mohammed Jerbo Jamus (ICC - 02/05 - 03/09), http://www.icc-cpi.int/Menus/ICC/Situations + and + Cases/ (visited on 20 September 2012).

个人尊严(第8条第2款第3项第2目)。① 2012年3月1日,国际刑事法院对侯赛因签发了逮捕令,但该逮捕令没有得到执行。

2008年7月14日,检察官根据《罗马规约》第58条的规定向国际刑事法院提交申请,请求对苏丹总统奥马尔·哈桑·巴希尔签发逮捕令,因为巴希尔被认为在2003年至2008年7月14日期间对达尔富尔地区的富尔人、马萨利特人和扎加哈瓦人犯有种族灭绝罪、危害人类罪和战争罪。

2009年3月4日,国际刑事法院第一预审分庭作出裁定,对苏丹总统巴希尔签发逮捕令。这是自国际刑事法院成立以来首次对一位现任国家元首签发逮捕令。苏丹政府3月4日宣布,苏丹拒绝国际刑事法院当天对苏丹总统巴希尔发出的逮捕令,同时不会同国际刑事法院打交道。苏丹新闻和通讯部国务部长卡迈勒·阿贝德当天发表电视直播讲话宣布,苏丹政府不承认国际刑事法院对苏丹和该国任何公民拥有司法管辖权。国际刑事法院在没有任何确凿证据的情况下就对苏丹总统随意指控,这种做法是对苏丹及其主权的蔑视和羞辱。②

2009年7月,非洲联盟各国领导人在第13届首脑会议上通过决议草案,决定成员国对国际刑事法院下达的巴希尔逮捕令不予合作,非盟成员国不会遵循《国际刑事法院罗马规约》条款的有关规定逮捕并移交巴希尔。③ 逮捕令的签发,并未真正动摇巴希尔的地位。2010年4月11日至15日,苏丹举行了24年以来的首次多党民主选举,巴希尔以68%的得票率当选苏丹下一届总统。2010年7月12

---

① The Prosecutor v. Abdel Raheem Muhammad Hussein(ICC-02/05-01/12),http://www.icc-cpi.int/Menus/ICC/Situations+and+Cases/(visited on 20 September 2012).

② 《苏丹政府拒绝国际刑事法院逮捕令》,《威海晚报》2009年3月6日。

③ 《国际刑事法院再次下令逮捕苏丹总统巴希尔》,《济南时报》2010年7月14日。

日,国际刑事法院第一预审分庭第二次对巴希尔发出逮捕令。逮捕令附言写道:"存在理由充分的证据表明,奥马尔·哈桑·艾哈迈德·巴希尔故意摧毁(达尔富尔地区的)富尔、马萨利特和扎格哈瓦三个部族。"国际刑事法院还强调,有证据显示,富尔、马萨利特和扎格哈瓦三个部族聚居的城镇和村庄曾遭遇"强奸、虐待和强制转移等情形"。① 国际刑事法院还说:"为迎合灭绝种族政策,政府军在三个部族的聚居地还采取了污染水井、水泵等措施已达到强制移民的目的……可以得出的合理结论之一是,富尔、马萨利特和扎格哈瓦三个种族遭到有计划的毁灭。"②

国际刑事法院对巴希尔指控的犯罪为《罗马规约》第5、6、7条和第8条规定的灭绝种族罪、危害人类罪和战争罪。被指控的行为涉及10项罪目,具体包括:①5项危害人类罪:谋杀(第7条第1款第1项);灭绝(第7条第1款第2项);强行迁移(第7条第1款第4项);酷刑(第7条第1款第6项);强奸(第7条第1款第1项)。②2项战争罪:指令攻击平民人口本身或未参加敌对行动的个别平民(第8条第2款第5项第1目);抢劫(第8条第2款第5项第5目)。③3项灭绝种族罪:杀害(第6条第1项);致使该团体成员在身体上或精神上遭受严重伤害(第6条第2项);故意使该团体成员处于某种生活状况下,毁灭其生命(第6条第3项)。③

---

① 《国际刑事法院下令逮捕苏丹总统 逮捕令新增三条针对巴希尔的种族灭绝罪指控》,《温州晚报》2010年7月13日。

② 《国际刑事法院下令逮捕苏丹总统 逮捕令新增三条针对巴希尔的种族灭绝罪指控》,《温州晚报》2010年7月13日。

③ The prosecutor v. Omar Hassan Ahmad Al Bashir(ICC - 02/05 - 01/09), available at http://www.icc-cpi.int/Menus/ICC/Situations+and+Cases/(visited on 20 September 2012).

(三)达尔富尔案件的法律分析

达尔富尔案件涉及以下主要法律问题：

1.国际刑事法院对涉及非缔约国案件的管辖权

苏丹于 2000 年 9 月 1 日签署了《罗马规约》，但至今未批准该《罗马规约》，因而不是《罗马规约》缔约国。因此，在达尔富尔案件中，首先应解决国际刑事法院对非缔约国国民的管辖权问题。根据《罗马规约》的规定，在下列情形下，国际刑事法院可以对涉及非缔约国的案件行使管辖权：其一，非缔约国国民在缔约国领域内实施了该法院管辖权内的犯罪；其二，缔约国国民在非缔约国领域内实施了该法院管辖权内的犯罪；其三，非缔约国根据《罗马规约》第 12 条第 3 款向书记官长提交声明，就有关犯罪接受该法院的管辖权；其四，安理会根据《罗马规约》第 13 条第 2 款向该法院提交情势。在达尔富尔案件中，前三种情形都不具备，只有通过安理会提交情势的方式，该法院才能获得对非缔约国苏丹的达尔富尔案件的管辖权。安理会在第 1593 号决议中，认定苏丹局势继续对国际和平与安全构成威胁，决定将 2002 年 7 月 1 日以来达尔富尔局势问题移交国际刑事法院检察官。安理会的决定，符合《罗马规约》关于法院对非缔约国国民行使管辖权的规定和《联合国宪章》第七章的规定。

2.国际刑事法院的属时管辖权

根据《罗马规约》的规定，国际刑事法院对 2002 年 7 月 1 日以后发生的该法院管辖权内的犯罪具有管辖权。在达尔富尔案件中，安理会向法院提交的是 2002 年 7 月 1 日以来的达尔富尔情势，不包括此前的达尔富尔问题。因此，受理达尔富尔案件符合《罗马规约》关于属时管辖的规定。

3.国际刑事法院管辖权的启动方式

安理会根据《联合国宪章》第 34 条和第 39 条的规定断定某项争

端或情势危及国际和平与安全时,可以采取该《联合国宪章》第 41 条规定的非武力办法和第 42 条规定的武力办法。自安理会于 1993 年建立前南刑庭以来,安理会通过设立司法机构来应对危及国际和平与安全情势的办法,被认为是非武力办法之一,尽管此办法遭到了案件当事人和有些学者的强烈质疑。

安理会为了应对特定地区的情势,曾通过决议设立了前南刑庭、卢旺达刑庭,也曾和有关国家的政府共同设立了塞拉利昂特别法院、柬埔寨法庭和东帝汶法庭等国际国内混合法庭。但是,面对达尔富尔情势,安理会经过权衡,选择将该情势提交国际刑事法院处理。①

国际刑事法院成立后,安理会多了一种选择方式。根据《罗马规约》第 13 条的规定,国际刑事法院管辖权的启动方式包括三方面:缔约国向检察官提交情势;安理会根据《联合国宪章》第七章向检察官提交情势;检察官开始调查一项犯罪。其中,缔约国和检察官启动法院的管辖权,必须接受先决条件的限制,即必须得到有关国家的同

---

① 达尔富尔问题国际调查委员会强烈建议安理会将达尔富尔情势提交国际刑事法院,并列举了这样做的六大好处:其一,设立法院的一个着眼点就是可能威胁和平与安全的犯罪。这是安理会可以依照《罗马规约》第 13 条第 2 款的规定启动法院管辖权的主要理由。其二,鉴于在苏丹境内调查和起诉在国内掌握权力、具有威望并控制国家机器的人很难甚至根本不可能,动用法院这个唯一真正的国际刑法机构,将确保正义得到伸张。其三,只有凭借在安理会支持下的法院的权威,才有可能迫使苏丹政府头面人物和叛军团体首领接受调查,而且可能接受刑事程序。其四,该法院人员构成完全属于国际性质,而且有一套精心制定的程序规则和证据规则,是确保切实公正审判受法院公诉人起诉者的最合适机构。其五,法院可以立即启用,而不会有任何延误(如果设立专门法庭或所谓的混合法庭或国际化法庭,则会出现延误)。其六,法院应安理会要求进行刑事程序,未必会给国际社会造成严重的经济负担。委员会认为,国际刑事法院是惩治被控行为人的唯一可信渠道。委员会竭力告诫不要采取其他措施。委员会认为不宜设立专门的国际刑事法院、不宜扩大现有某个专门刑事法庭的权限、不宜设立混合法庭。摘自《达尔富尔问题国际调查委员会给秘书长的报告》,S/2005/60,第 572—579 段。委员会的上述建议对安理会的选择起了一定的引导作用。

意,亦即犯罪行为地国或被告人国籍国必须是《罗马规约》缔约国或接受了法院管辖权的国家。在达尔富尔案件中,虽然犯罪行为地国和被告人国籍国皆为苏丹,但苏丹既非缔约国,亦非接受法院管辖权的国家,缔约国和检察官都不可能启动法院的管辖权,而安理会依据《联合国宪章》第七章行事,不需要得到有关国家的同意。因此,在三种启动方式中,由安理会启动法院的诉讼程序是唯一切实可行的选择。

4.国际刑事法院管辖权的补充性原则

根据补充性原则,如果发生了国际刑事法院管辖权内的犯罪,应当由国家优先行使管辖权,只有在有关国家不愿意或者不能够切实行使管辖权的情况下,国际刑事法院才能行使补充管辖权。

补充性原则平等适用于《罗马规约》提及的所有国家,既不受有关国家是否为缔约国的限制,也不受国际刑事法院管辖权启动方式的限制。达尔富尔案件系安理会提交的案件,因此,有必要提及体现补充性原则的《罗马规约》第18条。依据该条,在缔约国向检察官提交情势,并且检察官认为有合理根据开始调查时,或检察官经预审分庭的授权开始调查时,检察官有义务将调查之事通报所有缔约国和通常对有关犯罪行使管辖权的国家,但在安理会提交情势的情形下,检察官无通报义务。该条之所以不涉及安理会提交情势的情形,是因为安理会若要提交情势,必须首先通过提交情势的正式决议。安理会的决议众所周知,不需要检察官通报有关国家,而在缔约国提交情势或检察官自行调查案件的情况下,许多国家并不知情,检察官理应通报有关国家,以便有关国家行使要求检察官等候的权利和对初步裁定的质疑权。因此,第18条不适用于安理会提交情势的情形,不影响补充性原则的适用。换言之,补充性原则并不受启动方式的影响。

　　关于达尔富尔情势,根据国际调查委员会的报告,各当事方仍在违反国际人权法和人道法;苏丹的司法系统无法而且不愿意审理达尔富尔局势。这一系统在过去 10 年中被大大削弱。让行政部门享有广泛权力的限制性法律损害了司法部门的效力,苏丹的许多现行法律违反基本人权标准;苏丹的刑法没有对战争罪和危害人类罪,例如在达尔富尔发生的这类罪行,作出适当规定,且刑事诉讼法的规定阻止切实起诉这些行为。[①] 检察官在收到安理会依据国际调查委员会的报告提交的情势后,又通过各种渠道收集了大量资料,并对所有资料进行全面分析后,宣布可以受理案件,并开始调查。对此,可以理解为,国际刑事法院是在断定苏丹"不愿意"或"不能够"管辖有关犯罪的情况下启动诉讼程序的。此后,国际刑事法院已受理案件的被告人、接到逮捕证或出庭传票的人、对案件具有管辖权的国家或接受法院管辖权的国家,都可以根据《罗马规约》第 19 条对法院的管辖权和案件的可受理性问题向法院提出质疑,并可以对法院就管辖权或可受理性问题作出的裁判向上诉分庭提出上诉。如果质疑或上诉成立,应当承认相应的法律后果。因此,不论国际刑事法院决定开始调查所依据的理由多么充分,犯罪嫌疑人和对案件有管辖权的苏丹,完全享有上述权利。不能以安理会提交情势为由,否定补充性原则的适用,剥夺有关个人和国家的上述权利。对此,有位学者另有看法,他认为,从理论上讲,补充性原则也适用于安理会提交的情况,然而在实践中,一般由安理会提交的情势所依据的理由通常是对案件具有管辖权的国家"不愿意"或"不能够"采取任何刑事司法行动时开始对该案进行调查和起诉。因此,在这种情况下,通常不对该国适

[①]　摘自《达尔富尔问题国际调查委员会给秘书长的报告》摘要部分,S/2005/60。

用补充性原则。①

5.国家与国际刑事法院的司法合作义务

根据《罗马规约》第九编及其他相关规定,缔约国必须承担与法院合作的义务。而非缔约国则只在下列情形下,有义务与法院合作:其一,非缔约国根据《罗马规约》第12条第3款的规定提交了接受法院对有关犯罪行使管辖权的声明;其二,非缔约国已经与法院达成了特别安排或协议,或非缔约国与法院之间存在合作的任何其他适当的基础(第87条第5款);其三,安理会依据《联合国宪章》第七章向法院提交情势。

达尔富尔案件系由安理会提交法院,安理会根据《联合国宪章》第七章采取的行动对联合国所有会员国均有拘束力,所有国家都具有与法院合作的义务。但是,作为各成员方妥协结果的安理会第1593号决议对国家的合作义务作了自相矛盾的规定。该决议第2段规定:"决定苏丹政府和达尔富尔冲突其他各方必须根据本决议与该法院充分合作并提供任何必要援助,并在确认非《罗马规约》缔约国不承担规约义务的同时,敦促所有国家以及相关区域组织和其他国际组织充分合作。"②该段一方面规定所有国家以及有关组织与法院充分合作;另一方面又确认《罗马规约》非缔约国不承担《罗马规约》义务。这无疑为国家与法院在达尔富尔案件的合作方面制造了巨大障碍。该决议序言第4段还规定:"注意到存在《罗马规约》第98条第2款中提及的协定。"其中的"协定"是指美国与一些国家签订的第98条豁免协定。美国签订第98条协定的目的在于瓦解国际刑事法院,其危害性在本书第五章将有论述。安理会在正式决议

---

① 参见杨力军:《安理会向国际刑事法院移交达尔富尔情势的法律问题》,《环球法律评论》2006年第4期。
② 安理会第1593(2005)号决议,S/RES/1593(2005)。

中顾及第 98 条协定,是对美国的迁就和纵容,不利于解决危及世界和平与安全的争端或情势。更有甚者,安理会第 1593 号决议中体现美国要求的第 6 段不但限制了国际刑事法院的管辖权,①而且在非缔约国之间制造了双重标准。依据该段的规定,未加入《罗马规约》的苏丹境外派遣国的国民、现任或前任官员因安理会或非洲联盟在苏丹建立或授权的行动而产生的或与其相关的所有被控行为或不行为皆应由派遣国对其实施专属管辖权,除非该派遣国已明确放弃此种专属管辖权。据此,在所有非缔约国中,只有苏丹国民涉嫌犯罪时,必须接受国际刑事法院的管辖权,而其他所有非缔约国国民涉嫌犯罪时却由其派遣国专属管辖。这种强权政治下的司法不公很难使苏丹对第 1593 号决议心服口服,达尔富尔案件的司法合作,尤其是在逮捕和移交嫌疑人方面会因此难上加难。再者,即使所有《罗马规约》缔约国和其他作为非缔约国的联合国会员国都愿意履行合作义务,但是,如果嫌疑人不出境,也无法将嫌疑人逮捕归案。

6.国际刑事法院管辖的犯罪和可适用的刑罚

在达尔富尔案件中,涉嫌的犯罪为《罗马规约》第 5、7、8 条规定的危害人类罪和战争罪。在危害人类罪中,被指控的行为涉及下列具体罪目:①谋杀(第 7 条第 1 款第 1 项);②驱逐出境或强迫迁移人口(第 7 条第 1 款第 4 项);③违反国际法基本原则,监禁或以其他方式严重剥夺人身自由(第 7 条第 1 款第 5 项);④酷刑(第 7 条第 1 款第 6 项);⑤强奸、性奴役等性暴力犯罪(第 7 条第 1 款第 7 项);⑥迫害(第 7 条第 1 款第 8 项);⑦其他不人道行为(第 7 条第 1 款第 11

---

① 法国和英国支持将达尔富尔情势提交国际刑事法院,美国最初对第 1593 号决议持反对态度,法英为了避免与美国发生直接冲突,就根据美国的意见对该决议草案进行了修改,同意对美国等非国际刑事法院成员国的维和人员实行司法豁免,并以此换取美国不投反对票。阿尔及利亚代表指责上述修改是典型的双重标准,严重影响了国际刑事法院的权威性。

项)等。① 就战争罪而言,苏丹境内的冲突属于非国际性武装冲突,该冲突违反了适用于非国际性武装冲突的法规和惯例。因此,在达尔富尔案件中,被指控的战争罪涉及下列具体罪目:①对生命与人身施以暴力,特别是各种谋杀、残伤肢体、虐待及酷刑(第8条第2款第3项第1目);②损害个人尊严,特别是侮辱性和有辱人格的待遇(第8条第2款第3项第2目);③故意指令攻击平民人口本身或未直接参加敌对行动的个别平民(第8条第2款第5项第1目);④抢劫即使是突击攻下的城镇或地方(第8条第2款第5项第5目);⑤强奸、性奴役等性暴力犯罪(第8条第2款第5项第6目);⑥摧毁或没收敌对方的财产(第8条第2款第5项第12目)等。② 国际刑事法院可以根据《罗马规约》第25条第3款第3、4项对实施上述犯罪的人定罪处刑。

经过审判,如果罪名成立,犯罪人将有可能被判处无期徒刑或最高刑不超过30年的有期徒刑,同时可以并处罚金和没收财产。

达尔富尔情势是国际刑事法院成立以来安理会提交的第一个情势,能起到先例作用。国际刑事法院对该情势的受理和调查以及对该案件的起诉、审理及判决,不但对国际刑事法院的独立性、公正性、有效性和权威性是一种考验,而且对非缔约国将来对国际刑事法院的态度有重要影响。另外,值得关注的是,美国对国际社会各领域,包括司法领域的巨大影响,无处不在,无时不有。

---

① Warrant of Arrest for Ahmad Harun(27 April 2007), available at http://www.icc-cpi.int/library/cases/ICC-02-05-01-07-2_English.pdf(visited on 4 November 2007).

② Warrant of Arrest for Ahmad Harun(27 April 2007), available at http://www.icc-cpi.int/library/cases/ICC-02-05-01-07-2_English.pdf(visited on 4 November 2007).

本章结语

　　国际刑事法院行使管辖权的指导性原则是补充性原则。补充性原则体现了《罗马规约》大多数谈判国维护国家主权的愿望,是《罗马规约》得以通过的主要条件,是国际刑事法院得以建立的基石之一。补充性原则既适用于缔约国,也适用于非缔约国,并且适用于国际刑事法院管辖权内的所有犯罪。补充性原则将国家主权放在了首位,对国际刑事法院管辖权内的犯罪,首先由国家行使管辖权,在国家"不愿意"或"不能够"切实行使管辖权时,为了防止实施严重国际犯罪的罪犯逍遥法外,国际刑事法院方可行使补充性管辖权。并且国际刑事法院补充性管辖权的行使要受先决条件的限制,即必须取得有关国家的同意,亦即犯罪行为地国或被告人国籍国必须是《罗马规约》缔约国或就有关犯罪接受国际刑事法院管辖权的国家。对涉及未接受国际刑事法院管辖权的非缔约国的案件,国际刑事法院只在下列情况下可以行使管辖权:非缔约国国民在缔约国领域内犯罪;缔约国国民在非缔约国领域内犯罪;安理会提交情势。对于前两种情形,缔约国根据国际公认的属地管辖原则和属人管辖原则,有权行使属地管辖权和属人管辖权,缔约国通过参加《罗马规约》的方式,同意国际刑事法院补充行使本应由它们行使的管辖权,这种司法主权的让渡是国家行使主权的一种方式,且有先例可循。安理会提交情势是行使《联合国宪章》第七章授予其维持或恢复世界和平与安全权力的方式之一,也未影响国家主权。综上所述,国际刑事法院是在尊重国家主权原则的前提下对严重国际犯罪行使管辖权的,并未侵犯国家主权。并且,在国际刑事法院管辖权的三种启动方式中,除安理会提交情势外,缔约国提交情势或检察官自行调查犯罪,都是在符合国际刑事法院管辖权的先决条件下进行的,因此,国际刑事法院的管辖权也不是普遍管辖权。

第五章
国家与国际刑事法院的
司法合作及其前景

　　除了纽伦堡法庭和东京法庭之外,其他国际刑事法庭的司法合作体制都具有严重的脆弱性,国际刑事法院也不例外。虽然国际刑事法院是为追究整个国际社会关注的最严重国际犯罪而设立,但它没有可供自己支配的警察、军队或执法力量,也没有直接在国家领域内采取进行刑事诉讼所必须采取的强制措施的权力。这样,如果没有国家的合作,就不可能获得被告人和证据。如果没有被告人,审判就不可能开始;如果没有证据,法院就不可能认定事实。法院薄弱的执法能力,使得法院在整个诉讼过程中,从调查取证、逮捕或传唤犯罪嫌疑人、搜查、查封、扣押到执行刑罚,都严重依赖于国家的密切合作。虽然《罗马规约》对司法合作作了详细规定,既涉及缔约国的合作,也涉及非缔约国的合作,但这些条款在规定国家合作义务的同时,又规定了大量的例外情形和限定性条件,同时对拒绝合作的国家也没有规定强有力的制约机制。另外,美国和中国这两大安理会常任理事国,作为在世界上有影响的国家,对《罗马规约》持反对态度,无疑会对《罗马规约》的普遍性产生影响,尤其是美国在法院成立后不久发起的对抗和瓦解法院的运动,对法院的运作及其发展前景投下了阴影。

第一节　国际刑事司法机构司法
合作体制的脆弱性

除了纽伦堡法庭和东京法庭之外,其他国际刑事法庭的司法合作体制都有严重的脆弱性。本节将以前南国际刑庭为例,阐述该问题。

一、《前南国际刑庭规约》关于司法合作的主要规定

就国家与国际刑庭的合作义务,联合国秘书长在他的报告中说:"根据《联合国宪章》第七章设立国际法庭给所有国家带来了一项有约束力的义务:采取一切必要步骤执行这项决定。具体而言,这意味着,所有国家都有义务与国际法庭合作,并在诉讼程序的所有阶段向它提供援助,以确保遵从要求协助搜集证据、听取证人、嫌疑犯和鉴定人的证词,查人找人、送达文件的请求。还应执行初审分庭发布的命令,如逮捕令、搜查令、引渡和让渡令以及审判所需的其他命令。在这方面,初审分庭要求将某人引渡或让渡给国际法庭拘押的命令应被视为贯彻《联合国宪章》第七章规定的执行措施。"①

《前南国际刑庭规约》是 1993 年 5 月 25 日联合国安理会通过的第 827 号决议的附件。第 827 号决议规定:"所有会员国都应当根据

---

① 联合国秘书长报告,S/25704,中文本第 125、126 段。转引自凌岩:《跨世纪的海牙审判——记联合国前南斯拉夫国际法庭》,法律出版社 2002 年版,第 221—222 页。

该《决议》和该《国际法庭规约》的规定,与该国际法庭及其机构充分合作,并且……应当根据其国内法采取任何必要的措施,执行《决议》和《规约》的规定,包括……执行审判法庭根据《规约》第29条发出的协助请求或者命令的义务。"①根据《联合国宪章》第25条和第48条的规定,②联合国会员国有义务根据《联合国宪章》的规定采取必要的行动,接受并履行安理会根据《联合国宪章》第七章作出的决议。安理会在第827号决议中断定,"起诉严重违反国际人道法的责任人,(将)有助于恢复和维持和平"。③ 因此,联合国会员国根据《联合国宪章》义务,应当采取必要的行动,履行安理会关于设立国际法庭的决议。

《前南国际刑庭规约》第29条(合作与司法援助)规定,各国有义务在调查和起诉犯罪方面与国际法庭进行合作。各国与国际法庭的合作义务既是安理会第827号决议规定的义务,又是《前南国际刑庭规约》规定的义务。《前南国际刑庭规约》是第827号决议的具体化、条文化,它进一步强化了第827号决议施加于国家的充分合作义务。

另外,1994年的《诉讼程序和证据规则》对国际合作作了更具体的规定。根据第56条的规定,逮捕令或移交一名证人的命令传达到的国家应迅速行动,并尽一切适当努力,保证根据《前南国际刑庭规约》第29条的规定恰当有效地执行该命令。根据《程序和证据规

①　SC Res 827, UNSCOR, 48th Sess, Res & Dec, UN Doc S/INF/49 (1993) at 93. Quoted in Jackson Nyamuya Maogoto, *State Sovereignty and International Criminal Law*: *Versailles to Rome*, New York: Transnational Publishers, Inc., 2003, p.165.

②　《联合国宪章》第48条第1款规定:"执行安全理事会为维持国际和平及安全之决议所必要之行动,应由联合国全体会员国或由若干会员国担任之,一依安全理事会之决定。"

③　SC Res 827, UNSCOR, 48th Sess, Res & Dec, UN Doc S/INF/49 (1993) at 93.

则》第 59 条第 2 款的规定,在逮捕令或移交命令传达到一国后的合理时间内,如果该国未报告所采取的行动,即被认为未执行该逮捕令或移交命令,法庭可通过庭长通知安理会。通知安理会后,安理会该采取什么措施,《诉讼程序和证据规则》没有提及。对此,可以理解为安理会有权根据《联合国宪章》的规定,采取必要的适当的措施,以应对国家不合作的情形。

二、前南国际刑庭的司法合作状况

国家的合作行动主要分为三类:颁布执行合作的立法;向法庭移交被告人;在搜集证据方面与法庭合作。① 在立法方面,许多国家履行了《前南国际刑庭规约》要求修改国内立法的国际义务。在对第 827 号决议表决以后,许多安理会成员国,包括美国、英国和中国的大使指出,执行合作的立法是必要的。② 自从 1993 年 5 月 25 日安理会通过第 827 号决议后,许多国家通过了执行《前南国际刑庭规约》及《诉讼程序和证据规则》的立法。在参与南斯拉夫冲突的各当事方中,波斯尼亚—黑塞哥维那和克罗地亚颁布了所要求的法律,而南联盟则在几年内拒绝这样做,但在 2001 年改变了立场。巴尔干地区之外的其他国家也制定了协助国际法庭的法律。③ 许多国家在立法方面的积极态度表明国家愿意同国际法庭合作,以惩罚国际犯罪。但在具体实施国际合作方面,国家却不愿意积极配合,甚至采取抗拒

① Jackson Nyamuya Maogoto, *State Sovereignty and International Criminal Law: Versailles to Rome*, New York: Transnational Publishers, Inc., 2003, p.166.

② Jackson Nyamuya Maogoto, *State Sovereignty and International Criminal Law: Versailles to Rome*, New York: Transnational Publishers, Inc., 2003, p.166.

③ Jackson Nyamuya Maogoto, *State Sovereignty and International Criminal Law: Versailles to Rome*, New York: Transnational Publishers, Inc., 2003, p.166.

手段,拒绝与国际法庭合作。

前南国际法庭在逮捕嫌疑犯方面困难重重。北约的执行和平部队不肯抓人,①前南冲突各方除波黑穆族以外,都拒不执行法庭发出的逮捕令,法庭又没有对这些国家进行制裁的权力,只好求助于安理会。② 1996 年 4 月至 5 月,前南国际刑庭庭长卡塞塞连续两次向安理会致信具报拒不执行国际法庭逮捕令的情况;1996 年 7 月庭长又向安理会报告了斯普斯卡共和国未执行法庭逮捕令的情况。面对这三次报告的情况,安理会只通过主席声明表明要求有关国家与法庭合作的态度。安理会对前南冲突各方不合作的行为,不但未采取任何制裁行动,反而在 1996 年 10 月 1 日一致决定解除 1992 年决定对南斯拉夫联盟的制裁。③ 面对安理会的态度,卡塞塞抱怨道,建立了国际法庭,"同时又阻止它履行使命等于给未来的暴君发了杀人许可证"。④

面对有关国家不合作和安理会对此不采取强硬措施的状况,前南国际刑庭推动国际社会采取了两种手段,以完成对犯罪嫌疑人的逮捕和移交工作。第一种是"温和的"和"间接的"手段。⑤ 这种手段包括通过联合国机构的谴责施加政治压力,使用经济制裁措施和提供金钱奖赏的办法。具体而言,主要包括三方面:其一,冻结被告

---

① 1995 年 12 月 21 日签订的和平协定《代顿协定》全面授权执行和平部队和稳定和平部队采取任何必要的行动,这些部队有逮捕被起诉的嫌疑人的权利。

② 参见凌岩:《跨世纪的海牙审判——记联合国前南斯拉夫国际法庭》,法律出版社 2002 年版,第 235 页。

③ 参见凌岩:《跨世纪的海牙审判——记联合国前南斯拉夫国际法庭》,法律出版社 2002 年版,第 235—237 页。

④ 凌岩:《跨世纪的海牙审判——记联合国前南斯拉夫国际法庭》,法律出版社 2002 年版,第 237 页。

⑤ Jackson Nyamuya Maogoto, *State Sovereignty and International Criminal Law: Versailles to Rome*, New York:Transnational Publishers, Inc., 2003, pp.181–183.

人的金融资产。检察官解释道,之所以发出冻结被告人金融资产的命令,是"因为南联盟一贯不与法庭合作,并且被告有利用这些资产逃避逮捕的可能"。其二,法庭与国际社会合作,将前南冲突各方遵从法庭的命令作为得到经济援助项目的条件。如果不与法庭合作,将不会得到国际社会的经济援助。其三,为协助逮捕战争罪犯的个人提供金钱奖赏。这种办法是有争议的。法庭并不为逮捕被告人提供奖赏,但美国建立了一个战争犯罪奖赏项目,承诺为逮捕被告人提供信息的人奖赏现金。第二种是"强硬的"和"直接的"手段。在法庭和其他方面的努力下,北约稳定和平部队在逮捕战犯的问题上改变了态度。北约部队于1997年7月10日发动了第一次逮捕行动。[1] 1997年年末,荷兰驻波黑的稳定和平部队和1998年年初美国部队又采取了逮捕行动。[2] 法庭和北约部队逮捕被起诉的嫌疑犯的行动给那些尚未归案的嫌疑犯敲响了警钟。1997年10月6日,10名被起诉的波斯尼亚克族嫌疑人自动向国际法庭投案。美国和世界银行对其政府施加的巨大的经济压力对其投案也起了作用。[3]

由于为克服某些国家不愿意合作的障碍而采取了一些行动,前南国际刑庭不得不应对使用引诱或绑架手段违法移交的指责。……有关绑架的指控让前南国际刑庭感到非常不安。其中的原因不言自明:作为一个执行国际准则的机构,对侵犯人权的指责是很敏感的。[4]

---

① 参见凌岩:《跨世纪的海牙审判——记联合国前南斯拉夫国际法庭》,法律出版社2002年版,第243页。

② 参见凌岩:《跨世纪的海牙审判——记联合国前南斯拉夫国际法庭》,法律出版社2002年版,第244页。

③ 参见凌岩:《跨世纪的海牙审判——记联合国前南斯拉夫国际法庭》,法律出版社2002年版,第244页。

④ Robert Cryer, *Prosecuting International Crimes*, Cambridge: Cambridge University Press, 2005, p.138.

前南国际刑庭的经验告诉我们：一方面，国家与国际法庭的合作至关重要。如果国家不履行其合作义务，尤其是在国际法庭没有拘留个人的强制性权力的情况下不履行合作义务，那么国际法庭的效率将会降为零；①另一方面，国际法庭要顺利获得国家的合作极为困难。作为安理会附属机构的前南国际刑庭尚且如此，更何况是没有安理会做后盾的国际刑事法院！国际刑事法院的合作体制将会比以往的各种国际刑事法庭更加脆弱。

第二节　国家与国际刑事法院之间的司法合作

一、缔约国与国际刑事法院的司法合作义务

根据《罗马规约》序言第 4 段的规定，对于整个国际社会关注的最严重犯罪，绝不能听之任之不予处罚，为有效惩治罪犯，必须通过国家一级采取措施并加强国际合作。《罗马规约》第九编（第 86—102 条）规定了国家与法院之间的合作机制。其中第 86 条和第 88 条是合作义务的基础性规定。《罗马规约》的其他条款中也含有司法合作的内容。纵观之，《罗马规约》规定的缔约国与法院的司法合作义务主要包括以下几方面：

（一）保护法院及其工作人员的特权与豁免
为了保证履行职能起见，法院及其工作人员必须享有一定的特

---

① Jackson Nyamuya Maogoto, *State Sovereignty and International Criminal Law: Versailles to Rome*, New York: Transnational Publishers, Inc., 2003, p.166.

权与豁免。《罗马规约》第48条对法院及其工作人员应享有的特权与豁免做了一般性规定。2004年7月22日生效的《国际刑事法院的特权与豁免协定》（以下简称《协定》）进一步补充和完善了第48条的规定。《协定》第15条规定了法官、检察官、副检察官、书记官长应享有的特权与豁免；第16条规定了副书记官长、检察官办公室工作人员和书记官处工作人员应享有的特权与豁免；第17条规定了法院雇用的地方招聘人员的特权与豁免；第18条规定了辩护律师及其助手的特权与豁免；第19条、第20条和第21条分别规定了证人、被害人和专家类似于前述律师的特权与豁免；《协定》的其他条款还规定了出席缔约国大会的各国代表及政府组织代表、参加审判活动的国家代表的特权与豁免。国家应依照上述规定保护法院及有关人员的特权与豁免。

（二）执行法院关于逮捕和移交犯罪嫌疑人的请求

该问题涉及《罗马规约》的许多条款，主要包括以下内容：

1.法院逮捕并移交有关人员的请求及被请求国的义务

根据第89条的规定，法院可以将逮捕并移交某人的请求书，[①]连同第91条所列的请求书辅助材料，递交给该人可能在其境内的任何国家，请求该国合作，逮捕并移交该人。缔约国应依照第九编的规定及其国内法规定的程序，执行逮捕并移交的请求。同时，缔约国还应遵守《程序和证据规则》（以下简称《规则》）第184条对移交安排的规定。

---

① 《罗马规约》第102条规定："为了本规约的目的：1.'移交'是指一国依照本规约向本法院递解人员；2.'引渡'是指一国根据条约、公约或国内立法向另一国递解人员。"在此使用"移交"一词，以示区别于传统的国家间司法合作中的"引渡"。使用"移交"一词可以使一国向法院递解人员不受国家之间"引渡"条件的限制。

2.竞合请求

在一国同时收到另一国和法院针对同一人的引渡或移交请求时,如果执行其中一项请求就意味着无法执行另一项请求,此时两项请求就会发生竞合。因为,一个国家不可能同时将一个人既引渡给另一国又移交给法院。对于竞合请求,需要被请求国作出回应。

第90条规定的竞合请求分两种情形:

第一种情形:缔约国在接到法院根据第89条提出的关于移交某人的请求时,又另外接到任何其他国家的请求,针对构成法院要求移交该人所依据的犯罪之基础的同一行为要求引渡同一人,该缔约国应将此情况通知法院和请求国。在这种情况下,被请求国对竞合请求的回应义务,因请求国身份的不同而不同。

第一,若请求国是缔约国,在下列情况下,被请求国应优先考虑法院的请求:①法院依照第18、19条断定,移交请求所涉及的案件可予受理,而且这一断定考虑到请求国已就其引渡请求进行的调查或起诉;②法院接到被请求国发出的通知后作出前项所述的断定(第90条第2款)。

第二,若请求国是非缔约国,被请求国又没有向请求国引渡该人的国际义务,则在法院断定案件可予受理的情况下,被请求国应优先考虑法院的移交请求(第90条第4款)。如果法院断定案件不可受理,被请求国可以酌情着手处理请求国提出的引渡请求(第90条第5款)。如果被请求国有向作为非缔约国的请求国引渡该人的现行国际义务,被请求国应决定向法院移交该人还是向请求国引渡该人。在作出决定时,被请求国应考虑所有相关因素,除其他外,包括:①各项请求的日期;②请求国的权益,根据情况包括犯罪是否在其境内实施、被害人的国籍和被要求引渡的人的国籍;③法院和请求国此后相互移交该人的可能性(第90条第6款)。

第二种情形:缔约国接到法院的移交请求时,又另外接到任何其他国家的引渡请求,针对构成法院要求移交该人所依据的犯罪之基础的行为以外的其他行为要求引渡同一人。在这种情况下,若被请求国没有向请求国引渡该人的现行国际义务,则被请求国应优先考虑法院的请求;若被请求国有向请求国引渡该人的现行国际义务,则被请求国应决定向法院移交该人还是向请求国引渡该人。作出决定时,被请求国应考虑所有相关因素,包括第 90 条第 6 款列明的各项因素,但应特别考虑所涉行为的相对性质和严重程度(第 90 条第 7 款)。

3.临时逮捕

在紧急情况下,法院可以在依照第 91 条规定提出请求书及其辅助文件以前,请求临时逮捕被要求的人(第 92 条第 1 款)。临时逮捕的请求应以任何能够发送书面记录的方式发出,并应载有相关资料(第 92 条第 2 款)。如果被请求国未在《规则》第 188 条规定的 60 日时限内收到第 91 条规定的移交请求书及其辅助文件,可以释放在押的被临时逮捕的人。但若被请求国法律允许在这一期限届满前,可以移交该人,则被请求国应尽快将该人移交法院(第 92 条第 3 款和《规则》第 188 条)。如果移交请求书及其辅助文件在较后日期送交,已根据前述情况释放在押人的事实,不妨碍在其后逮捕并移交该人。

4.被请求移交人的质疑

根据第 89 条第 2 款的规定,如果被要求移交的人依照第 20 条的规定,根据一事不再理原则向国内法院提出质疑,被请求国应立即与法院协商,以确定法院是否已就可受理性问题作出相关裁定。案件可予受理的,被请求国应着手执行请求。可受理性问题尚未裁定的,被请求国可以推迟执行移交该人的请求,直至法院就可受理性问题作出断定。

5.对被请求移交人的过境递解

依照第89条第3款的规定,在法院要求缔约国同意过境递解被移交的人时,缔约国应根据国内程序法,批准另一国通过其国境递解被移交给法院的人,除非从该国过境将妨碍或延缓移交。被递解的人在过境期间应受羁押。如果使用空中交通工具递解该人,而且未计划在过境国境内降落,则无须申请批准。如果在过境国境内发生计划外的降落,该国可以要求依照第87条及第89条第3款第2项的规定提出过境请求。过境国应羁押被递解的人,直至收到过境请求书并完成过境为止;但与本项有关的羁押,从计划外降落起计算,不得超过96小时,除非在这一期限内收到请求书。在按照第89条第3款办理过境递解事宜时,同时应遵守《规则》第182条的规定。

(三)执行法院关于调查证据和搜集证据的请求

《罗马规约》与执行《罗马规约》的国内法旨在使法院的调查人员能够在犯罪发生后,尽快进行全面彻底的调查。调查成功与否的关键因素取决于国家是否愿意及时提供协助。由于《罗马规约》建立在补充性原则基础之上,存在于补充性体制下的法院是"最后诉诸"(last resort)的法院,国家提供给法院最好的合作形式是:①确保国内刑法能够保证对被指控实施了法院管辖权内犯罪的个人进行彻底的调查;②确保国内刑法对有证据证明实施了法院管辖权内犯罪的个人的起诉与审判予以规定;③确保国内刑法能够得到有助于调查和审判的政策、程序和实践的补充。① 除了在实体法上保证为法

---

① Jackson Nyamuya Maogoto, *State Sovereignty and International Criminal Law: Versailles to Rome*, Transnational Publishers, Inc., 2003, p.263.

院提供协助外,国家还需在程序上提供保证,即国家应遵守第 88 条的要求,以执行第九编规定的各种形式的合作。

《罗马规约》中除了第 86—88 条对国家合作义务的一般性规定外,第 54 条第 2 款第 1、2 项和第 3 款第 3 项、第 91 条、第 93 条、第 96 条和第 97 条对合作义务作了具体规定。其中第 93 条对调查和起诉方面的合作形式作了最为具体的规定。

（四）执行法院关于保护被害人和证人的请求

《规约》对被害人和证人的保护作了全面规定。

1. 保护被害人和证人的两种机制：①被害人和证人股；①②信托基金。②

2. 保护被害人和证人的具体措施：①根据第 68 条第 1 款的规定,国家应采取适当措施,保护被害人和证人的安全、身心健康、尊严和隐私。③ ②依第 68 条第 2 款的规定,作为第 67 条（被告人权利）所规定的公开审判原则的例外,为了保护被害人和证人或被告人,法院的分庭可以不公开诉讼程序或证据。③被害人在个人利益受影响时,可以提出其意见和关注供审议（第 68 条第 3 款）。④为保护被害人和证人的利益,被害人证人股可以就第 43 条第 6 款规定的有关问题向检察官和法院提出咨询意见（第 68 条第 4 款）。⑤为了证人及其家属的安全,检察官可以不公开有关证据和资料（第 68 条第 5 款）。⑥被害人有获得赔偿的权利（第 75 条）。为了确保被害人赔偿权的实现,第 110 条第 4 款规定,被判刑人协助查明与罚金、没收

---

① 《罗马规约》第 43 条第 6 款。
② 《罗马规约》第 79 条。
③ 相关条款还包括《罗马规约》第 57 条第 3 款第 3、5 项,第 64 条第 2、6、7 款,第 65 条第 4 款和第 87 条第 4 款。

或赔偿有关的,可用于被害人利益的资产的下落的,可以获得减刑。⑦被害人的法律代理人可以根据《规则》对赔偿命令提出上诉(第82条第4款)。除《罗马规约》的规定外,《规则》第87、88条规定了更详尽的保护措施。国家应履行上述合作义务。

(五)执行法院关于罚金与没收及赔偿命令的请求

依第77条(适用的刑罚)的规定,法院有权对被判实施了法院管辖权内犯罪的人,发布罚金令和没收令。为确保法院命令的落实,缔约国应协助查明、追寻和冻结或扣押犯罪收益、财产和资产及犯罪工具,以便最终予以没收,但不得损害善意第三人的权利(第93条第1款第11项)。根据第109条的规定,缔约国应执行法院的罚金或没收令,但不得损害善意第三方的权利;无法执行没收令时,应采取措施,收缴价值相当于法院命令没收的收益、财产或资产的财物,但不得损害善意第三方的权利;因执行法院的判决而获得的财产或出售执行所得的不动产的收益,或酌情出售其他执行所得的财产的收益,应转交法院。此外,缔约国还需遵守《规则》第146条(根据第77条判处罚金)、第147条(没收命令)、第148条(罚金或没收财物转入信托基金的命令)的规定。与罚金和没收不同,赔偿不是刑罚措施,而是一种民事救济措施。根据第75条的规定,赔偿包括归还、补偿和恢复原状。法院可以直接向被定罪人发布赔偿令,缔约国应执行赔偿令。

(六)起诉妨害司法罪的义务

为了保证法院的司法工作不受干扰,第70条对妨害司法的具体行为及国家的合作义务作出了规定。国家应履行有关义务。

（七）执行法院所判刑罚的义务

《罗马规约》第十编（第 103—111 条）规定了该项义务。其中第 109 条（罚金和没收措施的执行）对所有缔约国都有影响，其他条款，尤其是和监禁有关的第 103—106 条和第 110 条，只对向法院表示愿意接受被判刑人的缔约国有影响。这些国家有义务适用囚犯待遇方面广为接受的国际条约标准，与法院合作监督刑罚的执行，尊重法院对刑罚的裁判权和对减刑的复查权和决定权。

上述后三项义务是《罗马规约》第九编之外的条款规定的义务。

二、非缔约国与国际刑事法院的司法合作

对于非缔约国而言，除了在安理会依据《罗马规约》第 13 条第 2 款向法院提交情势的情况下必须履行合作义务之外，依据 1969 年《维也纳条约法公约》的规定，①它不具有合作义务。但如果案件涉及非缔约国时，非缔约国的合作就非常重要。② 因此，根据《罗马规约》第 87 条第 5 款规定，本法院可以邀请任何非本规约缔约国的国家，根据特别安排与该国达成的协议或任何其他适当的基础，按本编规定提供协助。如果非本规约缔约国的国家已同本法院达成特别安排或协议，但没有对根据任何这种安排或协议提出的请求给予合作，本法院可以通知缔约国大会，或在有关情势系由安全理事会提交本法院的情况下，通知安全理事会。因此，除个别情形之外，《罗马规约》的效力只及于缔约国，并不扩及非缔约国。法院与非缔约国的

---

① 《条约法公约》第 34 条规定："条约非经第三国同意，不为该国创设义务或权利。"

② 例如，若缔约国国民在非缔约国领域内实施了犯罪，则绝大多数证据，无论是人证、书证还是物证，都在非缔约国境内，这时法院需要非缔约国的合作。又如，若非缔约国国民在缔约国领域内实施犯罪后，回到其本国，不再返回作为犯罪地国的缔约国，这时法院也需要非缔约国的合作。但要让非缔约国移交其本国国民是很困难的。

合作只能建立在非缔约国自愿的基础上。这样,非缔约国就有可能拒绝与法院进行任何合作。

三、国际刑事法院与国家之间的合作障碍

尽管《罗马规约》对合作义务作了规定,但在法院要求国家予以合作时,仍会遇到重重障碍。依《罗马规约》的规定,国家拒绝或推迟合作的情形主要包括:

(1)被法院请求移交的人依一事不再理原则向国内法院提出的质疑,会导致被请求国推迟或拒绝移交该人(第89条第2款)。

(2)若被请求移交的人因法院要求移交所依据的某项犯罪以外的另一项犯罪在被请求国境内被起诉或服刑,被请求国可能推迟或拒绝移交(第89条第4款)。

(3)在第90条规定的竞合请求下,被请求国可能会拒绝移交。

(4)基于一项普遍适用的现行法律基本原则,被请求国可能会拒绝执行协助请求(第93条第3款)。

(5)基于保护国家安全利益,被请求国可能会全部或部分拒绝执行协助请求(第72条、第93条第4款、第99条第5款)。

(6)若立即执行请求会妨碍正在对请求所涉案件以外的案件进行的调查或起诉,被请求国可以在同法院商定的期限内推迟执行请求(第94条第1款)。

(7)在法院审理可受理性的质疑时被请求国可以推迟执行法院的请求(第95条)。①

(8)缔约国认为执行请求的资料不足时,可能会推迟或拒绝执

---

① 在这种情况下,检察官可以根据法院的命令依据第18、19条的规定搜集证据。

行请求(第97条第1项)。

(9)在请求移交的情况下,尽管作了最大努力,但仍然无法找到法院要求移交的人,或在被请求国的人不是逮捕证所指的人,缔约国可能会推迟或拒绝移交(第97条第2款)。

(10)执行目前形式的请求,将使被请求国违反已对另一国承担的条约义务,被请求国可能推迟或拒绝执行请求(第97条第3款)。

(11)依第98条第1款,若被请求国执行法院的一项移交或协助请求,该国将违背对第三国的个人或财产的国家或外交豁免权所承担的国际法义务,则法院不得提出该项请求,除非法院能够首先取得该第三国的合作,由该国放弃豁免权。

(12)依第98条第2款,若被请求国执行法院的一项移交请求,该国将违背依国际协定承担的义务,而根据这些义务,向法院移交人员须得到该人派遣国的同意,则法院不得提出该项请求,除非法院能够首先取得该人派遣国的合作,由该派遣国同意移交。

尽管第九编用了17个条文专门规定国家的合作义务,但该编是《罗马规约》中"超国家"(supranational)因素最少的部分。尽管第86条要求缔约国在本法院调查和起诉犯罪方面同本法院充分合作,但随后的其他条款中却充斥着例外情形和限定性条件,使得这些条款只能被看作是一种劝诫。[1] 若第九编的规定不能确保国家提供有效、快捷、真正的合作与协助,即《罗马规约》中至善至美的条款亦不能防止法院成为一只"纸老虎"。[2] 另外,第九编对不合作的国家未规定强有力的制约机制。依第87条第7款,若缔约国不执行法院的

---

[1] Jackson Nyamuya Maogoto, *State Sovereignty and International Criminal Law*: *Versailles to Rome*, Transnational Publishers, Inc., 2003, pp.251-252.

[2] Jackson Nyamuya Maogoto, *State Sovereignty and International Criminal Law*: *Versailles to Rome*, Transnational Publishers, Inc., 2003, p.252.

合作请求,法院可将此事项提交缔约国大会,或在有关情势系由安理会提交法院的情况下提交安理会。但该大会能否对不合作的缔约国采取行动,不得而知。非缔约国无合作义务,但可以根据在自愿基础上同法院达成的特别安排或其他适当方式,与法院合作。若非缔约国不合作,法院可将此事通知缔约国大会,或在安理会提交情势的情况下,通知安理会(第87条第5款)。根据《罗马规约》第112条第2款的规定,缔约国大会应当依照第87条第5款和第7款审议任何不合作问题,但审议后,如果作出不合作的结论,则应采取何种对策,《罗马规约》没有规定。在法律上,法院并无强制国家进行合作的任何权力,是否合作完全取决于国家的意愿。在法院无力取得国家的合作时,安理会的作用也是有限的。安理会只有在向法院提交情势的情况下,才可以根据《联合国宪章》对不合作的国家采取措施。但从前南国际刑庭的经验看,安理会往往基于政治上的考虑,不愿意对不合作的国家采取任何强制措施;近期,国际刑事法院在安理会提交的达尔富尔案件中遭遇国家不合作的情形,有义务采取措施的安理会却按兵不动。因此,指望安理会在国际合作上协助法院是不现实的。与其他国际刑事法庭相比,国际刑事法院本来在国际司法合作方面就有更大的局限性,加之,在非缔约国中,一些大国,尤其是美国对法院的敌视态度,更使国家与法院的合作前景雪上加霜。

第三节　美国关于国际刑事法院的立场

从历史上看,美国一贯对国际刑事法庭持积极支持的态度。第二次世界大战后,在美国和其他盟国的积极努力下,设立了纽伦堡法庭和东京法庭。半个世纪后,在美国的大力推动下,设立了前南国际刑庭和卢旺达国际刑庭。国际国内混合法庭的设立,也离不开美国的支持。但美国对国际刑事法院的态度,却经历了一个从积极支持到坚决抵制的过程。

一、美国反对《罗马规约》的理由

美国积极参与了《罗马规约》的整个谈判过程,并提出了许多保障性条款,其中大部分被《罗马规约》吸纳。但在 1998 年 7 月 17 日,当 120 个国家对《罗马规约》投赞成票时,美国却投了反对票。反对的理由主要包括:

(一)反对《罗马规约》对联合国安理会作用的规定

美国希望安理会发挥的作用应当远远大于《罗马规约》为其规定的作用。[①] 美国驻联合国大使理查德松(Bill Richardson)在 1998 年 6 月 17 日的罗马大会全体会议上,对美国政府关于安理会作用的政策立场解释道:一个常设性法院不能孤立存在。它必须是国际秩序的一部分,必须得到国际社会的支持。联合国安理会仍然是国际秩序中至关重要的一部分。因为安理会对维持国际和平与安全负有法律责任,所以美国认为,安理会必须在该常设性法院的工作中,包括在该法院的启动机制中,发挥重要作用。安理会一定能够以和平为目标,一定能够将严重的情势提交法院调查,并且在其权力范围内,如果有必要和适当的话,一定能够敦促各国与法院进行合作。安

---

① Michael D.Mysak, "Judging the Giant: An Examination of American Opposition to the Rome Statute of the International Criminal Court", *Saskatchewan Law Review*, Vol.63, 2000, p.279.

理会根据《联合国宪章》第七章所享有的权力,对法院的运行是绝对必不可少的,不仅在执行方面如此,而且在确保法院管辖权和各种权力的真正普遍性方面也同样如此。无论是从法律的角度看,还是从重要政策的角度看,法院的运作必须和安理会及其在《联合国宪章》下的职责和权力保持协调一致,而不是相互冲突。①

美国希望《罗马规约》将法院备审案件把关者的职责交托给安理会。② 如果法院只在安理会的准许下考虑案件,那么美国国民(连同控制否决权的安理会其他成员国的国民)将享有不受法院审查的有效豁免权。美国代表团在罗马只得到了一个妥协方案,即允许安理会推迟法院的调查活动,于是美国认为不能对《罗马规约》的最后文本投赞成票。③

（二）反对《罗马规约》对非缔约国国民管辖的规定

美国反对《罗马规约》第 12 条有关法院对非缔约国国民行使管辖权的规定。时任美国战争罪问题巡回大使的夏弗尔(David Schaffer)在上议院对外关系委员会上,对美国代表团在罗马投反对票的原因解释道:国际刑事法院有可能对非缔约国国民行使管辖权,这不仅"违背了条约法的最基本原则,而且还限制了美国使用军队履行盟国义务和参与多国行动包括人道干预的资格"。④

---

① Johan D. van der Vyver, "International Human Rights: American Exceptionalism: Human Rights, International Criminal Justice, and National Self-Righteousness", *Emory Law Journal*, Vol.50, 2001, p.798.

② Diane F. Orentlicher, "Unilateral Multilateralism: United States Policy toward the International Criminal Court", *Cornell International Law Journal*, Vol.36, 2004, p.419.

③ Diane F. Orentlicher, "Unilateral Multilateralism: United States Policy toward the International Criminal Court", *Cornell International Law Journal*, Vol.36, 2004, p.419.

④ Diane F. Orentlicher, "Unilateral Multilateralism: United States Policy toward the International Criminal Court", *Cornell International Law Journal*, Vol.36, 2004, p.419.

根据《罗马规约》第 12 条的规定,法院对在缔约国或声明接受法院管辖权的国家的领域内实施的法院管辖权内的犯罪,或者由缔约国国民或声明接受法院管辖权的国家的国民实施的相关犯罪具有管辖权。因此,只有当非缔约国国民在缔约国境内或声明接受法院管辖权的国家境内实施了有关犯罪时,法院才有可能对非缔约国国民行使管辖权。在国际法中,属地管辖权是国家主权的有机组成部分。因此,《罗马规约》缔约国或声明接受法院管辖权的国家对在本国领域内发生的犯罪享有属地管辖权。这些国家行使属地管辖权涉及非缔约国时,不需要得到非缔约国的同意。缔约国或声明国将完全属于自己的管辖权以"同意"的方式让予法院行使,这是基于自身利益和全球利益让渡部分主权的行为,是行使主权的特殊方式。美国参加的许多国际公约规定,[①]缔约国可以对在其境内发现的任何国籍的犯罪人行使管辖权,不论该被告人的国籍国是否同样为该公约的缔约国。值得注意的是这些公约无一将其适用仅限于缔约国国民实施的犯罪,执行这些公约的美国刑法亦非仅限于起诉缔约国国民。美国甚至在习惯国际法还未将所涉犯罪视为应受普遍管辖的情况下,对非缔约国国民行使以条约为根据的普遍管辖权。以 United States v. Yunis(1991)空中劫持案为例。[②] 1988 年黎巴嫩国民尤尼斯(Fawaz Yunis)在贝鲁特机场劫持了一架约旦飞机,乘客中有两名美

---

① 这些公约包括:1949 年日内瓦公约,1958 年海洋法公约,1970 年制止非法劫持航空器的公约,1971 年关于制止危害民用航空安全的公约及其 1988 年民用航空机场安全议定书,1973 年应受国际保护人员公约,1979 年反对劫持人质公约,1984 年禁止酷刑公约,1988 年制止海上恐怖主义公约。最近,美国带头谈判(美国已经签署但仍未批准)的公约有 1994 年关于联合国维和人员安全的公约及 1998 年制止恐怖主义爆炸的国际公约。Sarah B. Sewall and Carl Kaysen (eds.), *The United States and the International Criminal Court*, Rowman & Littlefield Publishers, Inc., 2000, p.220.

② Sarah B. Sewall and Carl Kaysen (eds.), *The United States and the International Criminal Court*, Rowman & Littlefield Publishers, Inc., 2000, p.221.

国公民,美国对尤尼斯实施了拘留并予以控告。尽管黎巴嫩不是
《反对劫持人质公约》的缔约国,并且不同意美国起诉尤尼斯,但美
国以该公约为主要根据,主张自己具有管辖权。1991 年美国哥伦比
亚特区巡回上诉法院主张,其管辖权的根据是执行《反对劫持人质
公约》的国内立法,该公约授权其对这种恐怖主义行为行使普遍管
辖权和被动属人管辖权。根据习惯国际法,空中劫持当时还不属于
普遍管辖的犯罪。尤尼斯案件作为先例,在 United States v.Ali Rezaq
(1998)案中再次得到确认。① 依据美国参加的国际公约及国内实
践,美国反对法院对非缔约国国民行使管辖权的理由,经不住审视。

(三)反对《罗马规约》对检察官自行调查权的规定
　　美国担忧检察官办公室将会逐渐"政治化",并使法院淹没在无足
轻重的诉讼中。② 美国人宁愿将启动调查的权力留给《罗马规约》规
定的另外两个选择:由安理会或缔约国向检察官提交情势。③ 美国认
为只有在缔约国或安理会向法院提交情势后,检察官才能采取行动。
　　将检察官的工作限定于安理会或缔约国向法院提交的情势,就
可以让安理会处于支配地位。一方面,安理会将对其认为应当提交
法院的案件拥有直接作决定的权力;另一方面,在世界上其他国家中
有巨大政治影响力的安理会常任理事国将会对法院的备审案件进行
间接控制。④

---

① 在该案中,美国拘留并起诉了一名劫持一架埃及飞机的巴勒斯坦人,尽管巴勒斯坦不
　是反对空中劫持的《海牙公约》的缔约方。
② Michael D.Mysak,"Judging the Giant:An Examination of American Opposition to the Rome
　Statute of the International Criminal Court",*Saskatchewan Law Review*,Vol.63,2000,p.279.
③ Michael D.Mysak,"Judging the Giant:An Examination of American Opposition to the Rome
　Statute of the International Criminal Court",*Saskatchewan Law Review*,Vol.63,2000,p.279.
④ Michael D.Mysak,"Judging the Giant:An Examination of American Opposition to the Rome
　Statute of the International Criminal Court",*Saskatchewan Law Review*,Vol.63,2000,p.280.

完全排除检察官自行调查权的做法是不合理的。国家很可能由于外交原因不愿意向法院提交案件,安理会也有可能由于政治原因不向法院提交案件,或在提交案件方面不能做到一视同仁。因此,保留检察官的自行调查权,一方面可以弥补国家或安理会不愿意提交案件造成的缺漏;另一方面可以抑制安理会对法院的政治控制。

(四)反对《罗马规约》对侵略罪的规定

美国反对《罗马规约》将"侵略"罪规定为法院管辖权内的四类犯罪之一。美国认为,"侵略"属于安理会排他的职权范围内的事项,所以,如果安理会没有提交有关侵略罪的情势,就不应当由法院管辖。[①] 美国坚持应由安理会首先对一国是否实施了侵略罪作出断定,然后再断定该国个人的行为。

在上述几条理由中,美国反对《罗马规约》的关键理由是担忧法院对非缔约国国民行使管辖权。其实,这种担忧过于夸张。如果法院能依据《罗马规约》的规定运行,美国国民受到法院指控的可能性很小。因为,法院只对"国际社会关注的最严重犯罪"具有管辖权。[②]美国作为非缔约国,即使在检察官有权对其国民进行调查时,也没有义务将其国民移交法院。更重要的是对案件具有管辖权的国家正在对案件进行调查或起诉或者已经完成调查或起诉时,法院的检察官就不能进行调查或起诉,除非该国不愿意或不能够切实进行调查或起诉。[③] 这种限制体现了《罗马规约》的核心原则,即"补充性"原则。即使有关国家已经对案件进行了调查,而且该国已决定不起诉嫌疑

---

① Michael D.Mysak, "Judging the Giant: An Examination of American Opposition to the Rome Statute of the International Criminal Court", *Saskatchewan Law Review*, Vol.63, 2000, p.279.
② 《罗马规约》第1条和第5条。
③ 《罗马规约》第17条第1款第1项和第2项。

人,补充性原则同样起作用,检察官同样不能调查或起诉,除非该项决定是由于该国不愿意或不能够切实进行起诉所致。① 在美国的提议下,《罗马规约》第 18 条和第 19 条确立的体现补充性原则的可受理性的初步裁定程序和质疑程序,都是美国防止法院对其国民进行管辖的屏障。除了这些关键条款,还有其他保障性条款可以引用。因此,美国公民遭受法院起诉的可能性几乎为零。但是,美国仍然不肯罢休。

在《罗马规约》通过后,美国竭尽全力,利用所有机会,对《罗马规约》实施"补救"措施。

首先,企图更改《罗马规约》第 98 条。在 2000 年 6 月召开的为期三周的预备委员会会议上,美国提议重写第 98 条,其目的是为"通过不特定的国际协定(扩大)免予起诉的豁免权"打下基础。② 美国修改第 98 条的提议为:"法院应当以符合适用于移交个人的国际协定的方式提出移交请求或接受法院需要羁押的人。"③在 45 个代表中就有 39 人认为该提议有悖于《罗马规约》的目的和宗旨。④ 最后达成了妥协方案,第 98 条被修改为:"如果根据第 98 条第 2 款的规定,本法院的一项移交请求将导致违背依国际协定承担的义务,而根据这些义务,向本法院移交派遣国人员须事先得到派遣国的同意,则本法院不能在未得到派遣国同意以前提出移交人员的请求。"⑤就在

---

① 《罗马规约》第 17 条第 1 款第 2 项。

② Roseann M. Latore,"Escape out the Back Door or Charge in the Front Door: U.S. Reactions to the International Criminal Court",*Boston College International and Comparative Law Review*,Vol.25,2002,p.166.

③ Roseann M. Latore,"Escape out the Back Door or Charge in the Front Door: U.S. Reactions to the International Criminal Court",*Boston College International and Comparative Law Review*,Vol.25,2002,p.166.

④ Roseann M. Latore,"Escape out the Back Door or Charge in the Front Door: U.S. Reactions to the International Criminal Court",*Boston College International and Comparative Law Review*,Vol.25,2002,p.167.

⑤ 《程序和证据规则》规则 195(资料的提供)第 2 款。

美国自称这次重写取得胜利时,反对美国豁免主张的人认为,美国不但没有到达豁免之大道,反而"回到了通向《罗马规约》原意的蜿蜒小径"。① 美国认为,这次提议不是对《罗马规约》的修正或修改,而是符合该条约的一项"程序上的补救措施",该措施将允许美国成为法院的一位"好邻居"。② 在美国不打算成为国际刑事法院的成员国时,它能像协助前南刑庭和卢旺达刑庭那样,协助国际刑事法院。③ 美国的建议将允许美国和其他非签署国继续履行其国际责任。④ 但是,该建议同样可以确保美国所称的"不负责任的国家",亦即那些无赖国家的国民,仍然会受到法院的管辖,因为法院可能不会和那些国家签订任何类型的"国际协定"。⑤

其次,美国参加了2000年11月27日至12月8日期间召开的预备委员会会议。这次会议是未签署《罗马规约》的国家有资格参加的最后一次会议;实际上,也就是美国试图通过《罗马规约》本身的

① Roseann M.Latore, "Escape out the Back Door or Charge in the Front Door: U.S.Reactions to the International Criminal Court", *Boston College International and Comparative Law Review*, Vol.25, 2002, p.167.

② Secretary of State Madeleine K.Albright, Remarks at the "Conflicts and War Crimes: Challenges for Coverage" Seminar for Editors Sponsored by The Crimes of War Project and The Freedom Forum(May 5,2000).Quoted in Roseann M."Latore, Escape out the Back Door or Charge in the Front Door: U.S.Reactions to the International Criminal Court", *Boston College International and Comparative Law Review*, Vol.25, 2002, p.167.

③ Quoted in Roseann M.Latore, "Escape out the Back Door or Charge in the Front Door: U.S. Reactions to the International Criminal Court", *Boston College International and Comparative Law Review*, Vol.25, 2002, p.167.

④ Press Statement, "U.S.Department of State, Office of the Spokesman", U.S.Initiative on the International Criminal Court(June 13,2000).Quoted in Roseann M.Latore, "Escape out the Back Door or Charge in the Front Door: U.S.Reactions to the International Criminal Court", *Boston College International and Comparative Law Review*, Vol.25, 2002, p.167.

⑤ Roseann M.Latore, "Escape out the Back Door or Charge in the Front Door: U.S.Reactions to the International Criminal Court", *Boston College International and Comparative Law Review*, Vol.25, 2002, p.167.

规定使其国民得到豁免的最后一次机会。在这次会议上,预备委员会讨论了《国际刑事法院和联合国之间的关系协定》(以下简称《关系协定》)。《关系协定》拟对联合国的援助人员、维和人员及官员与国际刑事法院共享资料和证据作出规定。但是,《关系协定》在该会议上没有通过,最后的草案将在 2001 年 9 月和 10 月召开的下一次预备委员会会议上通过。① 在该会议上,美国计划在《关系协定》中添加一项能够阻止将其国民移交国际刑事法院的条款。美国建议:当涉及非缔约国国民并且其国籍国确认该人在其"完全指示"下行事时,法院不能提出移交请求,除非该国籍国同意,或者安理会根据《联合国宪章》第七章针对指示国作出一项决议,授权诉讼程序继续进行。② 此后,美国没有继续在《关系协定》中寻求豁免,只参加了关于侵略问题的工作组。对此,美国代表仅作了如下解释:"美国不支持国际刑事法院;美国之所以只参与侵略问题的讨论,是因为安理会的作用问题;美国以前为满足自己的需要而付出的努力是徒劳的;今后美国将全面审视国际刑事法院问题。"③之后,美国没有再通过《罗马规约》本身寻求豁免,而是采取更为激烈的手段,实施了瓦解国际刑事法院的行动。

从美国的行动看,美国并非自始反对建立国际刑事法院,美国积极参与了《罗马规约》的整个谈判活动。从谈判一开始,美国就主张

① Roseann M. Latore, "Escape out the Back Door or Charge in the Front Door: U.S. Reactions to the International Criminal Court", *Boston College International and Comparative Law Review*, Vol.25, 2002, p.168.国际刑事法院预备委员会在 2001 年 9 月的第八次会议上通过了法院和联合国之间的关系协定草案。《罗马规约》缔约国大会于 2002 年 9 月 3 日至 10 日在美国纽约联合国总部举行,本次缔约国大会审议并通过了由预备委员会准备的国际刑事法院和联合国之间的关系协定。

② Bruce Broomhall, *International Justice and the International Criminal Court: between Sovereignty and the Rule of Law*, Oxford: Oxford University Press, 2003, p.173.

③ Roseann M. Latore, "Escape out the Back Door or Charge in the Front Door: U.S. Reactions to the International Criminal Court", *Boston College International and Comparative Law Review*, Vol.25, 2002, p.169.

由安理会来抉择国际刑事法院应当审理的案件。这样,美国就可以利用否决权实现对法院备审案件的控制,于是,涉及美国公民或其盟国国民的案件永远就不可能受到法院的审判。如果安理会在法院审判案件前有权过滤全部案件,那么《罗马规约》的其他条款,诸如法院对非缔约国国民的管辖、检察官的自行调查权及侵略罪问题等条款,对美国而言是无足轻重的。但美国关于安理会完全控制权的主张遭到了绝大多数国家的强烈抵制,安理会只对法院获得了部分控制权。于是,美国转而提出了许多保障条款,其他国家为了让美国接受《罗马规约》,对美国的大多数建议作出了妥协,但美国并未得到丝毫的满足,因为其完全控制国际刑事法院的根本目的并未实现,《罗马规约》生效后作出的补救该规约的一切努力也未能如愿,因而,才毅然决然地发起了对抗法院的运动。

二、美国应对国际刑事法院的策略

国际刑事法院成立初期,美国政府采取了一系列抵制措施,近年来,逐渐有条件地支持该法院调查和审理一部分案件。

2000 年 12 月 31 日,即《罗马规约》规定的签署期限的最后一日,美国前总统克林顿代表美国签署了《罗马规约》。当日克林顿说:"我们(美国)将继续关注《罗马规约》的重大缺陷。尤其在法院成立后我们将会予以特别关注,因为它不仅对《罗马规约》批准国的人员行使管辖权,而且对《罗马规约》非批准国的人员也同样行使管辖权。"①克林

---

① Statement by the President, The White House, Office of the Press Secretary, *Signature of the International Criminal Court Treaty* (Dec. 31, 2000), Robert T. Alter, " International Criminal Law: A Bittersweet Year for Supporters and Critics of the International Criminal Court", *The International Lawyer*, Vol.37, 2003, p.541.

顿进一步说:"在我们的根本关注得到满足之前,我不会推荐我的继任者将《罗马规约》提交参议院审议。"①但是,克林顿强调,他之所以签署《罗马规约》,是因为按照他的判断,美国作为签署者,将会对国际刑事法院的最终建立施加更有效的影响。②

　　克林顿政府关于签署《罗马规约》的决定,遭到了其他人的反对。当时的美国参议院对外关系委员会主席、参议员赫尔姆斯(Jesse Helms)于 2001 年 1 月 3 日声称,克林顿在卸任之前的决定"既过分又费解"。③ 赫尔姆斯决定推翻该决定,其最关注的事项之一是"保护美国男女军人免受这个国际袋鼠法院的管辖"。④ 2001年 5 月,美国参议院军事委员会主席华纳(John Warner)和赫尔姆斯提议制定《美国军人保护法》,该法于 2002 年获得通过。该法的关键条款包括:①美国的任何政府实体,包括州政府和地方政府或任何法院,都不允许在犯罪嫌疑人的逮捕和引渡、搜查和扣押的执行、证据的提取及类似事项方面与国际刑事法院合作;②国际刑事法院的任何执法官员都不允许在美国从事任何调查活动;③总统应当在安理会行使美国的发言权和投票权,确保联合国授权维和行动的每一项决议永久免除国际刑事法院对美国军人的指控;④批准设立法院

① Statement by the President,The White House,Office of the Press Secretary,*Signature of the International Criminal Court Treaty* (Dec. 31, 2000), Robert T. Alter, " International Criminal Law:A Bittersweet Year for Supporters and Critics of the International Criminal Court",*The International Lawyer*,Vol.37,2003,p.541.
② Statement by the President,The White House,Office of the Press Secretary,*Signature of the International Criminal Court Treaty* (Dec. 31, 2000), Robert T. Alter, " International Criminal Law:A Bittersweet Year for Supporters and Critics of the International Criminal Court",*The International Lawyer*,Vol.37,2003,p.541.
③ Yves Beigbeder, *International Justice against Impunity:Progress and New Challenges*, Martinus Nijhoff Publishers,2005,p.191.
④ Yves Beigbeder, *International Justice against Impunity:Progress and New Challenges*, Martinus Nijhoff Publishers,2005,p.191.

《罗马规约》的任何国家都得不到美国的军事援助［北约成员国和"主要的非北约盟国"（澳大利亚、埃及、以色列、日本、韩国、新西兰、中国台湾地区）除外］；⑤总统有权采取所有必要的适当的手段，解救被国际刑事法院或代表国际刑事法院违背其意愿羁押或监禁的美国及盟国人员。换言之，美国总统有权"入侵海牙"……①有人将《美国军人保护法》称为"入侵荷兰法"（the Netherlands Invasion Act），因为该法实际上授权美国向海牙派遣军队，以解救在那里等待审判的美国国民。②

2002 年 5 月，美国撤回先前对《罗马规约》的签署。③ 布什政府上任初期，对国际刑事法院采取敌对态度，曾以胁迫手段，在双边层面和联合国层面上执行《美国军人保护法》。但在任职后期，对国际刑事法院采取了较为温和的态度，在安理会审议通过将达尔富尔情势提交国际刑事法院的第 1593 号决议时，美国投了弃权票。

2008 年 1 月 28 日，布什总统签署了《美国军人保护法》修正案，取消了针对不愿意与美国签订旨在保护美国国民免受国际刑事法院管辖的《双边豁免协定》的国家的对外军事援助的限制措施。④

---

① Yves Beigbeder, *International Justice against Impunity*: *Progress and New Challenges*, Martinus Nijhoff Publishers, 2005, pp.191–192.

② Roseann M.Latore, "Escape out the Back Door or Charge in the Front Door: U.S.Reactions to the International Criminal Court", *Boston College International and Comparative Law Review*, Vol.25, 2002, p.169.

③ 美国政府在 2002 年 5 月 6 日写给联合国秘书长的信中说："关于 1998 年 7 月 17 日通过的《国际刑事法院罗马规约》一事，在此谨通知您：美国不打算成为《罗马规约》缔约国。因此，美国不具有 2000 年 12 月 31 日签署《罗马规约》引起的法律义务。" Press Statement, U.S.Department of State, International Criminal Court: Letter to Secretary General Kofi Annan(May 6, 2002), Quoted in Robert T.Alter, "International Criminal Law: A Bittersweet Year for Supporters and Critics of the International Criminal Court", *The International Lawyer*, Vol.37, 2003, p.541.

④ United States and the International Criminal Court, http://en. wikipedia. org/wiki/United_States_and_the_International_Criminal_Court(visited on 20 September 2012).

（一）双边层面：双边豁免协定

美国签订双边豁免协定的依据是《罗马规约》第98条（在放弃豁免权和同意移交方面的合作）。该条规定："（一）如果被请求国执行本法院的一项移交或协助请求，该国将违背对第三国的个人或财产的国家或外交豁免权所承担的国际法义务，则本法院不得提出该项请求，除非本法院能够首先取得该第三国的合作，由该第三国放弃豁免权。（二）如果被请求国执行本法院的一项移交请求，该国将违背依国际协定承担的义务，而根据这些义务，向本法院移交人员须得到该人派遣国的同意，则本法院不得提出该项移交请求，除非本法院能够首先取得该人派遣国的合作，由该派遣国同意移交。"

美国通过扩大解释《罗马规约》第98条第2款的规定，以取消军事援助相威胁，迫使其他国家包括《罗马规约》缔约国与其签订不将美国国民移交法院的双边豁免协定（该协定又称为"第98条协定"）。2002年7月，美国要求驻世界各地的外交人员和外国政府接触，以磋商双边协定。截至2003年7月1日，共有44个缔约国与美国签订了双边协定。另外还有7个国家同美国秘密签订了类似协定，同日，即美国国会在2002年为未签订该协定的国家确定的签订协定的最后期限，美国宣布取消了对35个国家的军事援助，其中包括传统的美国最大外援国哥伦比亚和6个当时希望加入北约的东欧国家（保加利亚、爱沙尼亚、拉脱维亚、立陶宛、斯洛伐克和斯洛文尼亚），以报复他们拒绝给美国公民不被法院起诉的豁免权。[①] 截至2009年1月，全球已经有104个国家与之签订了第98条协定，到

---

① 参见朱文奇：《国际刑事法院启动机制及美国的应策》，《河南社会科学》2003年第5期；喻贵英：《析美国反对常设国际刑事法院的理由和举措》，《法律科学》2006年第4期。

2010 年 1 月,仍然有效的协定为 96 份。①

第 98 条第 2 款中的"国际协定"可以存在于非缔约国之间、缔约国之间及缔约国和非缔约国之间。第 98 条第 2 款与非缔约国之间的国际协定实际上没有关系,因为在除安理会提交情势之外的任何情况下,非缔约国没有与国际刑事法院合作的义务;该条款对缔约国之间的国际协定也没有实际意义,因为根据《罗马规约》第九编的规定,作为派遣国的缔约国应依照第九编及其国内法程序的规定向国际刑事法院移交人员,或者同意接受国向国际刑事法院移交人员;该条款对合作义务的限制实际上只与作为《罗马规约》缔约国的接受国和作为非缔约国的派遣国之间的国际协定有关。

第 98 条第 2 款允许缔约国为了履行国际协定规定的义务,不执行国际刑事法院的移交请求。其中的"国际协定"特指"武装人员地位协定"(Status of Force Agreements,SOFAs)。② "武装人员地位协定"界定了一国驻在另一国的部队和有关人员的法律地位。北约组织(NATO)成员国之间签订的《武装人员地位协定》规定,在派遣国对某一犯罪具有专属管辖权或优先管辖权时,就可以拒绝将其驻外人员移交某一国际法院。如北约组织的《武装人员地位协定》第 7 条第 5 款规定,在派遣国具有专属管辖权或并行管辖权中的优先管辖权时,接受国有义务协助逮捕和移交有关人员。依据第 7 条第 3 款第 3 项的规定,甚至在派遣国具有优先管辖权而不行使管辖权时,接受国为了对派遣国的人员采取行动,必须先征得派遣国的同意。

在缔约国对第三国承担的国际义务与对国际刑事法院承担的义务相冲突时,按照国际法,任何一项义务都不具有优先权,如果国际

---

① 参见廖济贞:《试析国家对国际刑事法院管辖权的规避——以美国的双边不移交协定为例》,《华南理工大学学报》(社会科学版)2012 年第 2 期。

② 引渡协定与关于外交人员地位协定规定在《罗马规约》第 90 条第 6 款和第 98 条第 1 款。

刑事法院的缔约国违背对第三国的条约义务,将非缔约国国民移交国际刑事法院,将要承担违反国际法的责任。第98条第2款的用意就在于解决这两种义务间的冲突,防止国际争端的发生。

理解第98条第2款时,应依《条约法公约》第31条所确定的善意解释原则进行解释。大赦国际在其关于国际刑事法院的备忘录中认为,第98条第2款只适用于现有的"武装人员地位协定",并不适用于一国成为《罗马规约》缔约国之后签订的"武装人员地位协定"。即使国际刑事法院认为该条款同样适用于修订的或新订立的"武装人员地位协定",但这类协定仍然必须符合《罗马规约》和其他国际法的规定。① 美国已经和大约100个国家签订了赋予美国对其军人享有优先管辖权的"武装人员地位协定"。这些协定可以满足第98条第2款的例外,②所以,大赦国际在备忘录中认为,从理论上讲,另签订豁免协定没有必要。美国的评论似乎承认,如果仅有隐含的意思,第98条则缺少他们想要的漏洞。大赦国际在备忘录中还认为,即使美国能够成功地和所有缔约国签署第98条协定,但是这些协定在法律上无法得到实施。如果一个成员国通知国际刑事法院:根据其按照第98条第2款签订的国际协定,它不能将某人移交国际刑事法院,那么该法院的《诉讼程序和证据规则》的效力将优于任何双边豁免协定。③

---

① Memorandum from Amnesty International on the International Criminal Court, Quoted in Alisha D.Telci, "The International Criminal Court: Is The United States Overlooking an Easier Way to Hold Saddam Hussein and Osama Bin Laden Accountable for Their Actions?" *New England Law Review*, Vol.38, 2004, p.478.

② Alisha D. Telci, "The International Criminal Court: Is The United States Overlooking an Easier Way to Hold Saddam Hussein and Osama Bin Laden Accountable for Their Actions?" *New England Law Review*, Vol.38, 2004, p.478.

③ Alisha D. Telci, "The International Criminal Court: Is The United States Overlooking an Easier Way to Hold Saddam Hussein and Osama Bin Laden Accountable for Their Actions?" *New England Law Review*, Vol.38, 2004, p.478.

《诉讼程序和证据规则》第195条第1款规定:"如果被请求国通知本法院,移交或协助请求引起第98条所述的执行问题,被请求国应提供一切有关资料协助本法院适用第98条。任何有关的第三国或派遣国都可以提供其他资料协助本法院。"依据该规定,第98条第2款的例外规定是否适用于法院向缔约国提出的移交请求,实质上最终由法院来断定,亦即由法院来断定向被请求国发出的合作请求是否违背了被请求国依据国际法所承担的义务。换言之,法院决定如何适用《罗马规约》与《诉讼程序和证据规则》的权力优于企图避开法院行使管辖权的可能性的任何双边协议。

第98条协定的缔约国相互承诺,如果没有他们的同意,不将彼此的国民移交国际刑事法院。这使签署第98条协定的《罗马规约》缔约国处于自相矛盾的境地,他们一方面承诺与国际刑事法院合作,另一方面却为了某一个国家规避了《罗马规约》的规定。因此,任何签署第98条协定的《罗马规约》缔约国都违背了《罗马规约》的规定,这是《罗马规约》第86条本身已经明确排除的行为。《罗马规约》的宗旨在于结束对最严重犯罪的豁免,并且该宗旨建立在法律面前人人平等原则的基础之上。① 因而,对《罗马规约》的任何潜在的例外或者漏洞,都应当以有利于实现其宗旨的方式而不应当以动摇或瓦解它的方式进行解释。

(二)联合国层面:安理会决议

美国利用《罗马规约》第16条,迫使安理会通过推迟法院调查和起诉的决议。法院于2002年7月1日正式成立。与此同时,美国派驻波黑和克罗地亚进行维和的特派团的驻扎结束期限也即将来临

---

① 《罗马规约》序言第4、5段。

（7月15日），需要作出是否延长的决定。美国利用它是安理会常任理事国具有否决权这一条件，要求法院给予美国维和人员以豁免权，否则将不再参加联合国的维和行动。维和部队要延长驻扎期限，须经安理会的同意。美国作为安理会常任理事国之一，只要它反对，就能阻止安理会决议的通过。① 在这种情况下，安理会通过了第1422号决议。该决议"要求国际刑事法院，如出现涉及参与联合国所设立或授权的行动、但不是《罗马规约》缔约国的国家目前或以前的官员或人员有关上述行动的行为或不行为的案件，在2002年7月1日起的12个月期间内不要对任何此类案件开始或着手进行调查或起诉，除非安全理事会另有决定"。②

　　尽管第1422号决议有严重瑕疵，并且在通过该决议的两天以前的安理会会议期间遭到了许多国家的强烈反对，③但是由于渴望维持维和行动，安理会的成员国几乎没有选择，只能通过第1422号决议。④ 人权观察强调：该决议显然有悖于《罗马规约》第27条。第27

---

① 参见朱文奇：《国际刑事法院启动机制及美国的应策》，《河南社会科学》2003年第5期。

② 安理会第1422（2002）号决议，S/RES/1422（2002）。

③ 参加安理会会议的许多国家不同意美国为其军人寻求豁免一年的理由。他们将美国义无反顾地为其军人寻求豁免的行为视为美国将其部队和人员置于国际法之上的一种企图。参加这次辩论的加拿大代表Heinbecker指出："今天引起的关键问题是：在法律面前是否人人平等，是否人人有责。"同样参加辩论的新西兰代表MacKay也认为没有必要免除国际刑事法院对维和人员的管辖。相反，他认为，豁免除了对维和人员和联合国的道德威信造成严重损害之外，还将维和人员置于了法律之上。Kerstin Pastujova, "Was the United States Justified in Renewing Resolution 1487 in Light of the Abu Ghraib Prisoner Abuse Scandal?" *ILSA Journal of International & Comparative Law*, Vol.11, 2004, p.203.

④ The ICC and Security Council: Res. 1422 Legal and Policy Analysis, Human Rights Watch (May, 2003). Quoted in Kerstin Pastujova, "Was the United States Justified in Renewing Resolution 1487 in Light of the Abu Ghraib Prisoner Abuse Scandal?" *ILSA Journal of International & Comparative Law*, Vol.11, 2004, p.202.

条明确禁止任何国家或国际组织依据官方地位作出任何区分。该规定是《罗马规约》中的关键条款，因为它包含了《罗马规约》确保任何人，包括政治家、国家元首、联合国维和人员不凌驾于法律之上的基本目的。与该条款恰恰相反，第 1422 号决议将整个一类人排除于国际刑事法院的管辖权之外，因而在非国际刑事法院成员国的国内法院不能善意起诉其部队和人员的情况下，为豁免开了方便之门。①大赦国际强调：安理会在第 1422 号决议中表达的自动延长该决议的意图表明，安理会完全忽视了第 16 条的真正目的，其意图在于为非国际刑事法院成员国的官员和人员提供不受国际刑事法院管辖的永久豁免权。和国际社会的看法相同，大赦国际还认为，第 1422 号决议违背了《联合国宪章》。安理会是联合国根据国际法建立的一个政治机构，只能行使《联合国宪章》规定的权力。和根据法律建立的任何其他政治组织一样，它不能超越自己的权力。但是，安理会通过第 1422 号决议的做法，超越了《联合国宪章》为其规定的权力。② 按照《联合国宪章》第七章第 39 条的规定，安理会根据《罗马规约》第 16 条作出的决议应当和维持国际和平与安全有关，但事实并非如此。因此，第 1422 号决议既不符合第 16 条的目的，又违背了《联合国宪章》。

尽管第 1422 号决议遭到了非政府组织和世界上绝大多数国家的强烈反对，但是，安理会在 2003 年 6 月 12 日又通过了第 1487 号

① The ICC and Security Council: Res. 1422 Legal and Policy Analysis, Human Rights Watch (May 2003). Quoted in Kerstin Pastujova, "Was the United States Justified in Renewing Resolution 1487 in Light of the Abu Ghraib Prisoner Abuse Scandal?" *ILSA Journal of International & Comparative Law*, Vol.11, 2004, p.206.

② Kerstin Pastujova, "Was the United States Justified in Renewing Resolution 1487 in Light of the Abu Ghraib Prisoner Abuse Scandal?" *ILSA Journal of International & Comparative Law*, Vol.11, 2004, p.205.

决议,给予非缔约国维和部队的豁免顺延一年。对该决议,安理会成员国法国、德国和叙利亚投了弃权票。科菲·安南和 70 多个国家在安理会公开会议上对第 1487 号决议提出强烈反对。科菲·安南指出:"我希望这不要成为每年的惯例。否则,我担忧国际社会会将此理解为安理会愿意为参加其确立或授权的行动的人员主张绝对的永久的豁免权。"[1]其他国家也表达了类似的看法。[2]

2003 年 8 月 1 日,安理会又通过了第 1497 号决议。[3] 第 1497 号决议第 7 段规定:决定不是《国际刑事法院罗马规约》缔约方的一个参与国的现任或前任官员或人员,如被指控因驻利比里亚多国部队或联合国稳定部队而产生的或与其有关的所有行为或不行为,应当接受参与国的专属管辖,除非该参与国明确放弃此种专属管辖权。依据该决议,非《罗马规约》缔约国对其在利比里亚的多国部队或联合国稳定部队中服役的军人实施的犯罪享有专属管辖权,除非这种管辖权被派遣国明示放弃。

第 1422 号决议和第 1487 号决议的依据是《罗马规约》第 16 条,这两项决议都不能永久排除法院对非缔约国派遣的联合国部队的管辖权,只能推迟法院的管辖权。相反,第 1497 号决议对第 16 条只字未提。因此,它不是根据第 16 条推迟法院的管辖权,而是完全排除了法院的管辖权。主要是因为,该决议既不包含时间限制又不包含顺延条款。这意味着,尽管第 1487 号决议于 2004 年 6 月到期,但第 1497 号决议不受其影响,继续有效,直到安理会通过终止其效力的

---

[1]　U.N.SCOR,58th Sess.,4772nd mtg.,U.N.Doc.S/PV. 4772(2003).

[2]　Kerstin Pastujova,"Was the United States Justified in Renewing Resolution 1487 in Light of the Abu Ghraib Prisoner Abuse Scandal?"*ILSA Journal of International & Comparative Law*, Vol.11,2004,p.207.

[3]　安理会第 1497(2003)号决议,S/RES/1497(2003)。

另一项决议为止。

2004 年 5 月 19 日，美国第三次向安理会提出一项决议草案，要求免除国际刑事法院对非国际刑事法院成员国参加联合国维和行动的所有目前或以前的部队和人员的管辖。如果该要求能得到赞同，该决议将延长第 1487 号决议的期限。原计划在 5 月 21 日对决议草案进行投票表决，但后来被无限期推迟，因为伊拉克阿布格莱布（Abu Ghraib）监狱的虐囚事件刚刚曝光，① 安理会认为美国不会获得足够的支持以确保决议草案的通过。② 于是，美国决定不再寻求顺延第 1487 号决议。最后在 6 月 23 日，美国从安理会撤回了顺延第 1487 号决议的要求。但是，撤回顺延于 2004 年 6 月 30 日到期的第 1487 号决议的决定，并未改变美国关于免除国际刑事法院管辖美国军人的立场。③ 在声明撤回决议草案决定的当日，美国国务院发言人布奇尔（Richard Boucher）表达了美国的

---

① 在萨达姆执政时期，阿布格莱布监狱因为每周执行死刑和恶劣的生活条件而成为世界上最臭名昭著的监狱之一。酷刑，包括隔离、殴打、强奸、狗咬、电击和饥饿，也是家常便饭。在萨达姆政府垮台之后，美国将该监狱变成了军事监狱。和萨达姆时代不同，被美军抓获的大多数囚犯是包括妇女和青少年在内的平民，其中的许多人是在军事扫荡期间和公路检查站随意抓获的。其他囚犯分为三类：①普通罪犯；②涉嫌"反联军罪"的被羁押人；③少量涉嫌反抗联军的具有"重要价值"的领导人。Kerstin Pastujova, "Was the United States Justified in Renewing Resolution 1487 in Light of the Abu Ghraib Prisoner Abuse Scandal?" *ILSA Journal of International & Comparative Law*, Vol.11, 2004, p.210.据国际媒体报道，美军在此监狱对伊拉克囚犯实施了杀害、酷刑、性羞辱等震惊世界的犯罪行为。

② Kerstin Pastujova, "Was the United States Justified in Renewing Resolution 1487 in Light of the Abu Ghraib Prisoner Abuse Scandal?" *ILSA Journal of International & Comparative Law*, Vol.11, 2004, p.195.若要决议草案获得通过，必须有安理会 15 个成员国中的 9 国投赞成票。但是，安理会成员国西班牙、巴西、法国、德国、贝宁、智利和中国，已经明确表示他们在这一轮投票期间将投弃权票，因此，该决议草案不可能获得法定的票数。

③ Kerstin Pastujova, "Was the United States Justified in Renewing Resolution 1487 in Light of the Abu Ghraib Prisoner Abuse Scandal?" *ILSA Journal of International & Comparative Law*, Vol.11, 2004, p.196.

立场:我们认为,国际刑事法院的管辖权不能建立在对非《罗马规约》缔约国国民管辖的基础之上,因此,参与联合国维和行动的美国人和其他非《罗马规约》缔约国国民需要得到保护,以免他们因为在参与那些维和行动时可能实施的各种行为而受到某种错误的起诉。①

2005年3月23日,法国向安理会提交了一项决议草案,要求将被控在苏丹达尔富尔地区犯有战争罪和危害人类罪的嫌疑人提交国际刑事法院审判。这一提案遭到了美国的反对,美国主张在坦桑尼亚设立一个新法庭,审判这些犯罪嫌疑人。但英法等国坚持将这些犯罪嫌疑人交给国际刑事法院处理。为了换取美国不投反对票,安理会其他国家作出了巨大让步。安理会于2005年3月31日通过的关于将达尔富尔情势提交国际刑事法院的第1593(2005)号决议第6段规定:"决定:没有加入《国际刑事法院罗马规约》的苏丹境外派遣国的国民、现任或前任官员或人员因安理会或非洲联盟在苏丹建立或授权的行动而产生的或与其相关的所有被控行为或不行为皆应由该派遣国对其实施专属管辖权,除非该派遣国已明确放弃此种专属管辖权。"②该段曾在安理会引起强烈争议。较之于第1422号决议、第1487号决议和第1497号决议,美国通过第1593号决议对《罗马规约》的破坏以及对国际刑事法院和国家管辖权的限制达到了登峰造极的地步。第1593号决议虽然提及了《罗马规约》第16条,但该决议第6段和《罗马规约》第16条风马牛不相及。并且第6段将国际刑事法院对非缔约国国民的管辖权仅限于苏丹国民,而将其他所

---

① Richard Boucher, U. S. Department of State Spokesman, Press Briefing (June 23, 2004). Quoted in Kerstin Pastujova, "Was the United States Justified in Renewing Resolution 1487 in Light of the Abu Ghraib Prisoner Abuse Scandal?" *ILSA Journal of International & Comparative Law*, Vol.11, 2004, p.196.

② 联合国安理会第1593(2005)号决议,S/RES/1593(2005)。

有非缔约国国民排除在外,公然对不同的非缔约国国民实行双重标准。更有甚者,第6段不但剥夺了国际刑事法院对派遣国国民的管辖权,而且还剥夺了派遣国以外的其他对案件具有管辖权的国家的管辖权。从第6段看,安理会提交的第一个案件就将国际刑事法院卷入了纷繁复杂的国际政治旋涡中,美国破坏国际刑事法院独立性和司法权威的阴魂久久不能驱散。此后,美国政府为其军人和人员寻求免于国际刑事法院管辖的企图并未停止,因为美国仍在继续签订第98条协定。

综上所述,布什政府根据第98条和第16条采取的措施瓦解了法院的完整性,减损了法院的普遍性,限制了法院的能力。美国对法院采取的对抗措施,与其说是基于法律原因,[①]倒不如说是基于政治原因。美国对国际法的选择从来都是为己所用,于己有利者,取之;于己无益者,弃之。撤回对《罗马规约》的签署,和退出《反导条约》及《京都议定书》的动机相同,都是为了维护其主导世界一切事务的霸权地位和利益。布什政府对法院的对抗给法院的发展前景蒙上了厚重的阴影。

随着时间的推移以及美国政府权力的更迭,美国对国际刑事法院采取了更加温和的态度。

奥巴马政府表示愿意与国际刑事法院合作,并将美国与国际刑事法院缔约国大会的合作视为奥巴马政府"国家安全战略"(National Security Strategy)的重要组成部分。2009年11月16日,战争罪问题特使斯蒂芬·拉普(Stephen Rapp)表示,他将率领美国代表团参加在

---

① 其措施即使在法律上也经不住审视,前文所述的国家与国际组织的评论可以证明。国内外学者也对其违法性做过评论,参见喻贵英:《析美国反对常设国际刑事法院的理由和举措》,《法律科学》2006年第4期;卢有学:《美国对国际刑事法院的政策转变》,《山东公安专科学校学报》2004年第4期;[美]M.谢里夫·巴西奥尼:《国际刑法导论》,赵秉志等译,法律出版社2006年版。

海牙召开的国际刑事法院缔约国大会年会。他还告诉记者："我国政府已决定让美国人重返国际刑事法院。"随后,美国以观察员身份参加了会议,这是美国第一次派遣代表团参加国际刑事法院缔约国大会年会。① 国务卿希拉里·克林顿(Hillary Rodham Clinton)在回应参议院外交关系委员会提出的问题时表示,美国将不再反对国际刑事法院。另外,美国驻联合国大使苏珊·赖斯(Susan Rice)在安理会首次发言时表示,美国支持国际刑事法院在苏丹进行的调查工作。同时,美国取消了《双边豁免协定》(Bilateral Immunity Agreements,BIAs)规定的制裁措施。但是,奥巴马政府仍然没有对国际刑事法院或《双边豁免协定》的地位问题作出正式决策。② 奥巴马政府派出一支由来自美国政府、对国际刑事法院问题有决策权的主要成员组成的庞大代表团,参加了2010年5月和6月在乌干达坎帕拉召开的《罗马规约》审查会议。③ 美国作为作出承诺的唯一非缔约国,在坎帕拉做了两项正式承诺,即帮助某些国家构建司法系统,使其自己有能力起诉严重犯罪;协助国际刑事法院调查和起诉被国际刑事法院通缉的圣灵抵抗军领导人。④ 这次审查会议通过了两项修正案。美国就侵略罪修正案表态时指出,"遗憾"的是"没有充分体现、尊重安理会机制、特权和首要责任"。⑤ 最终奥巴马政府认为这种结

---

① United States and the International Criminal Court, http://en.wikipedia.org/wiki/United_States_and_the_International_Criminal_Court(visited on 20 September 2012).

② United States and the International Criminal Court, http://en.wikipedia.org/wiki/United_States_and_the_International_Criminal_Court(visited on 20 September 2012).

③ United States and the International Criminal Court, http://en.wikipedia.org/wiki/United_States_and_the_International_Criminal_Court(visited on 20 September 2012).

④ United States and the International Criminal Court, http://en.wikipedia.org/wiki/United_States_and_the_International_Criminal_Court(visited on 20 September 2012).

⑤ RC/11-CHN,转引自宋健强:《侵略罪定义与启动机制的司法终结及其蕴意——兼及战争罪国内化要素扩张》,http://www.criminallawbnu.cn/criminal/Info/showpage.asp?pkID=32897(京师刑事法治网)(2012年9月20日访问)。

果符合美国的重要利益。① 尽管奥巴马政府承诺,在起诉诸如乌干达叛乱团体圣灵抵抗军领导人实施的犯罪方面,与国际刑事法院合作,但对是否重返《罗马规约》或将该条约提交参议院批准的问题,则无任何意思表示。②

实际上,国际刑事法院需要美国。如果美国能加入法院,对法院无疑是有利的。其一,消除了该超级大国寻求豁免的种种过激行为,有利于保证法院在遵守法律面前人人平等原则的前提下,实现其追究严重国际犯罪的目的。其二,有利于带动那些受美国影响的非缔约国加入法院,以增强法院的普遍性。其三,有利于增强法院的权威性。因为美国曾推动或支持过两个军事法庭、两个刑事法庭、塞拉利昂法院和东帝汶法庭的建立,拥有国际刑事审判的专业知识和实践经验。如果美国能加入法院,将在某种程度上提高法院审判案件的质量,从而增强法院的权威性。

第四节　中国关于国际刑事法院的立场

中国也对《罗马规约》投了反对票。中国对自己参加谈判的全球性国际条约投反对票,尚属首次。不加入《罗马规约》,并非中国政府的本意,中国参与了制定《罗马规约》的全过程,始终支持建立一个独立、公正、有效和具有普遍性的法院。中国代表团团长王光亚

---

① United States and the International Criminal Court, http://en. wikipedia. org/wiki/United_States_and_the_International_Criminal_Court(visited on 20 September 2012).

② United States and the International Criminal Court, http://en. wikipedia. org/wiki/United_States_and_the_International_Criminal_Court(visited on 20 September 2012).

在建立国际刑事法院全权代表外交大会上讲道："建立国际刑事法院是国际社会由来已久的理想和奋斗目标，是国际社会进一步加强合作以惩治最严重的国际罪行的新尝试。""中国政府和其他国家政府一样，支持国际刑事法院的建立。中国政府相信，随着今后国际社会的进步和国际法的逐渐发展，国际社会的法治化进程将进一步加强，国际司法体制必将得到进一步完善，国际和平和安全将得到进一步维护。中国政府愿与世界各国政府一起，继续为这一崇高目标进行努力。"①中国政府之所以在为《罗马规约》的起草作了建设性贡献之后投反对票，是因为政府对《罗马规约》的部分条款的关注未得到考虑，《罗马规约》的部分条款与当前国内的政治形势和立法不符。②

一、中国反对《罗马规约》的理由

1998 年 7 月，参加罗马外交大会的中国代表团团长、外交部副部长王光亚在回答新华社记者时，阐述了中国为什么要投反对票的原因。具体而言，主要包括以下五点：③

第一，中国代表团不能接受《罗马规约》所规定的"国际刑事法

---

① 李世光、刘大群、凌岩主编：《国际刑事法院罗马规约评释》（上册），北京大学出版社 2006 年版，前言部分第 2 页。

② 参见谭世贵：《中国与国际刑事法院关系初探》，载赵秉志主编：《国际刑事法院专论》，人民法院出版社 2003 年版，第 65—68 页。按照该文的分析，中国拒绝加入国际刑事法院的主要问题为：非国际性武装冲突中的战争罪与台湾问题；和平时期的危害人类罪与中国西藏问题及法轮功问题。

③ 参见林欣主编：《国际刑法问题研究》，中国人民大学出版社 1999 年版，第 253—254 页。转引自朱文奇：《中国加入国际刑事法院之展望》，载高铭暄、赵秉志主编：《国际刑事法院：中国面临的抉择》，中国人民公安大学出版社 2005 年版，第 156—157 页。另参见李世光、刘大群、凌岩主编：《国际刑事法院罗马规约评释》（上册），北京大学出版社 2006 年版，前言部分第 2—3 页。

院的普遍管辖权"。① 在中国代表团看来,《罗马规约》规定的这种管辖权"不是以国家自愿接受法院管辖为基础",而是"在不经过国家同意的情况下对非缔约国的义务作出规定"。所以,这"违背了国家主权原则,不符合《维也纳条约法公约》的规定"。

第二,中国代表团对将非国际性武装冲突中的战争罪纳入国际刑事法院的管辖范围"具有严重保留"。在中国代表团看来,法制健全的国家有能力"惩处国内武装冲突中的战争罪"。另外,中国还认为,《罗马规约》中有关国内武装冲突中的战争罪和定义,"超出了习惯国际法,甚至超出了日内瓦公约第二附加议定书的规定"。中国主张,国家应"有权选择"接受国际刑事法院对这一罪行的管辖。

第三,中国代表团对《罗马规约》所规定的有关联合国安理会作用的规定持保留意见。在中国代表团看来,"侵略罪是一种国家行为,且尚没有法律上的定义",为防止政治上的滥诉,"在具体追究个人刑事责任之前由联合国安理会首先判定是否存在侵略行为是必要的,也是《联合国宪章》第 39 条的规定。但《罗马规约》对此没有作出明确规定"。另外,中国代表团还认为,《罗马规约》中关于联合国安理会为维持国际和平与安全履行职能可以要求国际刑事法院中止运行并有 12 个月期限的规定,明显不利于安理会履行《联合国宪章》所赋予的职能。

第四,中国代表团对《罗马规约》所规定的关于检察官具有自行调查权持有"严重保留"态度。在中国代表团看来,《罗马规约》中关

① 另一种提法为:中国代表团认为,《罗马规约》中规定的管辖权,虽然还不是普遍管辖权,但是已将法院与犯罪之间的联系减少到了最低的限度。参见李世光、刘大群、凌岩主编:《国际刑事法院罗马规约评释》(上册),北京大学出版社 2006 年版,前言部分第 2 页。这种提法较为可靠,因为,在罗马会议上,德国提出的普遍管辖权方案未获得通过;从《罗马规约》的规定看,法院的管辖权不是普遍管辖权。

于检察官具有自行调查权的规定，"不仅赋予个人、非政府组织、各种机构指控国家公务员和军人的权力，同时也使检察官和法院因权力过大而可能成为干涉国家内政的工具"。此外，中国代表团还认为，"检察官的自行调查权不仅会使法院面临来自于个人或非政府组织过多的指控，无法使其集中人力或物力来对付国际上最严重的犯罪，同时也会使检察官面对大量指控而需不断作出是否调查与起诉的政治决策，不得不置身于政治的旋涡，从而根本无法做到真正的独立与公正"。

第五，中国代表团对《罗马规约》中"危害人类罪"的定义持"保留立场"。中国政府认为，根据习惯国际法，"危害人类罪""应发生在战时或与战时有关的非常时期"。因为，"从目前的成文法来看，纽伦堡宪章、前南国际法庭规约均明确规定，此罪适用于战时。但《罗马规约》在反人类罪定义中删去了战时这一重要标准"。中国政府还认为，《罗马规约》在"危害人类罪"具体犯罪行为的列举上，"远远超出了习惯法和现有的成文法。许多列举的行为实际上是人权法的内容"。然而，"国际社会要建立的不是人权法院，而是惩治国际上最严重犯罪的刑事法院，增加了人权的内容，背离了建立国际刑事法院的真正目的"。

从表面上看，中国和美国反对《罗马规约》的理由极为相似，因为都反对管辖权条款，这些条款相互交织，密不可分，反对其中任何一个条款，就无法接受其余条款，接受其中任何一个条款，就须接受其余条款。但是，在对外关系中，中国不称王、不称霸、不侵略、不扩张，一贯奉行和平共处的外交政策，和美国基于维护霸权地位反对《罗马规约》的动因截然不同。因此，中国即使近期不会接受《罗马规约》，但在将来时机成熟后，有可能接受，不会永远站在少数反对者之列。中国以往对待国际公约的态度和实践也能证明这一推断。

最为重要的是,中国政府对国际刑事法院是抱有希望的,虽然中国对《罗马规约》投了反对票,但中国政府在《罗马规约》生效、国际刑事法院成立后,仍然以观察员身份参加了《罗马规约》缔约国大会和《罗马规约》审查会议,这表明中国政府有继续完善《罗马规约》及相关文件的愿望,同时也进一步证明中国政府在时机成熟时有加入法院的可能性。中国政府在阐明中国关于联合国改革问题的立场时表示:"中国支持建立一个独立、公正、有效和具有普遍性的国际刑事法院,以惩治最严重的国际罪行。由于《罗马规约》尚存的一些不足可能影响法院公正、有效地行使职能,因此中国尚未参加,但仍希望法院能以其实际工作赢得非缔约国的信心,赢得国际社会普遍接受。"[①]中国在国际刑事法院预备委员会会议上,表现出了极大的灵活性和建设性,对在罗马会议上严重关切的危害人类罪部分罪行要件,接受了协商一致。[②]

近年来,随着对国际刑事法院运作状况的仔细观察和深入了解,中国不再强烈坚持过去的反对立场。例如,在《罗马规约》审查会议上对战争罪修正案将国际武装冲突中的三类罪行移入非国际武装冲突,并未表示反对;对侵略罪修正案只是简短地表明了态度:"中国代表团愿就刚刚通过的侵略罪修正案第15条之二和第15条之三发表如下意见:中国代表团认为,上述两个条款都没有体现出就侵略行为而言,需要首先由联合国安理会进行认定,然后再由国际刑事法院就侵略罪行使管辖的含义。而由安理会对侵略行为进行认定,恰恰是宪章的规定,也是罗马规约第5条第2款对制定侵略罪条款的要

---

① 外交部:《中国关于联合国改革问题的立场文件》,载高铭暄、赵秉志主编:《国际刑事法院:中国面临的抉择》,中国人民公安大学出版社 2005 年版,第 187 页。

② 参见《中国代表曲文胜在联大第六委员会关于"设立国际刑事法院"专题的发言》(2000 年 10 月 18 日),载中国国际法学会:《中国国际法年刊》(2000/2001),法律出版社 2005 年版,第 561 页。

求。中国代表团对这一结果表示关切并要求将我国代表团的上述发言记录在案。"①

中国作为最大的发展中国家,如果能加入法院,将会带动其他尚未加入法院的第三世界国家尤其是亚洲国家加入法院,无疑会大大拓展法院的普遍性;如果中国能加入法院,将会加强国际社会打击最严重犯罪的力度,从而为构建和谐的国际社会贡献一份力量;如果中国能加入法院,将有利于打击同样威胁中国安全的某些犯罪。

在目前,中国选择不加入《罗马规约》,是一种稳妥的方案。"冷静观察,站稳脚跟,沉着应付,韬光养晦,善于守拙,绝不当头。"既是中国人传统思维方式的体现,也是中国政府处理对外事务战略的浓缩。

二、保护中国利益的措施

(一)探究《罗马规约》对非缔约国的利弊以保护我国利益

认真研究《罗马规约》中对非缔约国有利和不利的条款,有利于保护中国的利益。

1.《罗马规约》中有利于非缔约国的规定

《罗马规约》中有利于非缔约国的规定主要包括:

(1)补充性原则。依此原则,国家有权对国际刑事法院管辖权内的犯罪行使优先管辖权。如果国家能够切实管辖这些犯罪,国际刑事法院则无权介入。即使国际刑事法院能够行使管辖权,有关的个人或国家可以以法定事由对案件的可受理性和法院的管辖权问题

---

① 1 RC/11-CHN,转引自宋健强:《侵略罪的定义与启动机制的司法终结及其蕴意——兼及战争罪国内化要素扩张》,http://www.criminallawbnu.cn/ciminal/Info/showpage. asp? pkID=32897(京师刑事法治网)(2012年9月20日访问)。

提出质疑,并且对法院就质疑作出的裁定可以提起上诉。因此,非缔约国利用补充性原则,可以达到中止、终结诉讼程序的效果,以维护自己的利益。

(2)安理会提交情势和推迟调查起诉的权力。《罗马规约》第13条第2款和第16条对作为非缔约国的安理会常任理事国是非常有利的。在安理会根据《罗马规约》第13条第2款的规定向检察官提交情势时,作为安理会成员国的非缔约国,尤其是作为常任理事国的非缔约国,可以利用安理会的表决制度,通过阻止安理会向法院提交情势的方式,规避法院对本国国民的管辖权。因为,根据安理会的表决制度,安理会常任理事国对非程序性事项享有否决权,任何一个常任理事国的反对票具有对抗所有其他安理会理事国的赞成票的效力。这样,任何一个常任理事国可以用一票否决的方式,阻止安理会向检察官提交于己不利的情势。《罗马规约》第16条也为作为安理会常任理事国的非缔约国拖延法院对本国国民行使管辖权提供了便利。迄今为止,只有美国利用第16条促使安理会通过了维护美国利益的第1422号和第1487号决议。虽然这两项决议的合法性遭到了普遍质疑,但无论如何,第16条的规定是有利于非缔约国的。

(3)维护国家安全利益的规定。《罗马规约》中维护国家安全利益的条款主要包括第54条第3款第6项、第57条第3款第3项、第72条、第73条、第93条第4款和第99条第5款。根据《罗马规约》第72条和第73条及其他相关条款的规定,如果一国认为向国际刑事法院披露该国的资料或文件将损害国家安全利益,该国可以拒绝披露。第73条赋予了非缔约国优于缔约国的拒绝披露的权力。

(4)第98条关于豁免权的规定。第98条对非缔约国有重要意义。根据该条第1款的规定,如果一缔约国执行法院的请求,将违背国际法确定的义务时,法院不得提出此项请求。例如,法院不得因非缔约国的外交官员实施了危害人类罪而提出逮捕和移交请求,除非一国放弃豁免权。第 98 条第 1 款和第 27 条是相互排斥的。第 98 条第 1 款可以否定第 27 条的效力,从而使国际刑事法院管辖权的行使成为不可能。第 98 条第 2 款允许缔约国为了履行国际协定规定的义务,不执行法院的移交请求。迄今为止,只有美国将第 98 条利用到了极致,其他任何国家从未动用过第 98 条。

2.《罗马规约》中不利于非缔约国的规定

《罗马规约》对非缔约国的不利规定主要包括:

(1)《罗马规约》第 12 条的规定。根据该条,国际刑事法院对有关非缔约国的案件有可能行使管辖权,对非缔约国会产生不利影响。

(2)《罗马规约》第 121 条的规定。根据第 121 条第 5 款的规定,《罗马规约》第 5—8 条的任何修正案,在接受该修正案的缔约国交存批准书或接受书 1 年后对其生效。对于未接受修正案的缔约国,法院对该缔约国国民实施的或在其境内实施的修正案所述犯罪,不得行使管辖权。该规定虽然为了使《罗马规约》尽可能获得最广泛的支持,充分照顾和尊重缔约国的主权,赋予不接受修正案的缔约国免予法院管辖的权利,但对依照第 12 条可能受到法院管辖的非缔约国国民是不利的。

(3)《罗马规约》第 124 条的规定。依照第 124 条"过渡条款"的规定,虽然根据《罗马规约》第 12 条的规定,一国在加入《罗马规约》时自动接受了法院对《罗马规约》所列四类罪行的管辖权,但一国成为《罗马规约》缔约国时可以声明,在《罗马规约》对该国生效后 7 年内,不接受法院对第 8 条所述一类犯罪的管辖权。然而,根据第 12 条,非缔约国国民却有可能受到战争罪的指控。该条和第 121 条的效果相同,也不利于非缔约国。

（二）认真研究《罗马规约》及相关文件和案例以完善我国刑法

首先，认真严谨地研究《罗马规约》及相关文件，准确理解其各项条款的含义和精神。《罗马规约》不但是刑法、刑事诉讼法、国际组织法、国际人权法等诸多法律的综合体，而且是不同国家之间、不同国家集团之间妥协意志的产物，反映了不同的法系、不同的法律制度以及不同的价值观念，因而几乎使《罗马规约》的每一个词语、每一个句子和每一个段落在理解上会不可避免地产生歧义。事实上，从国际国内专家学者关于《罗马规约》的研究成果看，对《罗马规约》条文的理解已经存在较大分歧。这种理解上的歧义必然对相关的国内立法及国际国内司法实践产生实质性影响。因此，对《罗马规约》的条文及其精神的细致分析至关重要。

其次，认真跟踪研究国际刑事法院审理案件的进展状况，以便掌握该法院如何理解法律、如何适用法律以及先例。自 2004 年以来，法院已经受理、审理了一些案件，并已对部分案件作出了判决，这为研究法院的案件、掌握法院如何运作提供了绝佳机会，不可忽视。

再次，在正确理解《罗马规约》和通盘掌握国际刑事法院已经进行的实际工作的前提下，认真对我国刑事法律和其他相关法律做研究清理工作，以便为将来加入国际刑事法院制定相适应的法律做准备。退一步讲，即使永远不加入国际刑事法院，也应当制定和《罗马规约》相协调的刑法条文。如果有了完善的法律，就可以利用补充性原则避开国际刑事法院对关涉中国的案件的管辖。

目前，我国相关领域的大部分人对《罗马规约》和国际刑事法院还处于认识和理解阶段，研究《罗马规约》及相关文件及国际刑事法院的案例，有相当的难度，需要理论界和司法实务界学有专长的人士齐心协力、共同努力。

本章结语

　　国际刑事司法机构的合作体制本身是脆弱的,这些机构没有执法力量,没有在国家采取刑事诉讼所必须采取的强制措施的权力,几乎在整个诉讼阶段,即从案件的调查、取证、查封和扣押、逮捕和拘留犯罪嫌疑人、传唤当事人、询问证人和被害人到执行刑罚,都完全依赖于国家的合作,如果国家不合作,法院的工作将陷于停顿。较之于战胜国设立的两大国际军事法庭与安理会设立的两大国际刑事法庭,国际刑事法院的司法合作体制更加脆弱,国际刑事法院不仅没有战胜国或安理会做后盾,而且也不具有优先管辖权,国际刑事法院的管辖权建立在补充性原则基础之上,国际刑事法院是"最后诉诸"的手段。为了体现补充性原则,《罗马规约》中几乎所有关于国际司法合作的条款只是一种劝诫,不具有强制性,甚至对不履行合作义务的缔约国,也没有强有力的制约机制,更有甚者,即使在安理会提交案件的情况下,对不愿意合作的国家也很难采取措施。在乌干达案件中,国际刑事法院向数名犯罪嫌疑人发出了逮捕令;在达尔富尔案件中,国际刑事法院也向数名犯罪嫌疑人发出了逮捕令,这些逮捕令基本无法得到执行,国际刑事法院只能等待有关国家的合作,除此之外,别无他法。再者,当今世界唯一的超级大国美国曾经对国际刑事法院采取的对抗与瓦解措施,严重阻却了国际刑事法院管辖权的行使与司法合作的进行。这一点在达尔富尔案件中体现得淋漓尽致。总之,从国际刑事法院司法合作的现状看,前景不容乐观。这种状况能否改善,完全取决于有关国家的政治意愿和制裁犯罪的能力。

结 束 语

从《罗马规约》的有关规定和国际刑事司法机构的实践看，一般情况下，国力强盛、法制健全的国家受到国际刑事法院牵连的可能性极小，中国在条件成熟时，即在国力更强大、法制更完善、对《罗马规约》和国际刑事法院的研究更深入更成熟、更能准确判断和把握其对国家利益的影响时，可以考虑加入国际刑事法院。

首先，国际刑事法院管辖权构建于补充性原则基础之上，体现了对国家主权的尊重。依据补充性原则，国家对国际刑事法院管辖权内的犯罪具有优先管辖权，同时应当承担追究这些国际犯罪的主要责任。只有在国家不愿意或不能够切实对有关犯罪行使管辖权时，为了防止那些实施了最严重犯罪的人逍遥法外，国际刑事法院才可以作为"最后诉诸"的手段，行使补充性管辖权，以发挥拾遗补缺的作用，而且这种补充性管辖权的行使还可以因为《罗马规约》第16条和第98条的适用而受阻。由此可见，补充性原则将国家主权放在了首位，是尊重国家主权的。并且，国际刑事法院的这种补充管辖权不属于普遍管辖权，从国际刑事法院行使管辖权的先决条件看，在国际刑事法院管辖权的三种启动方式中，除安理会向国际刑事法院提交情势外，缔约国提交情势或国际刑事法院检察官自行调查犯罪，都必须得到犯罪地国或被告人国籍国的同意，即犯罪地国或被告人国籍国必须是《罗马规约》缔约国或声明接受国际刑事法院管辖权的国家。因此,国际刑事法院的管辖权不是普遍管辖权,这从另一方面体现了《罗马规约》对国家主权的尊重。在《罗马规约》中,最能体现国家主权者,当属国际司法合作体制。为了尊重国家主权,《罗马规约》规定国家合作义务的条款大多只是一种劝诫,并且对于不合作的国家缺乏任何强有力的制约机制。在这种体制下,只要有关国家不愿意向国际刑事法院提供司法协助,国际刑事法院的工作将陷入瘫痪。补充性原则和国际司法合作体制体现国家主权的一面既适用于缔约国,也适用于非缔约国,并且适用于国际刑事法院管辖权内的所有犯罪。因此,如果有关国家有能力并且愿意切实追究犯罪人的刑事责任,那么,不论是缔约国国民还是非缔约国国民,就不可能受到国际刑事法院的审判。

其次,从20世纪90年代以来各种国际刑事审判机构的受案状况看,所涉国家除了前南斯拉夫、柬埔寨、东帝汶、印度尼西亚等国外,其他国家都是非洲国家,即卢旺达、塞拉利昂、利比里亚、乌干达、民主刚果共和国、中非共和国、苏丹、科特迪瓦、阿拉伯利比亚民众国、肯尼亚等,而且国际刑事法院正在观察的其他情势也发生在其他一些非洲国家。这些非洲国家具有大致相同的特点:国内种族或部族关系曾经遭受过前殖民者的影响;如今部族林立、派系纷争不断;民主法制极不健全,纲纪无常;军阀执政、政府无力;自然条件恶劣,国家极端贫穷落后,民不聊生;大国在这些国家没有多少利益,对冲突和人道危机疏于关注。这些现象都是国内大规模暴行发生或持续的原因。在暴行发生后,国家往往不愿意或不能够追究罪犯的刑事责任。在此种情形下,依靠国际法庭审判罪犯,在情理之中。另外,从国际刑事法院收到的上千份指控犯罪的来文看,无论是大国还是小国,也无论是缔约国还是非缔约国,都被卷入其中。但是,国际刑事法院经过认真分析和过滤,慎重地驳回了绝大多数指控。从目前正在处理的案件看,除了安理会提交的达尔富尔案件和阿拉伯利比亚民众国的局势问题外,其余都是几个非洲国家主动提交的有关各自国内武装冲突的案件。从国际刑事法院的实践看,迄今为止,国际刑事法院未侵犯任何一个国家的主权。总之,从国际刑事审判机构的实践可以得知,不论是缔约国还是非缔约国,只要是民主法制健全、政府管理能力强、国内秩序良好的国家,一般都不会发生国际刑事法院管辖权内的犯罪,即使发生了,都有能力处理犯罪案件。因此,在一般情况下,国家受到国际刑事法院牵连的可能性极小。

作为当今世界一超独霸的美国,以"为美国国民争取豁免权"为由,极力对抗国际刑事法院的行径,并不能证明国际刑事法院会审判其一兵一卒,其行动背后有更深层次的原因。美国为了维持霸权地位,在其利益受到影响时,屡屡以"维护人权"或"人道干涉"为名,使用武力解决国际冲突或差异,以构建有利于美国的国际秩序。在诉诸武力时,如果实施了违反国际法的犯罪行为,美国往往不认为这是犯罪,不会在国内起诉和审判犯罪人。这样,就不符合《罗马规约》规定的补充性原则的要求。于是,国际刑事法院就有可能成为美国对外使用武力的障碍。因此,美国疯狂地对抗国际刑事法院,只是为使用武力推行外交政策扫清道路而已。值得关注的是,随着美国政府权力的更迭及其他因素的影响,美国对国际刑事法院的态度趋于缓和。

中国受到国际刑事法院牵连的风险也不大。一方面,中国一贯推行和平共处的外交政策,不侵略、不扩张,从不对外违法使用武力;另一方面,中国是一个民主法制健全、尊重人权、秩序良好的国家,发生《罗马规约》规定的高门槛的严重犯罪的可能性不大。即使国家为了维护国家统一和领土完整,或者维持或恢复国内法律和秩序,不得不使用武力时,也有合法依据。因为,除国际法的其他规定和《罗马规约》的补充性原则以及各种保障条款外,《罗马规约》第 8 条第 3 款规定:"第 2 款第 3 项和第 5 项的任何规定,均不影响一国政府以一切合法手段维持或恢复国内法律和秩序,或保卫国家统一和领土完整的责任。"《罗马规约》第 8 条第 2 款第 3 项和第 5 项是关于非国际性武装冲突中的战争罪的规定。据以上规定,为了维护国家统一和领土完整、维持或恢复国内法律和秩序,合法使用武力,不会构成战争罪。综上所述,中国无论是非缔约国还是缔约国,利益不会受到太大影响。在这种情况下,中国作为一个正在复兴的大国,应做好加入国际刑事法院的准备,以便更好地为惩罚和预防最严重的国际犯罪,从而构建和谐的国际社会发挥大国作用。当然,在一切有关问题圆满解决以前,采取谨慎务实的态度,选择暂时不加入国际刑事法院是明智之举。

参考文献

一、著作类及译著类

1.梅汝璈:《远东国际军事法庭》,法律出版社 2005 年版。

2.王秀梅:《国际刑事法院研究》,中国人民大学出版社 2002 年版。

3.林欣、李琼英:《国际刑法新论》,中国人民公安大学出版社 2005 年版。

4.赵秉志:《比较刑法暨国际刑法专论》,法律出版社 2004 年版。

5.凌岩:《跨世纪的海牙审判——记联合国前南斯拉夫国际法庭》,法律出版社 2002 年版。

6.马呈元:《国际犯罪与责任》,中国政法大学出版社 2001 年版。

7.高燕平:《国际刑事法院》,世界知识出版社 1999 年版。

8.梁西:《国际组织法》(总论),武汉大学出版社 2002 年版。

9.李浩培:《条约法概论》,法律出版社 1987 年版。

10.余先予、何勤华、蔡东丽:《东京审判》,中国方正出版社 2005 年版。

11.陈体强:《国际法论文集》,法律出版社 1985 年版。

12.邵沙平:《国际刑法学——经济全球化与国际犯罪的法律控制》,武汉大学出版社 2005 年版。

13.赵永琛:《国际刑法与司法协助》,法律出版社 1994 年版。

14.刘超等:《国际法专论》,知识产权出版社 2004 年版。

15.贾宇:《国际刑法学》,中国政法大学出版社 2004 年版。

16.邵沙平:《现代国际刑法教程》,武汉大学出版社 1993 年版。

17.王作堂:《国际法学》,中国法制出版社 2002 年版。

18.黄肇炯:《国际刑法概论》,四川大学出版社 1992 年版。

19.李广辉、李红等:《当代国际法热点问题研究》,中国法制出版社 2005 年版。

20.马进保:《国际犯罪与国际刑事司法协助》,法律出版社 1999 年版。

21.[美]M.谢里夫·巴西奥尼:《国际刑法的渊源与内涵——理论体系》,王秀梅译,法律出版社 2003 年版。

22.［英］詹宁斯、瓦茨:《奥本海国际法》(第一卷第一分册),王铁崖等译,中国大百科全书出版社 1995 年版。

23.［英］詹宁斯、瓦茨:《奥本海国际法》(第一卷第二分册),王铁崖等译,中国大百科全书出版社 1998 年版。

24.［美］M.谢里夫·巴西奥尼:《国际刑法导论》,赵秉志、王文华等译,法律出版社 2006 年版。

二、编著类

1.邵沙平、余敏友主编:《国际法问题专论》,武汉大学出版社 2002 年版。

2.余民才主编:《国际法专论》,中信出版社 2003 年版。

3.曹建明、周洪钧、王虎华主编:《国际公法学》,法律出版社 1998 年版。

4.高铭暄、马克昌主编:《刑法学》,北京大学出版社 2000 年版。

5.丁伟、朱榄叶主编:《当代国际法学理论与实践研究文集——国际公法卷》,中国法制出版社 2002 年版。

6.王虎华主编:《国际公法学》,北京大学出版社 2005 年版。

7.赵秉志、卢建平主编:《国际刑法评论》(第 1 卷),中国人民公安大学出版社 2006 年版。

8.日本国际法学会编:《国际法辞典》,世界知识出版社 1985 年版。

9.赵永琛编:《国际刑法约章选编》,中国人民公安大学出版社 1999 年版。

10.李世光、刘大群、凌岩主编:《国际刑事法院罗马规约评释》(上、下册),北京大学出版社 2006 年版。

11.赵秉志主编:《国际刑事法院专论》,法律出版社 2003 年版。

12.王铁崖主编:《国际法》,法律出版社 1995 年版。

13.赵秉志主编:《国际区际刑法问题探索》,法律出版社 2003 年版。

14.张旭主编:《国际刑法——现状与展望》,清华大学出版社 2005 年版。

15.黄进主编:《武大国际法评论》(第三卷),武汉大学出版社 2005 年版。

16.黄进主编:《武大国际法评论》(第四卷),武汉大学出版社 2006 年版。

17.高铭暄、赵秉志主编:《国际刑事法院:中国面临的抉择》,中国人民公安大学出版社 2005 年版。

18.王铁崖、田如萱:《国际法资料选编》,法律出版社 1986 年版。

19.赵秉志、陈弘毅主编:《国际刑法与国际犯罪专题探索》,中国人民公安大学出版社 2003 年版。

20.王虎华、丁成耀主编:《当代国际法论丛》(第 5 卷),北京大学出版社 2005 年版。

21.中国人民大学刑事法律科学研究中心编:《现代刑事法治问题探索》(第三卷),法律出版社 2004 年版。

22.梁西主编:《国际法》,武汉大学出版社 1993 年版。

23.王铁崖主编:《国际法》,法律出版社 1981 年版。

24.朱利江主编:《北大国际法与比较法评论》(第 4 卷第 2 辑),北京大学出版社 2006 年版。

25.高铭暄、赵秉志主编:《当代国际刑法的理论与实践》,吉林人民出版社 2001 年版。

26.周忠海主编:《国际法》,中国政法大学出版社 2004 年版。

27.北京大学法学院编:《北大国际法与比较法评论》(第 3 卷第 1 辑),北京大学出版社 2004 年版。

28.朱晓青主编:《国际法》,社会科学文献出版社 2005 年版。

29.赵秉志主编:《新编国际刑法学》,中国人民大学出版社 2004 年版。

30.周忠海主编:《皮诺切特案析》,中国政法大学出版社 1999 年版。

31.王绳祖主编:《国际关系史资料选编》(上册第二分册),武汉大学出版社 1983 年版。

32.程味秋、[加]杨诚、杨宇冠主编:《公民权利和政治权利国际公约培训手册——公正审判的国际标准和中国规则》,中国政法大学出版社 2002 年版。

33.林欣主编:《国际刑法问题研究》,中国人民大学出版社 2000 年版。

34.中国国际法学会:《中国国际法年刊》(2000/2001),法律出版社 2005 年版。

三、杂志类

1.卢有学:《塞拉利昂特别法庭及其对泰勒的审判》,《山东警察学院学报》2007 年第 3 期。

2.刘大群:《"一罪不二审"原则及其在国际刑法中的适用》,《法律适用》2004 年第 10 期。

3.梁西:《国际困境:联合国安理会的改革问题——从日、德、印、巴争当常任理事国说起》,《法学评论》2005 年第 1 期。

4.杨力军:《安理会向国际刑事法院移交达尔富尔情势的法律问题》,《环球法学评论》2006 年第 4 期。

5.朱文奇:《国际刑事法院启动机制及美国的应策》,《河南社会科学》2003 年第 5 期。

6.喻贵英:《析美国反对常设国际刑事法院的理由和举措》,《法律科学》2006 年第 4 期。

7.卢有学:《美国对国际刑事法院的政策转变》,《山东公安专科学校学报》2004年第4期。

8.刘健:《论国际刑事法院管辖权与国家主权》,《法律科学》2004年第5期。

9.王秀梅:《前南国际刑事法庭的创立及原则》,《现代法学》2002年第3期。

10.杨力军:《评国际刑事法院的管辖权》,《法学评论》2001年第4期。

11.关晶:《试析国际刑事法院管辖权与第三国的关系》,《中国刑事法杂志》2004年第5期。

12.王怡:《论国际刑事法院与联合国安理会的关系》,《海南大学学报》(人文社会科学版)2005年第2期。

13.朱文奇:《国际法追究个人刑事责任与管辖豁免问题》,《法学》2006年第4期。

14.黄涧秋:《论国际刑事法院管辖权与国家主权的关系》,《现代国际关系》2004年第7期。

15.贾海龙、贾海涛:《初探塞拉利昂特别法庭》,《河北法学》2004年第12期。

16.马呈元:《非缔约国对国际刑事法院对本国国民管辖权的规避》,《人民检察》2005年第9期(上)。

17.孙应征、赵慧:《论国际刑事法院检察官的自行调查权》,《中国检察官》2006年第5期。

18.许楚敬:《论国际刑事法院管辖权与联合国安理会职权的关系》,《华南师范大学学报》(社会科学版)2004年第2期。

19.周振杰、屈学武:《"美国98条协定"的国际法效力评析——基于〈罗马规约〉和〈条约法〉的精神与要义分析》,《中国刑事法杂志》2003年第6期。

20.宋志勇:《论东京审判的几个问题》,《中共党史研究》2005年第5期。

21.李艳军:《前南斯拉夫国际刑事法庭的几个法律问题的探讨》,《三峡大学学报》(人文社会科学版)2004年第4期。

22.许楚敬:《关于国际刑事法院管辖权的几个具体问题——兼评中国政府的立场》,《比较法研究》2004年第6期。

23.高铭暄、王秀梅:《论建立国际刑事法院的法律意义》,《吉林大学社会科学学报》2004年第3期。

24.郑维维、何艳:《普遍管辖原则与国家主权》,《安徽警官职业学院学报》2003年第5A期。

25.许楚敬:《设立前南斯拉夫问题国际法庭的法理依据》,《政法论丛》2002年第4期。

26.彭锡华、王孔祥:《论国际刑事法院的管辖权》,《武汉大学学报》(哲学社会科学版)2006年第4期。

27.廖敏文:《国家与国际刑事法院的国际合作与司法协助义务述评》,《现代法学》2003 年第 6 期。

28.卢有学、李新安:《论国际刑事法院与其他国际机构的关系》,《山东警察学院学报》2005 年第 5 期。

29.李雪平:《〈罗马规约〉与国际刑事法院面临的法律问题》,《法学评论》2002 年第 6 期。

30.高铭暄、王秀梅:《当代国际刑法的发展与基本原则》,《人民检察》2005 年第 10 期(上)。

31.赵秉志、王秀梅:《论战争罪之内涵及其刑事责任主体》,《河北法学》2001 年第 2 期。

32.张旭:《国际犯罪刑事责任再探》,《吉林大学社会科学学报》2001 年第 2 期。

33.张晓芝:《试论战争犯罪及其法律责任》,《西北大学学报》(哲学社会科学版)2005 年第 5 期。

34.陈丹英:《国际刑事法院的管辖权》,《榆林学院学报》2005 年第 1 期。

35.高铭暄、王俊平:《中国关注的国际刑事法院问题》,《人民检察》2007 年第 7 期。

36.赵秉志、赵晨光:《略论国际刑事法院的量刑制度》,《河北法学》2007 年第 5 期。

37.马军卫、董蕾红:《国际刑事法院对我国的法律影响以及我国的应有立场》,《中共济南市委党校学报》2005 年第 3 期。

38.高铭暄、王秀梅:《国际刑法的历史发展与基本问题研究》,《中国刑事法杂志》2001 年第 1 期。

39.高铭暄、王秀梅:《国际刑法渊源合法性论要》,《吉林大学社会科学学报》2002 年第 5 期。

40.刘健:《论国际刑事法院管辖权范围的有限性与扩张性》,《湘潭大学学报》(哲学社会科学版)2008 年第 6 期。

41.姚财福:《国际法上侵略罪定义的发展》,《国际关系学院学报》2011 年第 4 期。

四、文集类

1.刘大群:《论危害人类罪》,载黄进主编:《武大国际法评论》(第四卷),武汉大学出版社 2006 年版。

2.刘大群:《论侵略罪》,载黄进主编:《武大国际法评论》(第三卷),武汉大学出版社 2005 年版。

3.武玉挺:《"刚果诉比利时案"及普遍管辖权初论——国际法院判决与比利时国内实践分析》,载北京大学法学院编:《北大国际法与比较法评论》(第3卷第1辑),北京大学出版社2004年版。

4.刘大群:《论国际刑法中的普遍管辖权》,载北京大学法学院编:《北大国际法与比较法评论》(第4卷第2辑),北京大学出版社2006年版。

5.高健军:《对国际罪行的普遍管辖与豁免——2002年国际法院"逮捕令"案述评》,载北京大学法学院编:《北大国际法与比较法评论》(第3卷第2辑),北京大学出版社2005年版。

6.赵永琛:《从〈国际刑事法院规约〉看国际刑法的新发展》,载高铭暄、赵秉志主编:《当代国际刑法的理论与实践》,吉林人民出版社2001年版。

五、学位论文类
黄建中:《国际法庭管辖权研究》,中国政法大学2005年博士论文。

六、中文网站类
1.《塞拉利昂特别法庭要求在荷兰审判泰勒》(2006年3月30日),http://www.chinadaily.com.cn/hqkx/2006-03/30/content-556664.htm(2007年9月30日访问)。

2.《利比里亚前总统泰勒在联合国特别法庭受审》(2007年6月4日),http://world.People.com.cn/GB/10129/5820359.html(2007年9月30日访问)。

3.《国际刑事法院逮捕了第一名嫌疑犯》(2006年3月17日),http://www.un.org/radio/ch/story.asp? NewsID=806(2007年10月31日访问)。

4.《"血雨腥风"笼罩乌干达》(2003年6月27日),http://www.huaxia.com/200373/00035853,htm(2007年10月31日访问)。

5.《乌"圣灵抵抗军"要求国际刑事法庭撤销对其首领指控》(2007年9月9日),http://www.yndaily.com/htm/20070909/news_95_123487.html(2007年10月31日访问)。

6.《国际刑警组织发出首批红色通缉令》(2006年6月1日),http://www.un.org/radio/ch/print_all.asp? NewDate=6/1/2006(2007年11月1日访问)。

7.《乌干达"非洲屠夫"将被特赦》(2006年7月6日),http://www.china.com.cn/chinese/junshi/1267289.htm(2007年10月31日访问)。

8.《绑架数万儿童自称能通灵 非洲屠夫拒绝政府特赦》,http://ent.zjol.com.cn/05/world/system/2006/07/12/007735110.stml(2007年10月31日访问)。

9.《国际刑事法院就圣灵抵抗军一被告之死发表声明》(2006年8月14日),http://www.un.org/chinese/News/fullstorynews.asp? newsID=1(2007年10月31日访

问)。

10.《达尔富尔问题国际调查委员会给秘书长的报告》,S/2005/60,http://daccess-ods.un.org/TMP/9463078.html(2007 年 10 月 25 日访问)。

11.周振杰、刘仁文:《论国际刑事法院的管辖权》,http://www.iccchina.org/infoview/Artical_113.html(2007 年 11 月 1 日访问)。

12.屈学武、周振杰:《〈罗马规约〉在亚洲的批准与实施探究》,http://www.iolaw.org.cn/showartical.asp? id=2107(2007 年 9 月 28 日访问)。

13.黄芳:《评中国对〈国际刑事法院规约〉投反对票的五点理由》,http://www.iolaw.org.cn/showartical.asp? id=1694(2007 年 10 月 24 日访问)。

14.朱文奇:《国际刑事法庭与国际法在法庭中的具体运用》,http://www.iccchina.org/infoview/Artical_115.html(2007 年 11 月 1 日访问)。

15.《2005 年国际刑事法院状况》(2006 年 2 月 27 日),http://www.fmprc.gov.cn/ce/cebe/chn/dtxw/t237166.htm(2007 年 9 月 28 日访问)。

16.《国际刑事法院首次开庭审理》(2006 年 3 月 21 日),http://gb.cri.cn/1321/2006/03/21/542@956362_1.htm(2007 年 11 月 1 日访问)。

17.《乌干达叛军袭击难民营》,http://www.xawb.com/gb/wbpaper/2004-02/24/content_144124.htm(2007 年 10 月 31 日访问)。

18.《国际刑事法庭发言人称对科尼等人逮捕令仍有效》(2006 年 7 月 6 日),http://news.sohu.com/20060706/n244117303.shtml(2007 年 10 月 31 日访问)。

19.《苏丹政府正式宣布拒绝安理会第 1593 号决议》(2005 年 5 月 4 日),http://www.chinacourt.org/html/artical/200504/04/156838.shtml(2007 年 10 月 25 日访问)。

20.《国际刑事法院检察官启动对达尔富尔地区的调查》(2005 年 6 月 6 日),http://www.iccchina.org/infoview/Artical_248.html(2007 年 11 月 1 日访问)。

21.《国际刑事法院向两名达尔富尔杀戮平民肇事者发出逮捕令》(2007 年 5 月 2 日),http://www.un.org/radio/ch/story.asp? NewsID=3517(2007 年 10 月 25 日访问)。

22.《苏丹拒绝国际刑事法院逮捕令》,http://news.xinhuanet.com/world/2007/05/03/content-6054649.htm(2007 年 9 月 30 日访问)。

23.《国际刑事法院呼吁苏丹立即逮捕被诉达尔富尔肇事者》(2007 年 6 月 7 日),http://www.un.org/radio/ch/print_all.asp? NewsDate=6/7/2007(2007 年 10 月 25 日访问)。

24.《书记官处确认科特迪瓦已接受国际刑事法院管辖》,http://www.iccchina.org/cn/infoview/Artical_214.html(2007 年 11 月 1 日访问)。

25.联合国安理会第 1422(2002)号决议,S/RES/1422(2002),http://www.un.

org/chinese/aboutun/prinorgs/sc/sres/02/s1422.htm（2007 年 10 月 25 日访问）。

26.联合国安理会第 1487（2003）号决议，S/RES/1487（2003），http://www.un. org/chinese/aboutun/prinorgs/sc/sres/03/s1487.htm（2007 年 10 月 25 日访问）。

27.联合国安理会第 1497（2003）号决议，S/RES/1497（2003），http://www.un. org/chinese/aboutun/prinorgs/sc/sres/03/s1497.htm（2007 年 10 月 24 日访问）。

28.联合国安理会第 1593（2005）号决议，S/RES/1593（2005），http://www.un. org/chinese/aboutun/prinorgs/sc/sres/05/s1593.htm（2007 年 10 月 24 日访问）。

29.《国际刑事法院特权和豁免协定》，http://baike.baidu.com/view/642859.htm （2007 年 9 月 29 日访问）。

30.宋健强:《侵略罪定义与启动机制的司法终结及其蕴意——兼论战争罪国内化要素扩张》，http://www.criminallawbnu.cn/criminal/Info/showpage.asp? pkID = 32897（京师刑事法治网）（2012 年 9 月 28 日访问）。

31.杨宇寇:《国际刑事法院管辖权探究——以利比亚情势为视角》，http://www. criminallawbnu.cn/criminal/Info/showpage.asp? pkID=32897（京师刑事法治网）（2012 年 9 月 28 日访问）。

32.张磊:《论〈罗马规约〉修正案中侵略罪的定义——兼论对我国的启示》，http://www.criminallawbnu.cn/criminal/Info/showpage.asp? pkID=32897（京师刑事法治网）（2012 年 9 月 28 日访问）。

33.杜启新:《侵略及侵略罪含义的历史演变》，http://www.criminallawbnu.cn/criminal/Info/showpage.asp? pkID=32897（京师刑事法治网）（2012 年 9 月 28 日访问）。

七、外文论著类

1.David Chuter, *War Crimes: Confronting Atrocity in the Modern World*, Boulder/London: Lynne Rienner Publishers, Inc., 2003.

2.Ilias Bantekas and Susan Nash, *International Criminal Law*, London: Cavendish Publishing Limited, 2003.

3. Yves Beigbeder, *International Justice against Immunity: Progress and New Challenge*, Boston/Leiden: Martinus Nijhoff Publishers, 2005.

4.Jackson Nyamuya Maogoto, *State Sovereignty and International Criminal Law: Versailles to Rome*, New York: Transnational Publishers, Inc., 2003.

5.William A.Schabas, *An Introduction to the International Criminal Court*, Cambridge: Cambridge University Press, 2001.

6.Yitiha Simbeye, *Immunity and International Criminal Law*, Aldershot/Burlington:

Ashgate Publishing Company, 2004.

7. Kriangsak Kittichaisaree, *International Criminal Law*, Oxford: Oxford University Press, 2001.

8. Robert Cryer, *Prosecuting International Crimes: Selectivity and the International Criminal Law Regime*, Cambridge: Cambridge University Press, 2005.

9. Bruce Broomhall, *International Justice and the International Criminal Court: Between Sovereignty and the Rule of Law*, Oxford: Oxford University Press, 2003.

10. Mark W. Janis and John E. Noyes, *Cases and Commentary on International Law*, St. Paul, Minn.: West Publishing Co., 1997.

11. Karine Lescure andFlorence Trintignac, *International Justice for Former Yugoslavia: The Working of the International Criminal Tribunal of The Hague*, The Hague/London/Boston: Kluwer Law International, 1996.

12. Sienho Yee, *Towards International Law of Co-progressiveness*, Leiden/Boston: Martinus Nijhoff Publishers, 2004.

13. Claire de Than and Edwin Shorts, *International Criminal Law and Human Rights*, London: Sweet & Maxwell Limited, 2003.

八、外文编著类

1. Philippe Sands (ed.), *From Nuremberg to The Hague: The Future of International Criminal Justice*, Cambridge: Cambridge University Press, 2003.

2. Ramesh Thakur and Peter Malcontent (ed.), *From Sovereign Immunity to International Accountability: The Search for Justice in a World of States*, Tokyo/ New York/Paris: United Nations University Press, 2004.

3. Roy S. Lee (ed.), *The International Criminal Court: The Making of Rome Statute-Issues, Negotiations, Results*, the Hague/London/Boston: Kluwer Law International, 1999.

4. Olympia Bekou and Robert Cryer (ed.), *The International Criminal Court*, Aldershot/Burlington: Ashgate/Dartmouth Publishing Company, 2004.

5. Nikos Passas (ed.), *International Crimes*, Aldershot/Burlington: Ashgate/Dartmouth Publishing Company, 2003.

6. Sarah B. Sewall and Carl Kaysen (ed.), *The United States and the International Criminal Court*, New York/Oxford: Rowman & Littlefield Publishers, Inc., 2000.

九、外文论文类

1. CheryK. Moralez, "Establishing an International Criminal Court: Will It Work?" *De-*

Paul International Law Journal, Vol.4, 2000.

2.Kofi Annan, "Opening Remarks: Advocating for an International Criminal Court", *Fordham International Law Journal*, Vol.21, 1997.

3.Mathew D.Peter, "Note: The Proposed International Criminal Court: A Commentary on the Legal and Political Debates Regarding Jurisdiction That Threaten The Establishment of an Effective Court", *Syracuse Journal of International Law and Commerce*, Vol.24, 1997.

4.Laurence Juma, "The Human Rights Approach to Peace in Sierra Leone: The Analysis of the Peace Process and Human Rights Enforcement in a Civil Situation", *Denver Journal of International Law and Policy*, Vol.30, 2002.

5.Philippe Kirsch, Q.C., "Valerie Oosterveld, Section-1: McGill Law Journal Alumni Lecture Series/ Conferences Des Anciens De La Revue De Droit De McGill: Negotiating an Institution for the Twenty-First Century: Multilateral Diplomacy and the International Criminal Court", *McGill Law Journal*, Vol.46, 2001.

6.Mohamed M.El Zeidy, "The Principle of Complementarity: A New Machinery to Implement International Criminal Law", *Michigan Journal of International Law*, Vol.23, 2002.

7. Linda Jane Springrose, "Aggression as a Core Crime in the Rome Statute Establishing an International Criminal Court", *Saint Louis-Warsaw Transatlantic Law Journal*, 1999.

8.Peggy E.Rancilio, "Note: From Nuremberg to Rome: Establishing an International Criminal Court and the Need for U. S. Participation", *University of Detroit Mercy Law Review*, Vol.78, 2001.

9. Daniel A.Blumenthal, "Recent Development: The Politics of Justice: Why Israel Signed the International Criminal Court Statute and What the Signature Means", *the Georgia Journal of International and Comparative Law*, Vol.30, 2002.

10.Allison Marston Danner, "Enhancing the Legitimacy and Accountability of Prosecutorial Discretion at the International Criminal Court", *American Journal of International Law*, Vol.97, 2003.

11.Michael D.Mysak, "Judging the Giant: An Examination of American Opposition to theRome Statute of the International Criminal Court", *Saskatchewan Law Review*, Vol. 63, 2000.

12.Johan D.van der Vyver, "International Human Rights: American Exceptionalism: Human Rights, International Criminal Justice, and National Self-Righteousness", *Emory Law Journal*, Vol.50, 2001.

13.Diane F.Orentlicher, "Unilateral Multilateralism: United States Policy toward the International Criminal Court", *Cornell International Law Journal*, Vol.36, 2004.

14. Roseann M. Latore, "Note: Escape out the Back Door or Charge in the Front Door: U.S. Reactions to the International Criminal Court", *Boston College International and Comparative Law Review*, Vol.25, 2002.

15. Robert T. Alter, "International Law: A Bittersweet Year for Supporters and Critics of the International Criminal Court", *The International Lawyer*, Vol.37, 2003.

16. Alisha D. Telci, "The International Criminal Court: Is the United States Overlooking an Easier Way to Hold Saddam Hussein and Osama Bin Laden Accountable for Their Actions?" *New England Law Review*, Vol.38, 2004.

17. Kerstin Pastujova, "Note & Comment: Was the United States Justified in Renewing Resolution 1487 in Light of the Abu Ghraib Prisoner Abuse Scandal?" *ILSA Journal of International & Comparative Law*, Vol.11, 2004.

18. Lieutenant Colonel Michael A. Newton, "Comparative Complementarity: Domestic Jurisdiction Consistent with the Rome Statute of the International Criminal Court", *Military Law Review*, Vol.167, 2001.

19. Dr. Goran Sluiter, "The Surrender of War Criminals to the International Criminal Court", *Loyola of Los Angeles International &Comparative Law Review*, Vol.25, 2003.

20. Ademola Abass, "The Competence of the Security Council to Terminate the Jurisdiction of the International Criminal Court", *Texas International Law Journal*, Vol.40, 2005.

21. John Seguin, "Denouncing the International Criminal Court: An Examination of U.S. Objections to the Rome Statute", *Boston University International Law Journal*, Vol.18, 2000.

22. Todd M. Sailer, "Notes & Comments: The International Criminal Court: An Argument to Extend Its Jurisdiction to Terrorism and a Dismissal of U.S. Objections", *Temple International and Comparative Law Journal*, Vol.13, 1999.

23. Grant M. Dawson, "Defining Substantive Crimes within the Subject Matter Jurisdiction of the International Criminal Court: What Is the Crime of Aggression?" *New York Law Journal of International & Comparative Law*, Vol.19, 2000.

24. Theodor Meron, "Defining Aggression for the International Criminal Court", *Suffolk Transnational Law Review*, Vol.25, 2001.

25. Young Sok Kim, "The Cooperation of a State to Establish an Effective Permanent International Criminal Court", *Detroit College of Law Journal of International Law and Practice*, Vol.6, 1997.

26. Mark A. Summers, "A Fresh Look at the Jurisdictional Provisions of the Statute of the International Criminal Court: The Case for Scrapping the Treaty", *Wisconsin International Law Journal*, Vol.20, 2001.

27.Payam, Akhavan, "Developments at the International Criminal Court: the Lord's Resistance Army Case: Uganda's Submission of the First State Referral to the International Criminal Court", *American Journal of International Law*, Vol.99, 2005.

28. Patricia A. Mckeon, "Note: An International Criminal Court: Balancing the Principle of Sovereignty against the Demands for International Justice", *St. John's Journal of Legal Commentary*, Vol.12, 1997.

29.Jerry Fowler, "Not Fade Away: The International Criminal Court and the State of Sovereignty", *San Diego International Law Journal*, Vol.2, 2001.

30.Hans-Peter Kaul, "Developments at the International Criminal Court: Construction Site for More Justice: the International Criminal Court after Two Years", *American Journal of International Law*, Vol.99, 2005.

31. Tonya J. Boller, "The International Criminal Court: Better than Nuremberg?" *Indiana International & Comparative Law Review*, Vol.14, 2003.

32.Theodor Meron, "Editorial Comment: War Crimes Law Comes of Age", *American Journal of International Law*, Vol.92, 1998.

33.David Stoelting, "Status Report on the International Criminal Court", *Hofstra Law & Policy Symposium*, Vol.3, 1999.

34.Paul D.Marquardt, "Law Without Borders: The Constitutionality of an International Criminal Court", *Columbia Journal of Transnational Law*, Vol.33, 1995.

35. Hans Corell, "Nuremberg and the Development of an International Criminal Court", *Military Law Review*, Vol.149, 1995.

36.Mahnoush H. Arsanjani, "Developments in International Criminal Law: the Rome Statute of the International Criminal Court", *American Journal of International Law*, Vol. 93, 1999.

37.M.Cherif Bassiouni, "Establishing an International Criminal Court: Historical Survey", *Military Law Review*, Vol.149, 1995.

38.Matthew A.Barrett, "Note: Ratify or Reject: Examining the United States' Opposition to the International Criminal Court", *The Georgia Journal of International and Comparative Law*, Vol.28, 1999.

39.Sandra L.Jamison, "Leonard v.B.Sutton Award Paper: A Permanent International Criminal Court: A Proposal that Overcomes Past Objections", *Denver Journal of International Law and Policy*, Vol.23, 1995.

40.David J.Schaffer, "Developments in International Criminal Law: The United States and the International Criminal Court", *American Journal of International Law*, Vol. 93, 1999.

41. Kenneth S. Gallant, "Jurisdiction to Adjudicate and Jurisdiction to Prescribe in International Criminal Courts", *Villanova Law Review*, Vol.48, 2003.

42. Anna N. Astvatsaturova and Tracy M. Proietti and George S. Yacoubian, Jr., "The Case for Prosecuting Iraqi Nationals in the International Criminal Court", *International Legal Theory*, Vol.10, 2004.

43. Christopher Keith Hall, "Current Development: The First Two Sessions of the UN Preparatory Committee on the Establishment of an International Criminal Court", *American Journal of International Law*, Vol.91, 1997.

44. Dapo Akande, "International Law Immunities and the International Criminal Court", *American Journal of International Law*, Vol.98, 2004.

45. Thoedor Meron, "Editorial Comment: Judicial Independence and Impartiality in International Criminal Tribunals", *American Journal of International Law*, Vol.99, 2005.

46. Anne K. Heindel, "International Human Rights & U.S. Foreign Policy: The Counterproductive Bush Administration Policy toward the International Criminal Court", *Seattle Journal for Social Justice*, Vol.2, 2004.

47. Sheryl Grant, "Note: The International Criminal Court: The Nations of the World Must Not Give in to All of the United States Demands if the Court Is to Be Strong, Independent, International Organ", *Suffolk Transnational Law Review*, Vol.25, 1999.

48. Leila Sadat Wexler, "The Proposed Permanent International Criminal Court: An Appraisal", *Cornell International Law Journal*, Vol.29, 1996.

49. Jacob Katz Cogan, "International Criminal Courts and Fair Trials: Difficulties and Prospects", *The Yale Journal of International Law*, Vol.27, 2002.

50. Leila Nadya Sadat, "Summer in Rome, Spring in The Hague, Winter in Washington? U. S. Policy towards the International Criminal Court", *Winconsin International Law Journal*, Vol.21, 2003.

51. Steven W. Krohne, "The United States and the World Need an International Criminal Court as an Ally in the War against Terrorism", *Indiana International & Comparative Law Review*, Vol.8, 1997.

52. Nsongurua J. Udombana, "Pay Back Time in Sudan? Darfur in the International Criminal Court", *Tulsa Journal of Comparative & International Law*, Vol.13, 2005.

53. Par Nicolaos Strapatsas, "Commentaire: The European Union and its Contribution to the Development of the International Criminal Court", *Revue de Droit Universite de Sherbrooke*, Vol.33, 2002/2003.

54. Thomas Hethe Clark, "Note: The Prosecutor of the International Criminal Court, Amnesties, and the 'Interests of Justice': Striking a Delicate Balance", *Washington Uni-*

versity Global Studies Law Review, Vol.4, 2005.

55. Ruti Teitel, "The International Criminal Court: Contemporary Perspectives and Prospects for Ratification", *New York Law School Journal of Human Rights*, Vol.16, 2000.

56. A. Diane Holcombe, "Comment: The United States Becomes a Signatory to the Rome Treaty Establishing the International Criminal Court: Why Are So Many Concerned by This Action?" *Montana Law Review*, Vol.62, 2001.

57. Sharon A. Williams, "The Rome Statute on the International Criminal Court: From 1947-2000 and Beyond", *Osgoode Hall Law Journal*, Vol.38, 2000.

58. Lori Sinanyan, "Note: The International Criminal Court: Why the United States Should Sign the Statute (but Perhaps Wait to Ratify)", *Southern California Law Review*, Vol.73, 2000.

59. Roy S. Lee, "How the World Will Relate to the Court: an Assessment of the ICC Statute", *Fordham International Law Journal*, Vol.25, 2002.

60. Remigius Chibueze, "United States Objection to the International Criminal Court: a Paradox of 'Operation Enduring Freedom'", *Annual Survey of International & Comparative Law*, Vol.9, 2003.

61. John Washburn, "Assessments of the United States Position: the International Criminal Court Arrives-the U.S. Position: Status and Prospects", *Fordham International Law Journal*, Vol.25, 2002.

62. Farah Hussain, "Note: A Functional Response to International Crime: an International Justice Commission", *St. John's Law Review*, Vol.70, 1996.

63. Jelena Pejic, "The United States and the International Criminal Court: One Loophole Too Many", *University of Detroit Mercy Law Review*, Vol.78, 2001.

64. William N. Gianaris, "The New Order and the Need for an International Criminal Court", *Fordham International Law Journal*, Vol.16, 1992/1993.

65. James Crawford, "Current Development: the ILC Adopts a Statute for an International Criminal Court", *American Journal of International Law*, Vol.89, 1995.

66. Chandra Lekha Sriram, "Revolutions in Accountability: New Approaches to Past Abuses", *American University International Law Review*, Vol.19, 2003.

67. Christopher Keith Hall, "Current Development: The First Five Sessions of the UN Preparatory Commission for the International Criminal Court", *American Journal of International Law*, Vol.94, 2000.

68. Fiona Mckay, "U. S. Unilateralism and International Crimes: The International Criminal Court and Terrorism", *Cornell International law Journal*, Vol.36, 2004.

69. David A. Nill, "Book Review: National Sovereignty: Must it be Sacrificed to the In-

ternational Criminal Court?" *BYU Journal of Public Law*, Vol.14, 1999.

70. Douglas E. Edlin, "The Anxiety of Sovereignty: Britain, the United States and the International Criminal Court", *Boston College International and Comparative Law Review*, Vol.29, 2006.

71. Carsten Stahn, "Mohamed M. El Zeidy, and Hector Olasolo, Developments at the International Criminal Court: the International Criminal Court's Ad Hoc Jurisdiction Revisited", *American Journal of International Law*, Vol.99, 2005.

72. Carsten Stahn, "Current Development: Accommodating Individual Criminal Responsibility and National Reconciliation: The UN Truth Commission for East Timor", *American Journal of International Law*, Vol.95, 2001.

十、外文网站类

1. The Office of the Prosecutor, Update on Communications Received by the Office of the Prosecutor of the ICC, available at http://www.icc-cpi-int/library/organs/otp/OTP_Update_on_Communications_10_February_2006.pdf(visited on 5 November 2007).

2. Background information on the situation in Uganda(14 October 2005), available at http://www.icc-cpi.int/library/cases/ICC–20051410–056–1_English.pdf(visited on 5 November 2007).

3. Statement by Luis Moreno-Ocampo, Prosecutor of the International Criminal Court, available at http://www.icc-cpi.int/library/organs/0tp/speeches/LMO_200510.14_English.pdf(visited on 5 November 2007).

4. Pre-Trial Chamber II, Warrant of Arrest for Joseph Kony Issued on 8 July 2005 as Amended on 27 September 2005(27 September 2005), available at http://www.icc-cpi,int/library/cases/ICC–02–04–01–05–53_English.pdf(visited on 5 November 2007).

5. Pre-Trial I, Decision on the Prosecution Application under Article 58(7) of the Statute(27 April 2007), available at http://www.icc-cpi.int/library/cases/ICC–02–05–01–07–1–C0rr_English.pdf(visited on 4 November 2007).

6. Warrant of Arrest for Ahmad Harun, available athttp://www.icc-cpi.int/library/cases/ICC–02–05–01–07–2_English.pdf(visited on 4 November 2007).

7. Communications received between July 2002 and 8 July 2003, available at http://www.icc-cpi.int/library/press/mediaaleit/160703Press_conf_presentation.pdf (visited on 4 November 2007).

8. Facts and Procedure Regarding the Situation in Uganda, available at http://www.icc-cpi.int/library/cases/ICC–20051410–056–1_English.pdf (visited on 5 November

2007).

9.The Prosecutor of the ICC opens investigation inDarfur, available at http://www.icc-cpi.int/pressrelease_details&id=107&1=en.html(visited on 4 November 2007).

10.Pre-Trial Chamber Ⅱ, Decision to Terminate the Proceedings against Raska Lukwiya(11 July 2007), available at http://www.icc-cpi.int/library/cases/ICC_02_04_01_05_248_English.pdf(visited on 4 November 2007).

后 记

2005 年,我十分幸运地获得了在华东政法大学这所百年老校就读的机会。在这里,我遇到了周洪钧教授、朱榄叶教授、丁伟教授、张弛教授、贺小勇教授等全国知名教授。他们都具有崇高的人格魅力、深厚的学术功底、很高的学术造诣、严谨的治学态度和丰富的实践经验。在他们的辛勤培养和关怀下,我在做人、做事和治学方面都获得了前所未有的提高。在此,对他们表示最诚挚的感谢!

在本书的写作过程中,无论是选定题目、拟定提纲,还是最终定稿,都得到了我的导师周洪钧教授的悉心指导和耐心帮助。在此,对他表示深深的谢意!

在搜集资料和创作等方面得到了张炳、徐维余、徐曾沧等同学的大力帮助。在其他方面,也得到了师兄弟姐妹们的热情帮助。在此,对他们表示真诚的谢意!

在攻读博士学位的三年中,我同时得到了我所在单位的党政领导和同事、朋友、家人的精神鼓励和物质帮助。正因为有了他们的支持,我才能在学业上取得进步。在此,对他们表示深深的感激之情!

本书是在我的博士论文《国际刑事法院管辖权研究》的体例框架下,结合《国际刑事法院罗马规约》修正案的相关规定、有关国际刑事法院的最新研究成果以及国际刑事法院审判活动的最新进展增补、修订创作而成。

责任编辑:陆丽云　邓创业

图书在版编目(CIP)数据

国际刑事法院研究/张贵玲 著. -北京:人民出版社,2013.9
ISBN 978 - 7 - 01 - 012395 - 0

Ⅰ.①国…　Ⅱ.①张…　Ⅲ.①国际刑法-国际法院-研究
　Ⅳ.①D813.4

中国版本图书馆 CIP 数据核字(2013)第 178665 号

国际刑事法院研究

GUOJI XINGSHI FAYUAN YANJIU

张贵玲　著

人民出版社 出版发行

(100706　北京市东城区隆福寺街 99 号)

北京龙之冉印务有限公司印刷　新华书店经销

2013 年 9 月第 1 版　2013 年 9 月北京第 1 次印刷
开本:710 毫米×1000 毫米 1/16　印张:21.5
字数:260 千字　印数:0,001-2,000 册

ISBN 978 - 7 - 01 - 012395 - 0　定价:42.00 元

邮购地址 100706　北京市东城区隆福寺街 99 号
人民东方图书销售中心　电话 (010)65250042　65289539